Betül Durmaz

Döner, Machos und Migranten

Mein zartbitteres Lehrerleben

HERDER

FREIBURG · BASEL · WIEN

Originalausgabe

© Verlag Herder Freiburg im Breisgau 2009
Alle Rechte vorbehalten
www.herder.de
Satz: Weiß-Freiburg GmbH – Graphik & Buchgestaltung
Gedruckt auf umweltfreundlichem, chlorfrei gebleichtem Papier
Herstellung: CPI Moravia Books, Pohorelice
Printed in Czech Republic

ISBN 978-3-451-03011-6

Viele Eltern sind stolz auf ihre Kinder –
ich bin sehr stolz auf meine Eltern.
Könnte man sich seine Eltern wünschen,
würde ich mir genau sie aussuchen.

Inhalt

Vorwort

«Die Migranten». Geredet wird viel über sie. In den Medien, in der Politik, in den Schulen, an Stammtischen. Migranten müssen sich die hiesigen Werte aneignen, die Sprache lernen, sprich «integrationsbereit» sein.

Aber wie sieht es mit der Integrationsbereitschaft der Mehrheitsgesellschaft aus? Wie offen ist Deutschland für Fremde? Und andersherum: Wie weit wollen sich Migranten überhaupt integrieren und wo erreichen sie eine Grenze, die sie nicht überschreiten möchten bzw. die auch von außen nicht überschritten werden darf?

Wieso scheitern gerade so viele Migrantenkinder in deutschen Schulen? Funktioniert Schule mit ihren Integrationsbemühungen nicht oder gibt es ganz andere Komponenten, die das Scheitern bedingen? Liegen sie womöglich in der Lebensführung und den -vorstellungen der Migrantenkinder und ihrer Erziehungsberechtigten?

Die immer wieder ins Feld geführte Pisa-Studie gibt da keine Antworten, sondern liefert nur beängstigende Zahlen. Hinter diesen Zahlen jedoch verbergen sich anonyme Schicksale. Einige von ihnen sollen in diesem Buch Gestalt gewinnen. Sie gewähren einen kleinen Einblick in die Probleme der Migranten an deutschen Schulen.

Ich bin in Istanbul geboren und in Deutschland aufgewachsen, habe ausschließlich deutsche Schulen besucht, an einer deutschen Universität studiert, bin inzwischen verbeamtet, besitze einen deutschen Pass und mein Sohn ist Halbdeutscher. Bin ich durch all dies eine «richtige» Deutsche? Ist Deutschland mein Heimatland? Ich wünschte, ich könnte «Na klar, aber sicher doch!» antworten. Aber so einfach ist das nicht. Um in Deutschland wirklich eine Deutsche zu sein, reichen weder eine Verbeamtung noch ein deutscher Pass aus. Auch gut Deutsch zu sprechen und sogar Deutsch zu unterrichten, genügt nicht. Solange ich so heiße, wie ich heiße, und so aussehe, wie ich aussehe, werde ich für viele Deutsche nie eine von ihnen sein – zumal ich keine Christin bin und auch nicht die Absicht habe, eine zu werden.

Bedeutet das im Umkehrschluss, dass ich mich als Türkin fühle? Ich wünschte, ich könnte auch hier «Na klar, aber sicher doch!» antworten, aber auch das ist nicht möglich. In der Türkei, meinem Geburtsland, fühle ich mich nicht als Türkin, sondern als Deutsche. Ein Paradox. In Deutschland fühle ich mich als Türkin, in der Türkei als Deutsche. Mit dieser gespaltenen Identität lässt es sich in manchen Situationen recht bequem leben. In anderen Situationen macht es betroffen.

Beispielsweise dann, wenn ich mich bestens in die Familien- und Denkstrukturen meiner «Migrantenschüler» hineinversetzen kann, aber mit deutschem Arbeitsbewusstsein und Regeln, Verordnungen und Maßnahmen reagieren muss. Und wenn ich sehe, dass ich von den Eltern häufig als eine Art von Verbündete betrachtet werde, mich aber dennoch nicht verständlich machen kann, um zu erklären, was für die Kinder, die in Deutschland aufwachsen und leben, wichtig ist.

Dieses Buch zeigt also eine ganze Reihe von konkreten Schicksalen und macht das Scheitern der Schüler und die Denkweisen, die dazu führen, nachvollziehbar. Es weist aber auch ermutigende Gegenbeispiele von Schülern auf, die es geschafft haben oder zumindest auf einem guten Weg sind.

Gewarnt seien allerdings schon jetzt all jene Leserinnen und Leser, die von diesem Buch klare und allgemein gültige Antworten erwarten, denn diese habe ich bislang nicht gefunden. Und ich befürchte, es gibt sie auch nicht.

Meine Familie und ich – eine Zuwanderungsgeschichte

1. Fremdbestimmt und doch verbunden

In islamischen Gesellschaften folgt die Ehe jahrhundertealten Traditionen. Im christlichen Kulturkreis wird im Allgemeinen der Begriff «Eheschließung» verwendet, im Islam trifft es der Begriff «Verheiratung» sehr viel besser. Die Tradition der Verheiratung geht in der Türkei bis ins Osmanische Reich zurück, das sich in seiner Blütezeit im 15./16. Jahrhundert über drei Kontinente erstreckte – vom Persischen Golf bis nach Ungarn und vom Nil bis zur Ukraine. Im Allgemeinen werden junge Menschen, die aufgrund ihrer gesellschaftlichen Schichtzugehörigkeit zusammenpassen, miteinander verheiratet. Allerdings müssen die Eheleute in spe der Verheiratung, im Türkischen «Görücü usulu», zustimmen: der Bräutigam persönlich, die Braut ebenfalls persönlich oder durch einen von ihr bestimmten Heiratsvormund.

So gehen noch heute die Eltern eines jungen Mannes auf «Brautschau». Häufig übernimmt diese Aufgabe auch eine «Dünür», eine Verkupplerin. Zumeist besucht sie allein oder mit den Eltern befreundete Familien und erzählt ihnen, dass sie ein passendes Mädchen für den Sohn, Bruder oder ein anderes männliches Familienmitglied sucht. Durch «Mundpropaganda» erfahren auch andere Familien davon, sodass der Kreis der potenziellen Bewerberinnen größer wird.

Meist kennt sie eine Familie mit einer Tochter im heiratsfähigen Alter und stellt einen Kontakt mit der Familie des

Mannes her. Es kommt zu einer ersten Inaugenscheinnahme der möglichen Braut. Wenn diese positiv ausfällt, äußert die Familie des Mannes anschließend den Wunsch nach einer Verheiratung.

Ist auch die Familie der potenziellen Braut einverstanden, wird ein erstes Treffen zwischen den beiden zukünftigen Brautleuten arrangiert. Im Beisein der Familie sehen sie sich zum ersten Mal und dürfen im günstigsten Fall eine kurze Zeit alleine miteinander sprechen. In diesen wenigen Minuten müssen beide Menschen eine Entscheidung treffen, die ihr weiteres Leben maßgeblich prägen wird: Mögen sie den anderen? Und wird es reichen, um den Rest ihres Lebens mit ihm zu verbringen?

Nach dem Treffen dürfen die «Brautleute» in spe zumindest in toleranten Familien ihre Meinung über den jeweils anderen äußern und mitteilen, ob sie der geplanten Heirat zustimmen. Allerdings haben in der Praxis eher die Männer das Recht, die Verheiratung abzulehnen. Die Mädchen müssen sich dem Familienwillen beugen.

Die Verkupplerin meiner Eltern war meine Tante Hayriye, also die Schwester meines Vaters, ein zierliches Persönchen von 148 cm Körpergröße und 45 Kilogramm Gewicht, und eine Bekannte von ihr. Ihr Vater war ein Krimtatar und kam über Umwege mit seinen drei kleinen Kindern im Jahr 1935 in die Türkei. Hayriye hatte glatte blauschwarze Haare, leichte Schlitzaugen und eine olive Hautfarbe. Sie trug eine Kurzhaarfrisur, was für damalige Verhältnisse ungewöhnlich war. Noch heute tragen Türkinnen gern langes Haar. Es gilt als Symbol von Weiblichkeit. Meine Tante jedoch verstand sich als moderne Türkin und lehnte es bis zu ihrem Tod ab, ein Kopftuch zu tragen. Sie wollte ihre Haare nicht damit bedecken: «Es würde mir die Luft abschneiden. Außerdem treibt bei der Hitze das Tragen eines Kopftuches die Schweißbildung nur voran.» Jedes Mal, wenn die Sprache auf das Thema Kopftuch kann, unterstrich sie ihre Ansicht mit einem angewiderten Kopfschütteln.

Trotz ihres zierlichen Wesens fiel es schwer, meine Tante zu übersehen, denn sie liebte es, sich in den Vordergrund zu spielen, und verfügte über ein reichhaltiges Repertoire schauspielerischer Fähigkeiten. Vermutlich lag es daran, dass sie lange Jahre im berühmten Istanbuler Abendkasino «Maxim» als Garderobiere arbeitete. Dort lernte sie viele bekannte Sänger kennen, die im Kasino auftraten, u.a. war sie für die Garderobe des noch heute in der Türkei bekannten Klassiksängers Zeki Müren zuständig. Durch den ständigen Umgang mit den Größen des Istanbuler «Showbiz» entwickelte meine Tante auch im privaten Bereich ein ebenso selbstsicheres wie kosmopolitisches Auftreten. Sie hatte eine gut bezahlte Arbeit und lernte viele interessante Menschen kennen.

Tante Hayriye war in vielerlei Hinsicht ungewöhnlich. Mein Vater erzählte mir, dass sie als ganz junges Mädchen immer in Herrenanzügen und einem Humphrey-Bogart-Hut auf dem Kopf rauchend durch die Straßen Istanbuls lief. Die Leute, die sie in dem Aufzug sahen, riefen ihr nach «Erkek Hayriye geliyor», was in etwa bedeutet «der Junge Hayriye kommt». Meine Tante lehnte es stets ab, über dieses frühe Kapitel ihres Lebens zu sprechen. Nachfragen wischte sie mit einer Handbewegung beiseite. Als einziges Überbleibsel der damaligen Zeit blieb das starke Rauchen. Irgendwann hatte sie darauf verzichtet, in Herrenanzügen herumzulaufen, und sie gegen schicke knielange Kleider und Kostüme eingetauscht. Was der Auslöser für diese Entwicklung war, wird auf ewig ihr Geheimnis bleiben.

Tante Hayriye und mein Vater waren Vollwaisen. Meine Oma starb, als mein Vater zwei Jahre alt war. Vermutlich verbrachte sie die Zeit vor ihrem Tod in einer psychiatrischen

Klinik im Istanbuler Stadtteil Bakirköy. Wenn man den Erzählungen Glauben schenken kann, wurde sie einst von meinem Großvater geraubt und führte wohl kein allzu glückliches Leben mit ihm. Mein Großvater arbeitete als Tagelöhner und war ein sehr eigensinniger, wenig warmherziger Mann. Eines Tages unternahm er, so heißt es, gemeinsam mit seinem Sohn einen Spaziergang durch Istanbul. Dabei bemerkte er nicht, dass der Kleine irgendwann verloren ging. Schließlich wurde mein Vater von der Polizei als Straßenkind aufgegriffen. Meine Tanten kostete es nicht nur viel Aufregung und Zeit, ihn auf einem Polizeirevier wiederzufinden, sondern auch noch eine hübsche Stange Geld als Auslösesumme. Jedenfalls starb mein Großvater hochbetagt, als mein Vater elf Jahre alt war.

Mein Vater und seine Schwester lebten in einer 80 Quadratmeter-Eigentumswohnung in einem schönen Viertel Istanbuls, in Koca Mustafa Pasa. Es liegt etwa fünf 5 Autominuten entfernt vom berühmten Topkapi Museum. Das Viertel war geprägt von Familien der Mittelschicht – Lehrer, selbstständige Handwerker, einfache Kaufleute und Bankangestellte. Es war ein sicheres und familienfreundliches Viertel, das sogar ein eigenes Open-Air-Kino hatte.

Mitte der 1950er-Jahre erinnerte noch wenig in der Stadt, die sich auf zwei Kontinenten erstreckt, an die heutige Wirtschaftsmetropole der Türkei. Knapp über 1 Million Menschen lebten in Istanbul, dessen Stadtväter sich erst allmählich an die ruhmreiche, fast 3000-jährige Geschichte des einstigen Konstantinopel erinnerten und umfangreiche Sanierungsarbeiten der zahlreichen baufälligen Stadtteile in Angriff nahmen. Die Menschen strömten aus dem Umland nach Istanbul, denn dort erhofften sie sich Arbeit und einen gewissen Wohlstand. Innerhalb von 20 Jahren verdoppelte sich bis 1975 die Bevölkerung, lag mit 2,5 Millionen jedoch noch weit entfernt von den 10 Millionen, die heute gezählt werden. Kommen die Außenbezirke noch hinzu, hat Istanbul heute etwa 15 Millionen Einwohner.

Als mein Vater mit seiner Schwester in Koca Mustafa Pasa wohnte, hatte Istanbul also noch den Großteil seines rasanten Wachstums vor sich. Die beiden Geschwister konnten sich die Wohnung nur leisten, weil sie von ihrer älteren Schwester Hatice finanziell unterstützt wurden. Sie hatte einen wohlhabenden Amerikaner geheiratet und war in die USA ausgewandert.

Tante Hayriye hatte sich in den Kopf gesetzt, eine passende Frau für ihren Bruder zu finden. Es war für sie eine Herzensangelegenheit, denn es war ihr keineswegs egal, wen er heiratete. Da sie selbst verheiratet aber kinderlos war und blieb, wollte sie auf diesem Weg noch in den Genuss von Kindern kommen. Nach der Hochzeit ihres Bruders würde das junge Ehepaar zunächst mit in der Wohnung der Schwiegereltern leben. Und da die Eltern tot waren, würde Hayriye als ältere Schwester sozusagen in die Rolle der Schwiegermutter schlüpfen. Da sie ebenso perfektionistisch wie pedantisch war und genaue Vorstellungen vom Charakter, den Umgangsformen und der Ordnungsliebe ihrer zukünftigen Schwägerin hatte, stellte sich das Unterfangen, ein geeignetes Mädchen für die geplante Verkupplung zu finden, alles andere als einfach dar. Niemand weiß, wie viele Familien und junge Mädchen sie näher in Augenschein nahm und ablehnte, ehe ihrem Bruder ein Mädchen vorgestellt wurde.

Tante Hayriye bat zunächst Bekannte und Nachbarn darum, nach einer geeigneten Heiratskandidatin Ausschau zu halten. Die Bekannte meiner Tante kannte die Familie Özsoy, die Familie meiner Mutter. Zunächst berichtete Tante Hayriye bei einem ersten Treffen mit meiner zukünftigen Oma von den Familienverhältnissen, in denen sie gemeinsam mit ihrem

Bruder lebte, und pries ihn in den höchsten Tönen. Nachdem sich meine Oma auf diese Weise ein erstes Bild von meinem Vater gemacht hatte, bekundete sie ihr Interesse an einer Kontaktaufnahme. Es wurde ein Treffen arrangiert – natürlich noch ohne den «Bräutigam». Gemeinsam mit einer Bekannten besuchte Tante Hayriye die Familie Özsoy. Bei diesem Treffen wurden allerlei Nettigkeiten ausgetauscht, die deutlich machten, dass beide Familien an einer Verheiratung interessiert waren. Auch die potenzielle Braut war anwesend und servierte Tee. So konnte sich Tante Hayriye davon überzeugen, dass sie gesund war und keine körperlichen Gebrechen hatte.

In der türkischen Gesellschaft steigt die Ehre der Familie, je häufiger fremde Familien um eine Tochter werben. Denn das bedeutet, dass das Mädchen hübsch ist und aus guten und ehrbaren Verhältnissen stammt. Mit anderen Worten: Es lohnt sich, eine Heirat zu arrangieren.

Meine Mutter war damals 17 Jahre alt und wohnte mit ihrer Mutter und ihrem Halbbruder in einer winzigen Mietswohnung im Istanbuler Stadtteil Bakirköy. Er liegt im Süden der Stadt und ist heute Standort des Atatürk-Flughafens. In Bakirköy besuchte meine Mutter die Höhere Handelsschule und machte eine Ausbildung zur Sekretärin. Meine Oma arbeitete als Arbeiterin in einer Textilfabrik.

Mein Opa, ein Polier, hatte sich von der Familie getrennt und war in seine Heimatstadt Rize am Schwarzen Meer zurückgekehrt. Die Bewohner der Stadt, die nahe der Grenze zu Georgien liegt, gelten als die Ostfriesen der Türkei. Nahezu jeder Türke kennt einen Witz über die «Rizelaner». Gibt ein Türke bei der Frage nach seiner Herkunft zu, aus Rize zu stammen, erscheint sofort ein breites Grinsen auf den Gesichtern der Umstehenden. Nach der Trennung hatte meine Großmutter keinen Kontakt mehr zu ihrem Mann. Meine Mutter hat ihrem Vater diese Trennung, deren Gründe sie bis heute nicht kennt, nie verziehen. Mein Bruder und ich haben unseren Großvater nie kennen gelernt – es gibt noch nicht einmal mehr ein Foto von ihm. Eine solche Trennung war in der damaligen Zeit etwas höchst Ungewöhnliches.

Nach dem Besuch von Tante Hayriye war die Sache für meine Großmutter klar. Sie war eine resolute und korpulente Frau und ließ meiner Mutter nicht die Wahl, sich gegen eine Hochzeit zu entscheiden. Da meine Oma bereits fünf Söhne großgezogen hatte und lange auf sich allein gestellt war, wollte sie ihre einzige Tochter gut verheiratet wissen. Zudem war die finanzielle Situation nicht gerade rosig, denn in der damaligen Türkei gab es keine gesetzlich geregelten Unterhaltszahlungen im Trennungsfall. Daher musste die Familie mit dem Einkommen meiner Oma auskommen. Zusätzliche Unterstützung erhielt die Familie von ihrem Sohn Akif, der als Lkw-Fahrer zum Unterhalt beitrug. Oma, Tochter und Sohn lebten damals gemeinsam unter einem Dach.

Meine Oma war Diabetikerin und konnte bei Unterzuckerung recht aufbrausend reagieren. Medikamente, die ihren Blutzuckerspiegel regulierten, gab es damals nicht. Dementsprechend hatte sie ein ziemlich dünnes Nervenkostüm. Stand z.B. das Essen nicht pünktlich auf dem Tisch, schrie und tobte sie. Körperliche Züchtigung betrachtete sie als selbstverständliche Erziehungsmethode und setzte sie auch entsprechend ein.

Meiner Mutter blieb keine Alternative und sie musste der Verlobung und der Verheiratung zustimmen. Vermutlich störte es sie auch nicht sonderlich, ihrem Elternhaus zu entkommen, denn es bot nur wenig Geborgenheit und Wärme. Da in islamischen Gesellschaften die Ehre der Familie vom Verhalten der weiblichen Mitglieder abhängig gemacht wird, verfügte meine Mutter über nur wenig Freiraum. Eine Heirat war die einzige Möglichkeit, ein weitgehend selbstbestimmtes Leben zu führen. Nach der Schule und der Büroarbeit musste sie sofort nach Hause kommen. Dort war sie für den gesamten Haushalt zuständig, d.h. sie musste kochen, die Wohnung sauber halten und die Wäsche erledigen. Waschmaschinen gab es damals noch nicht, das Waschen war anstrengende Handarbeit. Erst einige Zeit später – als sie schon verheiratet war – kam meine Mutter in den Genuss einer halbautomatischen Waschmaschine. Diese Maschinen wuschen die Wäsche von selbst. Allerdings musste sie anschließend noch mit der Hand durch eine außen befestigte Walze ausgewrungen werden.

Istanbul war damals, wie bereits erwähnt, noch nicht so dicht bevölkert wie heute. Die einzelnen Stadtteile, in denen die Menschen lebten und arbeiteten, bildeten geschlossene Mikrokosmen. Man kannte sich und achtete darauf, was beim Nachbarn geschah. Wenn sich meine Mutter nicht so verhalten hätte, wie es von Frauen erwartet wurde, wäre dies sehr schnell ihren fünf älteren Brüdern und ihrer strengen Mutter zu Ohren gekommen. Sofort hätten Ruf und Ehre auf dem Spiel gestanden und damit das oberste Gut einer Familie. Die soziale Kontrolle war permanent vorhanden und ein unverheiratetes Mädchen barg ein gewisses Risiko für die Familie. Je eher sie verheiratet wurde, desto besser.

Ein Mädchen musste spätestens bis zu ihrem zwanzigsten Lebensjahr verheiratet werden. Jenseits der zwanzig galt sie als zu alt und ihre Verheiratung wurde erschwert. Sie kam schnell ins Gerede. Gerüchte machten die Runde. Was stimmte nicht mit dieser Frau? War sie krank oder war sie womöglich keine Jungfrau mehr? War sie auf der Straße mit fremden Männern gesehen worden? Angesichts ihrer 17 Jahre und ihrer Lebensumstände war für meine Mutter nun die Zeit einer Verheiratung gekommen.

Mein Vater Bekir ahnte damals noch nichts von seiner bevorstehenden Eheschließung, da er als Gastarbeiter in Deutschland lebte. Mit seinen 33 Jahren hatte er das «ideale» Verheiratungsalter schon fast überschritten: Männer sollten bis etwa Mitte zwanzig verheiratet sein.

Zu der Zeit, als Tante Hayriye für ihn auf Brautschau ging, lebte mein Vater als Gastarbeiter in Deutschland. Ende der 1950er-/Anfang der 1960er-Jahre war die Hochzeit der Gastarbeiteranwerbung in Deutschland. Die Wirtschaft brummte und es herrschte Vollbeschäftigung. Es fehlten Arbeitskräfte – insbesondere für gering qualifizierte Tätigkeiten in den Fabriken und in Dienstleistungsgewerben wie z.B. Reinigungsfirmen. Seit 1955 schloss daher die Bundesrepublik Deutschland Anwerbeabkommen mit anderen europäischen Ländern. Mit Hilfe von Anwerbebüros wurden direkt vor Ort vorwiegend männliche Arbeitsmigranten angeworben. Die ersten Menschen, die als Gastarbeiter in dieser Zeit nach Deutschland kamen, stammten aus Italien, Spanien, Jugoslawien und Griechenland. Ab 1960 kamen auch Gastarbeiter aus Portugal und aus der Türkei.

Noch heute schwärmt mein Vater von den damaligen Zeiten und erzählt, dass er in Witten, einer Stadt im südlichen Ruhrgebiet, zu den ersten Gastarbeitern zählte und dass die blonden Frauen ihm zuwinkten, wenn sie ihn auf der Straße sahen. Natürlich winkte er zurück. Er genoss sein unbeschwertes Singleleben ohne soziale Kontrolle und Verpflichtungen in Deutschland. Tagsüber arbeitete er und an seinen freien Wochenenden reiste er durch das Land, um sich verschiedene deutsche Städte anzusehen. So fuhr er beispielsweise einmal frühmorgens mit dem Zug nach München, wo er den Tag verbrachte und sich einen Einblick von der bayrischen Metropole und ihren Bewohnern verschaffte. Andere Städte folgten. Mit ein wenig Glück kannte er jemanden, bei dem er übernachten konnte. Wenn nicht, stürzte er sich ins Nachtleben und nahm den ersten Zug am Morgen zurück. Dort holte er den versäumten Schlaf nach.

Das Nachtleben spielte vermutlich eine nicht nur untergeordnete Rolle an seinen Wochenenden. Manchmal erzählt er von den vielen Tanzlokalen, die er besucht hat. Meine Mutter gibt dann stets zu verstehen, dass sie davon nichts hören will. Mein Vater erwidert dann nur: «Das war doch nichts Besonderes, ich war eben Single». In der richtigen Stimmung berichtet er sogar von seiner damaligen Freundin, die recht stattlich gewesen sein soll und um die 100 Kilogramm auf die Waage brachte. Bei dieser Vorstellung müssen sich mein Bruder und ich immer amüsieren, denn mein Vater ist sehr schlank und brachte es damals bei einer Größe von 1,75 m auf gerade mal 64 Kilogramm. Meine Mutter war sozusagen die ideale Ergänzung, denn sie wog bei ihrer Hochzeit nur 52 Kilogramm. Wenn er von seiner beleibten Freundin berichtet, kommentiert sie dies meistens ironisch mit: «Die hat ja sehr gut zu dir gepasst».

Natürlich stand auch mein Vater in engem Kontakt mit seiner türkischen Heimat. Seine Schwester Hayriye war aufgrund der schwierigen Kindheit eine Art Mutterersatz für ihn. 1963 bat sie ihn, den Sommerurlaub in der Türkei zu verbringen. Dort unterrichtete sie ihn von ihren Verheiratungsplänen. Vermutlich war er im ersten Moment nicht allzu begeistert, denn meine Tante bot ihm einen ihrer theatralischen Auftritte und drohte damit, sich vor einen fahrenden Zug zu werfen, falls er gegen die Verkupplungspläne stimmen sollte. Ihrer Meinung nach war es höchste Zeit, dass er heiratete. Und selbstverständlich kam nur eine einzige Person in Frage, die in der Lage war, die richtige Frau für ihn auszuwählen: sie selbst. Die Braut in spe musste zu meinem Vater passen und natürlich eine Türkin und Muslimin sein. Tante Hayriye befürchtete, ihr Bruder würde eines Tages eine deutsche Frau kennen lernen und heiraten. Und das wollte sie unter allen Umständen verhindern, denn für einen türkischen Mann konnte nur eine türkische Frau gut sein.

Letzten Endes blieb meinem Vater keine andere Wahl, als der Verheiratung zuzustimmen. Er war von seinen Schwestern in einigen Bereichen sehr traditionell erzogen worden. Und das bedeutete, dass man den älteren Familienmitgliedern auf jeden Fall zu gehorchen hatte. Schließlich wollten sie stets nur das Beste für einen und einem selbst fehlte die Erfahrung um einzuschätzen, was «das Beste» für einen war. Echten Widerspruch hätte mein Vater nicht gewagt – auch wenn es sich um eine Angelegenheit handelte, die sein Leben ebenso wie das meiner Mutter entscheidend bestimmen sollte. Insofern war das Mitspracherecht beider Brautleute sehr begrenzt bis nicht vorhanden.

In seinem Sommerurlaub 1963 in der Türkei wurde er also meiner Mutter vorgestellt und stimmte nach zahlreichen weiteren Selbstmorddrohungen meiner Tante der geplanten Hochzeit zu. Fragt man die damaligen Brautleute in spe nach ihren empfundenen Gefühlen, so zucken beide immer nur mit den Schultern. Von Liebe war mit Sicherheit noch nicht die Rede.

Mein Vater kehrte kurzzeitig nach Deutschland zurück, kündigte seine Arbeitsstelle und kehrte in dem Glauben in die Türkei zurück, seine Zeit als Gastarbeiter gehöre für immer der Vergangenheit an. Doch bevor er zunächst ein letztes Mal nach Deutschland zurückkehrte, wurde eine große Verlobungsfeier organisiert, wobei meine Tante Hayriye die Regieleitung innehatte.

Während ihrer Verlobungszeit durften meine Eltern Ausflüge allein unternehmen. Klassische Konzertbesuche standen ebenso auf der Tagesordnung wie Theater- und Kinobesuche und gemeinsame Essen im Restaurant. Auf diese Weise lernten sie sich näher kennen und wurden mit den Denkweisen und Charaktereigenschaften des anderen vertraut. In jener Zeit entstanden zahlreiche Fotos, auf denen mein Vater in stets unterschiedlichen, eng geschnittenen Anzügen mit modernen schmalen Krawatten Händchen haltend mit meiner Mutter zu sehen ist. Meine Mutter trug knielange Röcke oder Kostüme und hatte das Haar hochgesteckt. Ihr gefielen die modernen Ansichten ihres zukünftigen Ehemanns, der beispielsweise das Tragen von Kopftüchern vehement ablehnte und nie von seiner Frau verlangt hätte. Seinem Wesen nach ist er mehr der klassische Gentleman alter Schule. Jede Art von Machogehabe war ihm fremd. Er genoss es (und genießt es bis heute), wenn meine Mutter Dinge entschied, die in der Regel türkische Männer entscheiden. So fragte er sie z.B. immer, wohin sie ihren Ausflug unternehmen sollten, ob lieber ins Kino oder ins Theater oder vielleicht ganz woandershin. Aus europäischer Sicht ist dies eine ganz normale Verhaltensweise, für den orientalischen Kulturkreis ist es bis heute eher ungewöhnlich modern und europäisch. Die Erfahrungen und Erlebnisse meines Vaters als Gastarbeiter in Deutschland machten ihn noch zusätzlich interessant für meine Mutter. Seine Geschichten aus Deutschland faszinierten sie. Vermutlich träumte sie schon ziemlich früh von einem selbstbestimmten Leben in Europa.

Vor der Verlobung mit meinem Vater wurde meiner Mutter ein Heiratskandidat vorgestellt, der streng gläubig und dessen Ansichten viel konservativer waren. Für diesen Mann war es selbstverständlich, dass seine zukünftige Frau in der Öffentlichkeit ein Kopftuch tragen müsste. Zwar übte meine Großmutter großen Druck auf ihre Tochter aus, diesen Mann zu heiraten, doch meine Mutter hielt stand und konnte eine Verheiratung abwenden.

Sechs Monate lang waren meine Eltern verlobt, dann heirateten sie am 18. November 1964 nach dem «Görücü usulu». Für beide Seiten war es keine Liebesheirat. Vielmehr beugten sie sich der Entscheidung der älteren Familienmitglieder. Aus europäischer Sicht ist diese Art zu heiraten zumindest ungewöhnlich, im islamischen Raum hingegen ist sie weit verbreitet. Auch unsere Nachbarn und viele Freunde meiner Eltern in der Türkei wurden alle nach dem «Görücü usulu» verheiratet.

Der Ablauf der Hochzeit unterliegt strengen traditionellen Regeln. Die Seite des Mannes muss für sämtliche Kosten der Feier aufkommen, die Angehörigen der Frau haben für die Aussteuer zu sorgen, die mit in die Ehe gebracht werden muss. Die Verkupplerin erhält von der Familie des Mannes für sich und ihren Ehemann ein in Stoff gewickeltes Paket, genannt «Bohca». Darin sind kleine Geschenke für ihre Bemühungen enthalten. Strümpfe, bestickte Stofftaschentücher und diverse Seidenschals gehören zu so einem «Bohca».

Bevor mein Vater meine Mutter abholen und zum Fest fahren durfte, versammelten sich viele Frauen im Haus meiner Oma: die engsten Verwandten meiner Eltern, die Freundinnen meiner Oma und meiner Mutter, die Verkupplerin mit ihren weiblichen Familienmitgliedern und ziemlich viele Kinder. Die Frauen trugen neue Kleider und gingen zunächst gemeinsam zum Friseur. Er gestaltete einem Dutzend Damen elegante Hochzeitsfrisuren. Die Rechnung dafür musste der Bräutigam bezahlen. So sieht es die Tradition vor. Heiraten war und ist alles andere als kostengünstig in der Türkei.

Irgendwann stand mein Vater mit seiner Familie vor der Tür, um die Braut auszulösen. Im Türkischen nennt man diese Tradition «Yüz görümlügü» – «der Zoll, den man zahlen muss, um das Gesicht der Braut zu sehen». In diesem Fall war nur die Brautmutter symbolisch zu bezahlen, weil es keinen Brautvater gab. Bevor der Bräutigam das Haus betrat, legte einer meiner Onkel meiner Mutter das rote Seidenband um, das dreimal um die Taille gewickelt wird. Dieser alte Brauch soll dafür sorgen, dass die Braut mit ihrer Familie, ihrer Religion und ihrem neuen Zuhause verbunden bleibt. Meine Mutter stand im Wohnzimmer, das die Familie ihres zukünftigen Mannes jedoch nicht betreten durfte, weil ihr ein rotes Band am Türrahmen den Weg versperrte. Mein Onkel sollte dieses Band durchschneiden und meinen Vater hindurchlassen.

Er legte die Schere an und rief mehrmals: «Sie ist stumpf und schneidet nicht.» Anschließend wurde ein Geldschein herübergereicht. Dann legte mein Onkel erneut die Schere an und rief: «Oh, sie schneidet wieder nicht.» Es folgte ein zweiter Geldschein aus der Hosentasche meines Vaters. So ging es noch ein drittes Mal, bis mein Onkel nachgab und das Band endlich durchschnitt. Nun konnte mein Vater seine Braut zum dekorierten Auto bringen.

Die Hochzeitsgesellschaft machte sich mit allen verfügbaren Autos auf den Weg. Vorneweg fuhr das Brautpaar mit einer als Braut verkleideten Puppe auf der Kühlerhaube. Der Corso bewegte sich lärmend und langsam zum Festsaal. Der Brauch will es, dass Kinder immer wieder vor das Auto des Brautpaars springen und es stoppen. Daraufhin wirft ihnen der Bräutigam Geld zu und hebt damit die Absperrung auf, sodass die Kolonne weiterfahren kann.

Nach knapp zwei Stunden erreichte die Hochzeitsgesellschaft endlich die Halle, in der die Feier stattfinden sollte. Braut und Bräutigam wurden in den Saal geführt. Immer wieder mussten sie einen Stopp einlegen, weil Fotos gemacht werden sollten. Zu dem Fest kamen etwa 100 Personen. Wenn ich mir heute die Fotos meiner Eltern bei der Hochzeitsfeier ansehe, dann wirken sie eher schüchtern und angespannt. Es gibt kaum Fotos, auf denen sie lächeln. Niemals entsteht der Eindruck, als sei diese Hochzeit der schönste Tag in ihrem Leben – ein Anspruch, den zumindest viele Menschen im christlichen Kulturkreis mit diesem Tag verbinden.

Mehr als ein Drittel der Hochzeitsgesellschaft bestand aus Verwandten und Bekannten. Die restlichen Gäste hatten Freunde und Nachbarn und deren Freunde mitgebracht. Wer z. B. als Nachbar eine Einladung auf eine türkische Hochzeit bekommt, bringt häufig auch seine Eltern und/oder Freunde mit. Diese wiederum bringen auch Freunde oder Familienmitglieder mit. In der Folge kennt das Brautpaar bei weitem nicht alle Gäste, die sich auf der Feier tummeln. Zunächst strömten alle Gäste herbei, um zu gratulieren. Meine Mutter küsste die Hand meiner Tante und legte sie dann an die Stirn – eine ritualisierte Geste des Respekts. An diesem Tag wurden viele Wangen und Hände geküsst.

Auf einem Beistelltisch neben dem Brauttisch thronte die mehrstöckige Hochzeitstorte. Eine bestellte türkische Kapelle hämmerte auf ihre Instrumente ein und sang in Begleitung eines Sängers türkische Schnulzen von Orhan Gencebay und Seki Müren. Die Hochzeitsgesellschaft war so groß, dass meine Eltern selbst keinen Stuhl zum Sitzen hatten. Es blieb ihnen nichts anderes übrig, als mehrere Stunden durchzutanzen. Setzen konnten sie sich nur, wenn ein Stuhl durch ein tanzendes Paar frei wurde. Beim Tanzen waren sie umgeben von Mädchen und jungen Paaren, die ausgelassen feierten. Wenn ich die Hochzeitsbilder gemeinsam mit meinen Eltern ansehe und nach Namen von Personen auf den Bildern frage, bekomme ich oft widersprüchliche Antworten. Wenn mein Vater felsenfest davon überzeugt ist, auf dem Bild sei Frau X zu sehen, widerspricht meine Mutter vehement und meint, das sei doch die Tochter von Frau Y. Ich vermute, sie wissen es selbst nicht – entweder, weil sie es vergessen haben oder weil ihnen diese Gäste ohnehin nicht bekannt waren.

Das Essen wurde auf Teller gepackt. Es gab in Salzlake

eingelegte Gurken, grüne Tomaten, Kohlblätter und ein halbes Hähnchen. Dazu trank man Cola, Fanta und das türkische Nationalgetränk Gasoz, das ein wenig nach Kaugummi schmeckt. Nach dem Essen folgte ein weiteres Ritual: Der Sänger der Band bat das Brautpaar auf die Tanzfläche. Nun kam der wichtigste Moment für die Familienoberhäupter, denn nun wurde öffentlich demonstriert, wie viel die Braut und der Bräutigam wert waren. Jeder, der Goldtaler oder Geldscheine an das Hochzeitskleid der Braut hängte, wurde per Mikrofon mit Namen und Verwandtheitsgrad genannt. Meine Mutter bekam von meinen Tanten zehn Goldarmbänder, eine Goldkette und einen Goldring. Das Gold durfte sie behalten, denn es sollte sie finanziell absichern. Das angesteckte Geld musste jedoch nach der Hochzeit sofort zum Begleichen der Kosten verwendet werden.

Später tanzten alle den «Halay», den türkischen Volkstanz, der bei keiner türkischen Hochzeit fehlen darf. Dabei fassen sich die johlenden Tänzer an der Hand oder Schulter und trampeln anschließend wie eine außer Rand und Band geratene Schafherde von links nach rechts. Der jeweils Letzte in der Kette der Tanzenden wedelt mit einem bestickten Taschentuch. Die Kapelle spielt dazu auf «Davul» und «Zurna», einer Rhythmuspauke und einer hölzernen Trompete. Beide Instrumente erklingen stets nur als unzertrennliches Paar. Alle Gäste, die beim «Halay» mitmachen, müssen bis zum Ende durchhalten. Hält nur einer der Tänzer die komplizierte Schrittkombination nicht ein, die immer schneller wird, geraten alle in der Kette aus dem Tritt – mit fatalen und oft auch schmerzhaften Folgen, denn dann fallen Tänzer übereinander. Wenn ich auf einer türkischen Hochzeit bin, hoffe ich jedes Mal, um diesen Tanz herumzukommen. Doch garantiert stürzt sich irgendeine türkische Bekannte auf mich und zerrt mich am Arm auf die Tanzfläche. Alles geschieht so schnell, dass mir keine Wahl bleibt und ich auch nicht lange nachdenken kann, denn ich muss mich auf die Tanzschritte konzentrieren.

Für Außenstehende aus dem westlichen Kulturkreis dürfte leicht der Eindruck entstehen, dass diese Verheiratung sowohl meinen Vater als auch meine Mutter ziemlich unglücklich gemacht haben muss. Es war ja schließlich keine Liebesehe. Doch wie fühlten sie sich selbst? Meine Mutter war glücklich darüber, nicht mehr unter der sozialen Kontrolle meiner Oma zu stehen. Zudem hatte sie das Glück, mit einem modern und fortschrittlich denkenden Türken verheiratet worden zu sein, der ihr viele Freiheiten ließ, die sie als unverheiratetes Mädchen nicht hatte. In patriarchalischen Gesellschaften steigt man durch seine Heirat in der Hierarchie eine Stufe höher. Eine Frau ist schließlich kein Mädchen mehr. Mein Vater sah es als guter und frommer Moslem als seine Pflicht an, verheiratet zu werden, und freute sich nun darauf, eine Familie zu gründen. Mittlerweile sind meine Eltern über vierzig Jahre verheiratet und bedauern die hohe Scheidungsrate bei den vornehmlich geschlossenen Liebesehen. Eigentlich ein Widerspruch.

Kurz vor der Hochzeit eröffnete mein Vater einen kleinen Kiosk im Istanbuler Stadtviertel Koca Mustafa Pasa, in dem meine Eltern nach der Hochzeit gemeinsam mit meiner Tante und ihrem Mann lebten. Der Kiosk, in dem mein Vater Getränke und typische türkische Knabbereien wie Pistazien, geröstete Mandeln, Körner usw. verkaufte, lief gut. Das kleine Ladenlokal bestand aus einem einzigen, etwa 3 x 4 m großen Raum, der bis unter die Decke mit Regalen ausgestattet war. In den Regalen gab es kleine Schubläden mit Sichtfenstern und Griffen. So konnten die Kunden sehen, welche Knabberei sich darin befand. Vor allem die Lage des Kiosks wirkte sich sehr vorteilhaft aus, denn er lag direkt neben einem Open-Air-Kino.

Im ersten Jahr ihrer Ehe wurde mein Bruder Ercan geboren und drei Jahre später kam ich in einem Privatkrankenhaus auf die Welt. Da es keine Krankenversicherungen gab, wurde in der Regel zu Hause entbunden. Nur wer es sich leisten konnte, ging in ein Krankenhaus, denn die Kosten musste er selbstverständlich allein tragen. Meine Mutter ging nach der Hochzeit keiner geregelten Arbeit mehr nach, sondern kümmerte sich tagsüber um den Haushalt und uns Kinder. Jeden Tag brachte sie meinem Vater ihre selbst zubereiteten Speisen in seinen Minikiosk. Dort platzierte sie meinen Bruder auf den Getränkeschrank und genoss die Zweisamkeit, für die im übrigen Alltag nicht allzu viel Zeit blieb. Mein Vater arbeitete an sieben Tagen die Woche jeweils 14 Stunden. Ein freies Wochenende gab es nicht, denn gerade wenn die anderen frei hatten, musste er seinen Kiosk geöffnet haben. In der Türkei diskutierten und diskutieren die Menschen nicht über Ladenöffnungszeiten, sondern über vorhandene Arbeit oder nicht vorhandene Arbeit. Nur wenn meine Eltern selbst etwas vorhatten, ließ mein Vater den Kiosk geschlossen.

Im Laufe der Zeit gestaltete sich das Zusammenleben mit meiner Tante für meine Mutter immer schwieriger. Als ältestes Familienmitglied übernahm meine Tante schnell die Rolle der Bestimmerin und mischte sich in nahezu alle Lebensbereiche meiner Eltern ein. Zu allem und jedem hatte sie etwas anzumerken und gab ihre Ratschläge, von denen sie erwartete, dass sie berücksichtigt wurden: Kindererziehung, Wohnungseinrichtung, Zubereitung der Speisen, Kleidungsfragen undundund. Selbstverständlich nahm meine Tante an fast allen Ausflügen und Freizeitaktivitäten meiner Eltern und uns teil. Und sie schrieb meiner Mutter vor, ob und wann sie gleichaltrige Freundinnen besuchte. In der Folge kam es immer wieder zu Streitereien zwischen beiden, denn das selbstbestimmte

Leben, das meine Mutter sich erträumt hatte, geriet bei dieser Form des Zusammenlebens, das keinerlei Freiraum und Privatsphäre bot, zunehmend in Gefahr. Mit anderen Worten: Die gewonnene Freiheit meiner Mutter drohte wieder beschnitten zu werden.

Bei den Streitigkeiten fiel es meinem Vater schwer, seinen Standpunkt einzunehmen, denn er saß sozusagen zwischen allen Stühlen. Er musste zwischen seiner Schwester und seiner Frau vermitteln, genau das aber entsprach bzw. entspricht bis heute so gar nicht seinem Naturell. Er war es nicht gewohnt, seiner älteren Schwester und «Ersatzmutter» zu widersprechen, zumal die Mutter in orientalischen Kulturen einen immens hohen Stellenwert hat. Insbesondere bei den männlichen Nachkommen gilt sie als heilig. Ihr zu widersprechen, ist eine Sünde. Da zudem ein männliches Familienoberhaupt fehlte, gab meine Tante in allen Lebensbereichen den Ton an. Für meinen Vater bedeutete das ein großes Problem. Einerseits fühlte er sich seiner Frau verpflichtet und musste nun Position beziehen, was ihm wohl laut Aussage meiner Mutter nicht immer gelang. Andererseits fühlte er sich seiner Schwester verpflichtet, die ihn ohne Eltern großgezogen und sogar gehungert hatte, damit er als der Jüngste genug von dem wenigen Essen bekam. Dieser Konflikt, zwischen zwei Frauen zu stehen, würde meinen Vater so lange begleiten, wie er mit seiner Frau im Haushalt seiner Schwester lebte.

2. Der lange Weg aus der Türkei

Die schwierige Wohnsituation machte meine Mutter immer unzufriedener und wirkte sich negativ auf ihre Psyche aus. Sie war nicht länger ausgeglichen und glücklich. In der Folge kam es zwischen meinen Eltern vermehrt zu Auseinandersetzungen, deren Grund jedoch nicht in der Beziehung selbst lag, sondern in der Form des Zusammenlebens. Zu jener Zeit hatte sich auch zwischen meinen Eltern ein Gefühl des Verliebtseins bzw. der Liebe eingestellt. Anders als bei westlichen Liebesehen fand alles in umgekehrter Reihenfolge statt: erst heiraten, dann kennen lernen und schließlich – wenn man Glück hatte – sich ineinander verlieben. Gerade aufgrund seiner Verliebtheit nahm mein Vater den negativen Einfluss meiner Tante auf ihre Beziehung deutlich wahr. Schließlich kann sich kaum ein jung verheiratetes Paar vorstellen, mit einer Schwiegermutter (oder wie im Fall meiner Eltern mit einer Art Schwiegermutter) in einem Haushalt zu leben.

Eines Abends waren meine Eltern mit uns Kindern bei einem befreundeten Ehepaar zum Essen eingeladen. Ayhan war der beste Freund meines Vaters und auch die beiden Frauen verstanden sich sehr gut. Es sollte ein Abend werden, der das Leben der beiden anwesenden Familien weitreichend veränderte. Die Gastgeberin hatte einige türkische Spezialitäten zubereitet und erzählte beim Essen, dass in Österreich Gastarbeiterinnen in der Textilbranche gesucht würden. Meine Mutter wurde sofort hellhörig und wollte die genauen Umstände der Bewerbung erfahren. Sie hatte Interesse an einer solchen Tätigkeit, denn schlagartig war ihr klar geworden, dass darin die Chance lag, der angespannten häuslichen Umgebung zu entfliehen.

Das Thema Österreich konnte auch deshalb ausführlich diskutiert werden, weil es das Schicksal günstig mit meinen Eltern gemeint hatte, denn meine Tante besuchte an diesem Abend Freunde, war also nicht zugegen. So konnte meine Mutter ungeniert Fragen zu allen Details stellen, die sie interessierten. Sie erhielt keine Antwort, die geeignet war, sie von einem Engagement in Österreich abzuhalten. Schnell waren sich meine Eltern und ihre Freunde einig. Beide Frauen sollten sich gemeinsam als Gastarbeiterinnen nach Österreich bewerben. Ein solcher Schritt, der heute im Zeitalter der Globalisierung nichts Ungewöhnliches ist, war für die damaligen Verhältnisse zumindest unüblich, wenn nicht gar unvorstellbar. Seine junge Frau, die zudem vielleicht noch Mutter war, allein in ein fremdes Land reisen zu lassen, entsprach nicht gerade dem vorherrschenden männlichen Vorstellungsvermögen bzw. den männlichen Idealen. Die meisten türkischen Männer ließen ihre Frauen nicht mal alleine in einen fremden Stadtteil gehen. Und hier ging es um eine Übersiedlung in ein Land, das mehrere tausend Kilometer entfernt lag. Mein Vater jedoch konnte sich mit diesem Gedanken durchaus anfreunden. Zudem fiel es ihm äußerst schwer, meiner Mutter einen Wunsch abzuschlagen.

Die beiden Freundinnen machten Nägel mit Köpfen und reichten bei den zuständigen Vermittlungsbehörden die notwendigen Formulare ein – allerdings eher in dem Bewusstsein, dass ihre Bewerbung ohnehin im Sande verlaufen würde. «Mich nehmen sie bestimmt nicht», lautete die Überzeugung meiner Mutter. Sie glaubte nicht daran, als Gastarbeiterin akzeptiert zu werden. Die Vorstellung war zu aufregend, fast schon revolutionär.

Grund für die Bewerbung meiner Mutter war keineswegs der Wunsch nach einer Verbesserung ihrer finanziellen Situation. Meine Eltern wollten ein selbstbestimmtes Leben führen – ohne darauf achten zu müssen, was irgendwelche Verwandten oder Nachbarn dachten. Das ist meiner Meinung nach der entscheidende Unterschied zu den meisten anderen Gastarbeitern, denn diese kamen insbesondere aus wirtschaftlichen Gründen.

Mein Vater hatte Deutschland ja bereits kennen gelernt und das Leben dort sehr genossen. Niemand in Deutschland mischte sich in das Privatleben junger Ehepaare ein. Selbst in einer Metropole wie Istanbul stand man in seinem Viertel unter einer sozialen Kontrolle. Waren die Fenster auch geputzt? Trugen die Kinder saubere Kleidung und hatten sie ordentliche Manieren? Ließ ein Mann seiner Frau Freiheiten, durfte sie sich z.B. allein mit einer Freundin treffen? Alles wurde beobachtet und vor allem bewertet. Doch diese «Big Brother is watching you»-Atmosphäre war nicht die Welt meiner Eltern. Vor allem deshalb begriffen sie eine Übersiedlung meiner Mutter nach Österreich als Ausbruchschance.

Meine Mutter projizierte all ihre Sehnsüchte nach Freiheit in eine Migration. Jede Mutter möge sich vorstellen, wie es für sie wäre, zwei kleine Kinder mitsamt Ehemann zurückzulassen, um weit entfernt von der Heimat in einem fremden und damals für junge Türken exotischen Land zu arbeiten. Da es für meine Mutter sicher keine leichte Entscheidung war, muss ihr Wille zu einem autonomen Leben sehr groß gewesen sein.

Wie meine Tante reagierte, als sie von diesen Plänen erfuhr, lässt sich wohl leicht vorstellen. Mal machte sie meinen Eltern Vorwürfe, sie übergangen und nicht gefragt zu haben. Dann war sie persönlich beleidigt und versuchte, ihnen ein schlechtes Gewissen zu vermitteln. Mein Bruder war damals drei Jahre und ich gerade ein paar Wochen alt. Meiner Mutter warf sie vor, es sei unverantwortlich, ihre Kinder allein zu lassen, auch wenn sie sich selbstverständlich erbot, als kinderlose Frau auf die Kleinen aufzupassen. Das Kinderargument war natürlich stark, aber nicht stark genug, um den emanzipatorischen Willen meiner Eltern, die bestehende Lebensform zu verändern, beeinflussen zu können.

Nachdem derlei Versuche meiner Tante, meine Eltern umzustimmen, ins Leere gelaufen waren, versuchte sie, meinen

Vater in seiner männlichen Ehre zu beeinflussen. «Denk doch nur, was dort alles geschehen könnte …», lauteten ihre Warnungen. Doch auch derlei fadenscheinige Argumente brachten meine Eltern nicht von ihrem Vorhaben ab. Zudem hatten sie geplant, dass mein Vater und wir Kinder so schnell wie möglich in Form einer Familienzusammenführung nachgeholt werden sollten.

Es vergingen sechs Wochen, bis meine Mutter einen Brief erhielt. Darin befand sich die Einladung zu einem Gesundheitscheck bei der Vermittlungsbehörde für türkische Gastarbeiter für das Ausland. Im ersten Moment waren meine Eltern überrascht bis schockiert. Man versetze sich in ihre Gefühlslage: In privater Runde unterhält man sich über die Möglichkeit, als Gastarbeiterin nach Österreich zu emigrieren. Daraufhin werden die Bewerbungsformulare ausgefüllt und eingereicht, jedoch nicht in der Erwartung einer positiven Rückmeldung. Und dann flattert nach relativ kurzer Zeit eine Nachricht ins Haus, die zwischen den Zeilen eine deutliche Sprache spricht: Wenn Sie gesundheitlich fit sind, dann werden Sie als Gastarbeiterin akzeptiert.

Meine Mutter und ihre Freundin gingen zum genannten Termin und ließen sich untersuchen. Es war eine große Zahl potenzieller Gastarbeiterinnen anwesend. Meine Mutter erzählte später, dass sie diesen Tag in ihrem ganzen Leben nicht mehr vergessen wird: Nach eigenen Worten kam sie sich vor wie ein Pferd, das zum Verkauf angeboten wird. Zuerst wurde sie gewogen, gemessen, ihre Füße wurden in Augenschein genommen. Sie musste Kniebeugen machen, ihre Wirbelsäule wurde abgetastet und sie ließ eine Reihe weiterer Untersuchungen über sich ergehen, darunter auch eine zahnmedizinische. Der anwesende Allgemeinmediziner forderte sie auf, den Mund zu öffnen, und schaute nur kurz nach, ob nicht eine deutlich sichtbare Zahnfäulnis bestand. Zumindest dieser Teil der

Untersuchung erscheint aus heutiger Sicht eher erniedrigend als medizinisch notwendig und seriös. Die Gedanken meiner Mutter an einen Viehhandel waren also nicht weit hergeholt. Meine Mutter und ihre Freundin Kalbiye bestanden den Gesundheitscheck und erhielten anschließend den notwendigen sanitätspolizeilichen Unbedenklichkeitsvermerk, sprich «Infektionsfreiheitsschein» (so die offizielle Bezeichnung).

In der folgenden Woche (Oktober 1968) bekamen die beiden Frauen erneut Post. Nun erfuhren sie mehr über ihr zukünftige Arbeitsstelle in Österreich: Pottendorfer Textilwerke AG, Fabrikstraße 15, 2603 Felixdorf. Meiner Ansicht nach hörte sich das weder besonders einladend noch gemütlich an, doch für meine Mutter, die zu diesem Zeitpunkt kein Deutsch verstand, klang diese Adresse paradiesisch. Sie war das Synonym für ein eigenverantwortliches, autonomes Leben. Anfang November sollte es losgehen, mit dem Zug vom Ortsteil Sirkeci in Istanbul Richtung Wiener Neustadt in Österreich.

Nun musste meine Mutter allmählich ans Kofferpacken gehen. Was sollte sie mitnehmen? Den Winter in Österreich mit seinen Schneemassen kannten meine Eltern nur von Bildern. Solche Temperaturen gab es in Istanbul nicht. Daher besaß auch niemand schneefeste Kleidung. Wie sah die Garderobe meiner Mutter aus und was davon konnte sie gebrauchen? Ohne auch nur einen Blick in den Kleiderschrank zu werfen, wusste sie, dass vieles fehlte – Goretexschuhe ebenso wie Daunenmäntel und warme Jacken.

Es gab also eine ganze Reihe von Unsicherheiten, zumal meine Familie ja auch niemanden kannte, der über die nötigen Erfahrungen verfügte und wertvolle Tipps hätte geben können. Sehr schnell stellte sich die Frage, welche Lebensmittel Türken und Muslime in Österreich kaufen konnten. Gab es dort, in dem fremden Alpenland, überhaupt Lebensmittel, die für uns genießbar waren? Auf die Existenz von türkischen Lebensmittelläden, wie sie zumindest in Deutschland an vielen Ecken zu finden sind, konnte damals niemand vertrauen, denn es gab sie nicht. Es herrschte also große Unsicherheit über die lokalen Lebensmittelgeschäfte und deren Angebot, zumal viele Bekannte diverse Geschichten erzählten, die nicht weiterhalfen, sondern nur noch mehr verunsicherten. Es stand fest: Vor der Abreise musste auch eine große Tasche mit Gemüse, Gewürzen und Teigwaren gepackt werden.

Schließlich war es soweit. Meine Mutter, die mit ihren 21 Jahren noch sehr jung war und über nahezu keine kosmopolitischen Erfahrungen verfügte, musste Abschied von ihrem Mann und uns kleinen Kindern nehmen. Es war mit Sicherheit nicht einer ihrer glücklichsten Tage – und gerade deshalb ein Tag, den sie nie in ihrem Leben vergessen wird.

Manchmal frage ich mich, hätte ich ähnlich gehandelt? Die Frage lässt sich aus meiner Perspektive nur schwer beantworten. Eine Trennung von meinem Sohn ist für mich, wenn auch nur temporär, unvorstellbar. Ich lebe aber auch nicht unter vergleichbaren Umständen und möchte mir kein Urteil erlauben. Dennoch bewundere ich meine Mutter für ihren Mut und ihren Willen, all die negativen Aspekte auf sich genommen zu haben. Letztendlich hatte dieser Schritt auch zur Folge, dass wir zu dem geworden sind, was wir jetzt sind. Mein Bruder und ich sind jedenfalls dankbar und manchmal fragen wir uns, was für Menschen wir wohl geworden wären, wenn unsere Mutter einen anderen Weg gewählt hätte. Mit Sicherheit wären wir andere Menschen mit anderen Biografien.

Anfang November 1968 machten sich mein Vater und meine Mutter auf den Weg zum Bahnhof. Dort herrschte ein Menschenauflauf, der so gewaltig war, dass ein durchschnittlicher Westeuropäer sich ihn kaum vorstellen kann. Wenn Türken verreisen, verreisen sie vielleicht allein, aber sie gehen nie allein zum Zug, denn viele Menschen begleiten sie, um die Reisenden zu verabschieden. Neben meinem Vater waren noch ihre Mutter, ihre fünf Brüder, fünf Freundinnen mitsamt ihrer Eltern und zahlreiche Nachbarn zum Bahnhof gekommen, um meiner Mutter alles Gute für die Reise zu wünschen. «Möge Allah deinen Weg frei halten und euch als Familie wieder zusammenführen.» Eine gleich große Menschenansammlung entsteht übrigens auch, wenn jemand ankommt. Auch hier finden sich immer weitaus mehr Abholer auf dem Bahnsteig oder im Flughafen ein, als es Ankommende gibt.

Auf dem Bahnhof von Sirkeci mussten meine Eltern erst einmal Kalbiye, die Freundin meiner Mutter finden. Natürlich wurde sie von einem ähnlich großen Menschenpulk zum Zug gebracht wie meine Mutter. Viele, viele Menschen mit einer noch viel größeren Anzahl an Gepäckstücken bevölkerten einen Stadtteilbahnhof, der für solche Massen nicht ausgerichtet war. Die meisten Koffer hatten nichts gemein mit den praktischen Samsonite- oder Delseykoffern, die wir heute gewöhnt sind. Die damaligen Koffer hatten keine Rollen und waren mit Stoffbezügen geschützt. Nicht selten bestand das Gepäck aus Paketen und Kartons, die in Decken eingewickelt und mit dicken Schnüren zugebunden waren. Fliegende Händler verkauften Getränke, Sesamkringel und diverse andere Dinge für die lange Reise. Mit ihren mobilen Verkaufsständen und Tragegeschirren erschwerten sie es jedoch den beiden aufgeregten Frauen und ihren Begleitern, den richtigen Bahnsteig zu finden.

Alle angeworbenen Gastarbeiterinnen mussten sich je nach Zielort und Fabrik an einem bestimmten Gleis einfinden. Dort wurden sie namentlich aufgerufen. Anschließend galt es, einen guten Platz im Zug zu ergattern. Nun kam der Moment des Abschieds, der sicherlich keinem der Begleiter leicht gefallen ist. Wäre es nach meiner Oma oder meinen fünf Onkeln gegangen, hätten sie diese Reise niemals erlaubt. Doch nun war meine Mutter verheiratet und sie hatten sich nicht mehr einzumischen. Die Entscheidung des Ehemannes hatte Priorität. Dennoch war es ein Abschied mit vielen Tränen, zumal es zu spät war, die Sache noch einmal zu überdenken.

Meine Mutter saß mit sieben anderen Frauen in einem Abteil. Da sie ihre Freundin Kalbiye neben sich hatte, fühlte sie sich nicht ganz so einsam. Viele der mitreisenden Frauen sprachen einen unterschiedlichen Dialekt, denn nur wenige stammten aus Istanbul und hatten bereits eine lange Reise hinter sich. Sie kamen aus Gegenden Anatoliens und der Schwarzmeerregion und waren eindeutig in der Mehrzahl. Im Gegensatz zu meiner Mutter und ihrer Freundin trugen diese Frauen ein Kopftuch. Doch trotz der kulturellen Unterschiede herrschte zwischen den Frauen eine gelöste familiäre und solidarische Stimmung. Fast alle waren verheiratet und hatten bereits Kinder.

Das wirklich Schöne am Reisen mit Türken sind die vielen mitgebrachten Speisen und die Gastfreundschaft. Alle dürfen mitessen, niemand muss mit knurrendem Magen im Zug sitzen. Jede der Frauen hatte viel zu viel Reiseproviant dabei. Alles wurde schwesterlich geteilt. Die unterschiedlichsten Spezialitäten, die teilweise auf mitgebrachten Gaskochern im Abteil erwärmt wurden, verkürzten die unendlich lange Zugreise. Selbstverständlich wurde auch der klassische türkische Çay gereicht – das ist der schwarze Tee, der aus kleinen Gläsern nach dem Essen getrunken wird. Man könnte also sagen, dass jedes Abteil zu einem eigenen kleinen «Restaurantwagen» wurde. Schließlich konnten die Frauen ihren Abschiedsschmerz und das aufkommende Heimweh mit gefüllten Mägen etwas leichter ertragen. Meine Mutter aß während der langen Reise nicht wirklich viel, aber auch ein paar Gläser starken türkischen Tees halfen zumindest zeitweise ihre Traurigkeit zu lindern.

Ich erinnere mich noch an die langen Autoreisen in den von der ganzen Familie heiß ersehnten Sommerurlaub in die Türkei, die wir alle vier Jahre unternahmen. Wir lebten damals bereits in Deutschland und fuhren mit dem Auto durch Österreich, Jugoslawien und Bulgarien in die Türkei. Im Spaß schimpfte mein Vater immer: «Warum nehmen wir bloß immer den halben Kofferraum voller Lebensmittel mit?» Dann fügte er grinsend hinzu: «Auf dem Weg und an sämtlichen Raststätten sind doch unsere Landsleute. Wir brauchen nur zu grüßen und haben sofort eine Einladung zum Essen. Dann könnten wir viel Platz sparen ...» Diese Späße machte er auf jeder Urlaubsfahrt aufs Neue. Vermutlich haben wir während dieser Autofahrten nicht sehr viel anders gegessen, als meine Mutter im Zug – zumindest hinsichtlich der Menge und der Atmosphäre. Irgendwie müssen wir Türken immer ziemlich viel essen und tun dies am liebsten gemeinsam mit anderen.

Nach drei Tagen und zwei Nächten ununterbrochener Zugfahrt kamen meine Mutter und ihre Freundin erschöpft und ziemlich verunsichert in der Wiener Neustadt an. Außer ihnen stieg nur eine weitere Frau aus. Die anderen Mitreisenden waren für eine andere Textilfabrik vorgesehen und mussten bis zum Hauptbahnhof fahren. Auf dem Bahnsteig wartete ein türkischer Dolmetscher auf die drei Frauen und begrüßte sie. Anschließend brachte er sie mit dem Wagen in die für sie vorgesehenen Wohnheime. Nach einer kurzen Autofahrt kamen sie in ihrem neuen Zuhause an. Sie fuhren durch einen Torbogen in einen Innenhof, umrahmt von drei dreistöckigen, u-förmig aneinandergebauten Wohnhäusern.

Die Wohnkasernen wurden ausschließlich von verheirateten Paaren und alleinstehenden Frauen bewohnt. Alleinstehende Männer, die in der gleichen Fabrik arbeiteten, lebten in etwas weiter entfernt gelegenen Wohnheimen. Es wurde also auf eine strenge Geschlechtertrennung geachtet – ein Grundprinzip in orientalischen Gesellschaften. Wäre nicht von vornherein bekannt gewesen, dass alleinstehende Männer und Frauen strikt getrennt voneinander wohnten, hätte kein türkischer Mann seine Frau und keine türkische Familie ihre Tochter oder ihren Sohn in die Fremde ziehen lassen.

Gemeinsam mit ihrer Freundin erhielt meine Mutter ein Zimmer in einem der Häuser zugeteilt. Das Interieur der Räume war stets gleich spartanisch. Das Zimmer, das für die nächsten Monate das Zuhause meiner Mutter sein sollte, war etwa 20 qm groß. Die Einrichtung bestand aus zwei recht kleinen Holzbetten, in die nur schmale Menschen hineinpassten, was zum Glück auf meine Mutter und ihre Freundin zutraf. Ein Kleiderschrank, zwei Holzstühle mit einem rustikalen Holztisch und ein Dielenboden ohne Teppich komplettierten die «luxuriöse» Ausstattung.

Noch heute erinnert sich meine Mutter vor allem an die Matratzen, die mit echtem Stroh gefüllt waren. Eine ziemlich ungewöhnliche Schlafqualität für sie und ihre Freundin. Der Wohnraum war mit etwa 3,5 m außergewöhnlich hoch. Das einzige Fenster hatte nur eine einfache Verglasung, eine Gardine oder ein Rollo fehlten. Die Frauen versuchten, mit einem kleinen Kohleofen zu heizen. Doch es blieb bei dem Versuch; meine Mutter und vermutlich auch alle anderen Gastarbeiterinnen haben dort ziemlich viel gefroren.

Ein kleiner angrenzender Raum diente als Küche. Auch hier gab es nur die allernotwendigste Ausstattung: ein altmodischer Küchenschrank mit je zwei Tassen, Tellern, Messern, Löffeln, Gabeln, Gläsern und zwei unterschiedlich großen Töpfen. Gekocht wurde auf einem Elektroherd mit zwei Platten, gespült in einer eingebauten Keramikspüle. Ein kleiner Kühlschrank gehörte ebenfalls zum Mobiliar. Fließend Warmwasser gab es nicht. Wer warmes Wasser zum Spülen benötigte, musste es sich erst mühselig in einem Kochtopf erhitzen.

Das WC befand sich im Hausflur. Es wurde von insgesamt vier «Zweier-WGs», also von acht Frauen, geteilt. Ein separates Badezimmer gab es nicht. Meine Mutter und ihre Freundin wuschen sich in einer Zinnwanne und an freien Wochenenden ging es in eine Sauna zum Waschen und Entspannen – in eine Sauna nur für Frauen versteht sich.

Das Mobiliar und die damit verbundene Wohnqualität entsprach ganz und gar nicht dem Standard, den meine Mutter aus ihrer Eigentumswohnung gewohnt war. Doch diesen Preis musste sie für ihren emanzipatorischen Willen zahlen. Abgesehen von diesem Minimalismus, auf den sich die Frauen einstellen mussten, war der Monat November natürlich von der Jahreszeit auch denkbar ungünstig, um sich als Südeuropäerin im fremden Österreich auf Anhieb wohlzufühlen.

Nachdem meine Mutter und Kalbiye ihr neues Zuhause erstmals in Augenschein genommen hatten, brachen sie in Tränen aus. Ihre Ernüchterung war groß. Die Umgebung, in der sie nun leben sollten, hatte nichts mit dem zu tun, was die beiden Migrantinnen erwartet bzw. sich erträumt hatten.

Glücklicherweise lebte eine Bekannte aus Istanbul mit ihrem Mann im Nebengebäude. Sie wusste von der Ankunft der beiden jungen Frauen und hatte selbstverständlich gekocht und sie zum Essen eingeladen. Nach einem ausgiebigen gemeinsamen Abendessen und vielen Fragen fielen meine Mutter und ihre Freundin in einen tiefen Schlaf.

Am nächsten Tag ging es zum ersten Mal zu ihrer neuen Arbeitsstelle, die nur drei Minuten zu Fuß entfernt lag. Dort stellte der Dolmetscher die beiden Frauen dem Abteilungsleiter vor, einem freundlichen und höflichen Menschen, der den Neuankömmlingen durch seine sympathische Art wenigstens ein paar Ängste und Unsicherheiten nahm. Schließlich waren sie das erste Mal allein von zu Hause weg und ganz auf sich gestellt. Weder meine Mutter noch ihre Freundin verstanden auch nur ein Wort. Bei einem ersten Rundgang durch die Fabrik lernten sie die verschiedenen Arbeitsbereiche kennen, die ihnen vermutlich wie ein Buch mit sieben Siegeln erschienen. Die Pottendorfer Textilfabrik stellte aus angelieferter Baumwolle Fäden her. In einem Teil der Fabrik wurde die grobe Baumwolle (maschinell) gekämmt. Andere Maschinen sorgten für die Kardierung der Baumwolle, d.h. die Faservereinzelung zur Vermeidung der Faserschädigung. Anschließend wurde sie in verschiedenen Farben eingefärbt und zu Fäden gesponnen.

Der Dolmetscher zeigte den Neuankömmlingen auch das Lohnbüro, ein für alle Gastarbeiter wichtiger Ort. Dort mussten sie ihre Pässe abgeben und die nötigen Formalitäten erledigen. Um die notwendigen Papiere wie Arbeitserlaubnis und das Visum hatte sich das Unternehmen bereits im Vorfeld gekümmert.

Nachdem die organisatorischen Dinge erledigt waren, wurde den beiden Frauen ihr Arbeitsplatz gezeigt und ihre Aufgabe erklärt. Meine Mutter arbeitete an einer Maschine, mit deren Hilfe die grobe Baumwolle zu Fäden gesponnen und auf einzelne große Spindeln gerollt wurde. Die Überwachung der Maschine oblag der Ringspinnerin. Sobald auf einer Spindel genügend Fäden aufgerollt waren, musste die Ringspinnerin sie per Hand durch eine leere ersetzen.

Mitunter riss der Faden und die Maschine musste sofort gestoppt werden. Nun war viel Fingerspitzengefühl gefragt, denn die beiden Enden des gerissenen Fadens mussten manuell zusammengeführt werden, sodass sich das abgerissene Fadenteil mit dem Faden auf der Rolle quasi wieder verwebte. Ein Verknoten der beiden Fadenteile war nicht möglich, denn ein Knoten auf der Spindel wäre viel zu groß gewesen. Diese Arbeit war äußerst anstrengend, zumal Zeitdruck herrschte, denn die Maschine durfte nicht zu lange stillstehen.

Gearbeitet wurde in der Textilfabrik jeweils acht Stunden am Tag in zwei Schichten. Die Frühschicht begann um 6 Uhr morgens und endete gegen 14:30 Uhr. Die Mittagsschicht verlief von 14:30 Uhr bis 23:00 Uhr. Die Arbeiter wurden in Wechselschicht eingesetzt, d.h. eine Woche früh und eine Woche spät. Je nach Bedarf wurde auch flexibel gewechselt. Samstag und Sonntag waren arbeitsfrei. Mitunter musste auch samstags gearbeitet werden, denn an diesen Tagen wurden die Maschinen der Textilfabrik von den Frauen gereinigt. Meiner Mutter war dies nur recht, denn Samstagsarbeit bedeutete nicht nur bezahlte Überstunden, sondern auch Beschäftigung und damit eine willkommene Ablenkung von ihrem Heimweh.

Im ersten Monat ihrer Tätigkeit verlor meine Mutter 15 Kilogramm Gewicht. Hauptgrund dafür war nicht die körperliche Arbeit, die sie als ausgebildete Bürokauffrau und spätere Hausfrau nicht gewohnt war, sondern die psychische Qual, getrennt von ihren Kindern und ihrem Mann zu sein. Da sie jedoch während der beiden Schwangerschaften 20 Kilogramm zugenommen hatte, betrachtete sie die Gewichtsabnahme eher als einen positiven Nebeneffekt.

Die Firma Pottendorf beschäftigte im Jahr 1968 etwa 100 Arbeiter und Arbeiterinnen. Nicht alle kamen aus der Türkei, es gab auch eine ganze Anzahl einheimischer Fabrikarbeiter. Meine Mutter beschreibt ihre österreichischen Kollegen als äußerst freundlich und geduldig. Wo immer sie konnten, hätten sie die Gastarbeiterinnen unterstützt und ihnen die zu erledigenden Arbeiten in aller Ruhe erklärt. Sogar das Essen in den Pausen hätten sie mit den Gastarbeitern geteilt. Von Fremdenfeindlichkeit, Mobbing und rechtsradikalen Parolen à la Jörg Haider war damals noch keine Spur.

Am dritten Tag nach ihrer Ankunft begann der erste Arbeitstag für meine Mutter und ihre Freundin Kalbiye. Der Tag verging natürlich sehr schnell, denn die Frauen hatten eine Menge neuer Eindrücke und Erlebnisse zu verarbeiten. Insgesamt gestaltete sich die Arbeitssituation und die Atmosphäre in der Fabrik trotz des dort herrschenden starken Lärms recht entspannt. Noch heute berichtet meine Mutter durchweg Positives von ihrem Arbeitsalltag in Österreich.

Das Einzige, was ihr wirklich missfiel, war die Bezahlung. Sie verdiente für ihre Tätigkeit 350 Schilling pro Woche, das entspricht heute etwa 25 Euro. Am Ende des Monats gab es dann noch eine zusätzliche Gehaltsauszahlung von 1000 Schilling (etwa 70 Euro). Von diesem Geld konnte sie sich wahrlich keine Sprünge leisten, wenn man bedenkt, dass der Wintermantel, den meine Mutter sich schließlich gönnte, 750 Schilling kostete. Mit anderen Worten: Sie musste über zwei Wochen arbeiten, um ihn sich leisten zu können. Ein regelrechtes «Schnäppchen» waren dagegen ihre dringend benötigten Winterstiefel – sie kosteten lediglich 350 Schilling.

Doch wie sah ihre Freizeit aus? Welcher Spagat war hier – kulturell gesehen – noch zu leisten? Felixdorf gehört zum Bezirk Wiener-Neustadt Land und ist die jüngste Gemeinde Niederösterreichs. Es wurde 1821 gegründet, um das unfruchtbare Land nutzbar zu machen. In Felixdorf leben heute etwas über 4000 Menschen, der Ort ist also nicht mit der Metropole Istanbul zu vergleichen. Als meine Mutter dort arbeitete, machte Felixdorf seinem Namen alle Ehre – es war tatsächlich ein kleines Dorf. Die gesamte Infrastruktur bestand aus einem Apotheker, einem Arzt und einem kleinen Laden. Ringsherum gab es nichts als Wald und Natur. Für denjenigen, der aus Istanbul kam, erschien Felixdorf wie ein Kurort mit Erholungswert.

Da meine Mutter und ihre Freundin häufig auch samstags arbeiteten, blieb ihnen nur der Sonntag, um all die Dinge zu erledigen, die alle berufstätigen Menschen erledigen müssen, z.B. Wäsche waschen. Eine Waschmaschine gab es in der Unterkunft nicht. Die Wäsche wurde von Hand in einer Zinkwanne gewaschen und im Wohnraum getrocknet. Zumindest die kleinen Teile. Einmal im Monat durften sie die Gemeinschaftswaschküche benutzen. Hier wurden dann die Bettlaken gewaschen und es gab – welch ein Luxus – eine Wäscheschleuder.

Das sonntägliche Waschritual meiner Mutter diente auch dazu, die Sehnsucht nach ihren Kindern und ihrem Mann zu unterdrücken. Doch gerade manuelle Arbeiten, bei denen der Geist nicht gebraucht wird, sind bestens dazu angetan, die Gedanken kreisen zu lassen. Ich habe meine Zweifel, ob es nicht gerade die freien Tage waren, an denen meine Mutter ihre Familie nicht aus dem Kopf bekam.

Ein ausführliches Telefongespräch mit der Heimat verbot sich, denn die Kosten dafür waren viel zu hoch, und die E-Mail- und SMS-Korrespondenz wurde selbstverständlich erst sehr viel später erfunden. Als einziges Kommunikationsmittel blieb der Brief – Sonntag war also auch der Tag des Schreibens. Mein Vater war ein mindestens ebenso treuer Briefeschreiber, sodass meine Eltern auf diese Weise ständig in Kontakt blieben und sich gegenseitig über ihr Leben und alle Neuigkeiten auf dem Laufenden hielten. Ich glaube, meine Mutter und mein Vater kannten jeden Brief auswendig, den sie voneinander erhielten.

Nach einer kurzen Einarbeitungsphase sprach meine Mutter mit Hilfe des Dolmetschers ihren direkten Vorarbeiter an. Sie hatte erfahren, dass bei der Textilfabrik weiterer Bedarf an Arbeitskräften bestand und wollte sich erkundigen, ob ihr Mann eingestellt werden könnte. Der Vorarbeiter unterstützte ihr Anliegen und sorgte dafür, dass ein Antrag für ein Visum beim österreichischen Konsulat in Istanbul gestellt wurde.

Wenn meine Mutter erwartet hatte, dass es irgendwelche Probleme geben würde, wurde sie eines Besseren belehrt. Die Dinge fügten sich und mein Vater bekam das notwendige Arbeitsvisum für die Textilfabrik. Nach vier langen Monaten fern von seiner Frau durfte er sich mit uns kleinen Kindern auf die lange Reise nach Österreich begeben. Natürlich benötigte er ebenfalls den Infektionsfreiheitsschein und musste sich der entsprechenden Untersuchung unterziehen. Für ihn als gesunden jungen Mann stellte sie keine Hürde dar.

Vor dem Abschied von Istanbul musste noch der gut laufende Kiosk verkauft werden. Zum Glück gab es so viele Stamm- und Laufkunden, dass schnell ein Käufer gefunden war. Die Verabschiedung mit all den Vorbereitungen für einen Umzug war für meine Tante mit viel Trauer verbunden. Ihr Bruder, den sie schon immer versorgt hatte, wollte wegziehen und nahm auch die beiden Kinder mit, die sie bis dahin vorbildlich versorgt hatte und innig liebte. Die bevorstehende Familienzusammenführung hatte für sie ihre Schattenseite.

Schließlich kam der Tag der Abreise. Ich kann mir nur schwer vorstellen, wie mein Vater die Situation damals gemeistert hat. Er war zwar sehr fürsorglich, doch fehlte ihm das notwendige «Knowhow» für so kleine Kinder. Schließlich führten und führen meine Eltern das klassische Modell einer Ehe: Meine Mutter kümmerte sich um den Haushalt und die Kinder und ging noch dazu arbeiten. Mein Vater ging arbeiten und spielte mit uns. So dürfte wohl meine «Supernannytante» für uns eine Tasche mit Lebensmitteln nach der anderen gepackt haben.

Nach der Verabschiedungszeremonie am Bahnhof ging es nun endlich Richtung Österreich zur Familienzusammenführung. Ich weiß nicht, wie es meinem Vater möglich war, das gesamte Gepäck zu verstauen. Wir saßen in einem Abteil mit drei alleinreisenden Migranten. Da auch im Zug eine strikte Trennung der Geschlechter vorherrschte, saßen die Frauen in anderen Abteilen. Zwei der mitreisenden Männer ergriffen die Flucht, als sie meinen Vater mit uns (meinem dreijährigen Bruder und mir neun Monate altem Baby) ins Abteil hereinkommen sahen. Sie ahnten schon, dass dies keine besinnliche Fahrt werden würde.

Kurz nach der Abfahrt ging es los. Mein Bruder bekam Hunger und Durst. Dann musste er auf die Toilette. Solange ich schlief, war das alles kein Problem, denn dann konnte sich mein Vater gänzlich auf ihn einstellen. Zum Glück war mein Bruder Ercan von Natur aus ein liebes, genügsames und zufriedenes Kind. Solange seine Grundbedürfnisse gestillt waren und er sein Spielzeuggewehr geschultert und seine Blechlok in der Hand hielt, war die Welt für ihn in Ordnung.

Wie gesagt, solange ich schlief, herrschte Ruhe. Neun Monate alte Babys sind so friedlich, wenn sie schlafen. Irgendwann jedoch wacht selbst das friedlichste Kind auf. Das tat auch ich und fing augenblicklich an zu schreien. Und ich hörte nicht auf zu schreien. Der letzte mitreisende Gastarbeiter flüchtete auf den Gang. Da meinem Vater klar war, dass ich Hunger hatte, rührte er mit dem mitgebrachten heißen Wasser aus einer Thermoskanne meinen Brei an. Doch den wollte ich nicht. Mein Vater konnte anstellen, was er wollte. Also machte er sich daran, die damals üblichen Nesselwindeln zu wechseln. Doch auch dadurch konnte er mich nicht beruhigen. Als Nächstes konstruierte er mit einer Wäscheleine und einer Decke eine Hängematte und spannte sie zwischen einem Koffer und der Gepäckablage quer durch das Abteil. In dieser Hängematte lag ich zwar bequem, doch war das noch lange kein Grund, mit dem Schreien aufzuhören. Mittlerweile war mein Brüllen auch in den angrenzenden Abteilen nicht mehr zu überhören.

Zwei mitleidige weibliche Fahrgäste folgten dem Geschrei und baten meinem überforderten Vater ihre Hilfe an. Er ließ sie dankbar gewähren. Nachdem sie ebenfalls versucht hatten, mich zu füttern, wurde meine Windel erneut geöffnet. Ich schrie mich fast ohnmächtig. Daraufhin begann eine der Frauen damit, mir den Bauch zu massieren. Mein Geschrei ließ ein wenig nach, anscheinend war mein Bauch verkrampft. Viele kreisende Massagebewegungen lockerten schließlich die Verkrampfungen. Warmer Kräutertee wurde auf einem Gaskocher erwärmt und mir eingeflößt. Der Schreikrampf ließ nach und mein Vater hätte den beiden Frauen vermutlich am liebsten die Füße geküsst. Sie übernahmen für die restliche Fahrtzeit die Patenschaft für uns Kinder. Noch heute bezeichnet mein Vater die beiden unbekannten Frauen als «Engel».

Völlig erschöpft kamen wir nach einer unendlich lang erscheinenden Bahnfahrt im Felixdorfer Bahnhof an. Ich lag ziemlich versteckt unter etlichen Decken in einem Weidenkorb, der als Bettchen diente. Nachdem meine Mutter meinen Bruder minutenlang geküsst hatte, schrie sie meinen Vater an. «Wo ist mein Baby?» Er deutete auf den Korb, in dem ich nun ganz friedlich schlief. Die Gefühle meiner Mutter brauche ich wohl an dieser Stelle nicht zu beschreiben. Die barmherzigen Engel winkten zum Abschied aus dem Zugfenster und ich hoffe, sie haben ihr Glück in der Ferne gefunden.

Nun war die junge Familie endlich wieder vereint. Meine Eltern bekamen ein neues Zimmer zugewiesen, ein so genanntes Familienzimmer. Es hatte den gleichen Komfort wie das Zimmer, das meine Mutter zuvor mit ihrer Freundin Kalbiye bewohnt hatte. Lediglich die Anzahl der Betten war entspre-

chend den Bedürfnissen einer vierköpfigen Familie aufge-
stockt worden.

Nach wenigen Tagen fing auch mein Vater in der Textilfabrik an. Er war für das Wechseln der Spulen zuständig. Sobald
eine Spule voll mit Fäden war, wurde er gerufen. Er löste die
vollen Spulen zunächst aus der Halterung der Maschine und
hievte sie dann auf einen Handwagen. Anschließend setzte er
eine leere Spule in die Maschine ein. Die vollen Spulen brachte
er in einen Lagerraum. Sobald eine vorgegebene Anzahl von
Spulen gefüllt war, wurden sie in einen Lkw geladen und zur
Tochterfiliale in die Wiener Neustadt gefahren. Dort wurden
aus dem Garn Stoffe, Gardinen, Tischtücher, Bettlaken usw.
gewebt.

Um ihren Arbeitsalltag meistern zu können, arbeiteten meine Eltern stets in entgegengesetzter Wechselschicht. Wenn
meine Mutter also Frühschicht hatte, war mein Vater mit uns
in der Ein-Zimmer-Wohnung und versorgte uns. Sobald meine Mutter nach Hause kam, ging mein Vater für acht Stunden
arbeiten. Musste mein Vater früh arbeiten, war meine Mutter
bei uns. Für das Familienleben blieb nicht viel Zeit.

Die freien Wochenenden verbrachten wir in der Natur. Je
nach Jahreszeit gab es ein Picknick auf der Wiese oder im
Wald oder aber wir gingen zum Rodeln. Allzu viele Möglichkeiten gab es in Felixdorf nicht. Manchmal fuhren wir auch
mit dem Zug in die Wiener Innenstadt. Dort herrschte ein
buntes Treiben, wie es meine Eltern nur zu gut aus Istanbul
kannten. Die vielen Menschen, Restaurants, Kinos, Straßen
und Geschäfte sahen zwar anders aus, dennoch war Wien
eine Großstadt. Die Menschen hatten viel hellere Haut und
nicht so schwarzes Haar wie die meisten unserer Landsleute.
Die Speisekarten verstanden meine Eltern nicht, denn darauf
standen fast ausschließlich Wiener Spezialitäten. Türkische
Restaurants gab es damals noch nicht. Auch die Kinos waren

anders, denn sie befanden sich in geschlossenen Räumen. In Istanbul hingegen gab es zu jener Zeit nur Open-Air-Kinos, die im Winter geschlossen waren. Die Straßen in Wien wirkten viel ordentlicher und bei weitem nicht so chaotisch wie in Istanbul. Die Autos fuhren auf den markierten Straßenhälften und vor allem hupten sie nicht ständig. In den Geschäften gab es grundsätzlich ein anderes Warenangebot. Das fing bei den Lebensmitteln an und endete nicht bei der Bekleidung, den Möbeln und vielen anderen Einrichtungsgegenständen.

Bei dem geringen Verdienst konnten sich meine Eltern ohnehin nur wenige Dinge leisten. Für Miete und Nebenkosten kam zwar die Firma Pottendorf auf, dennoch war mit beiden Löhnen nur ein bescheidenes Leben möglich. Emanzipatorischer Wille hin oder her – langfristig boten diese Umstände meinen Eltern keine Perspektive. Das war nicht ihr Ziel, in einer quasi 1,5-Zimmer-Wohnung mit zwei kleinen Kindern zu leben und sich kaum etwas leisten zu können. Da mein Vater bereits als Gastarbeiter in Deutschland tätig gewesen war, verglich er ständig seinen damaligen Verdienst mit dem jetzigen. Er rechnete und rechnete und konnte es kaum glauben. In Deutschland hatte er dreimal so viel verdient. Zudem war die Kaufkraft der DM weitaus stärker als die des Schillings. Man konnte sich in Deutschland viel mehr leisten.

So verging schnell ein ganzes Jahr, in dem mein Vater nicht damit aufhörte, von einem besseren Leben in Deutschland zu berichten. Außerdem hatte er sich dort viel wohler gefühlt als nun in Österreich. Nach und nach machte er meine Mutter neugierig und so entstand bald ein neuer Plan: die Übersiedlung nach Deutschland. Mein Vater hatte aus seiner Zeit als Gastarbeiter noch Bekannte in Esslingen. An einem freien Wochenende besuchte er sie und erkundigte sich nach Arbeitsstellen. Allerdings fand er in Esslingen keine geeigneten Fabriken und reiste unverrichteter Dinge nach Österreich zurück.

In der Zwischenzeit war auch Kalbiyes Ehemann Ayhan als Gastarbeiter nach Felixdorf gekommen. Auch er fand Arbeit in der Pottendorfer Textilfabrik. Die Freude über das Zusammenkommen war natürlich groß, denn alle mochten sich. Die Frauen hatte das Abenteuer Immigration zusammen bestritten. Die Männer kannten sich schon mehrere Jahre. Zudem machte das Arbeiten mit Freunden viel mehr Spaß. An freien Wochenenden kochten die Frauen gemeinsam, es wurde zusammen gesessen und wir alle verlebten viele glückliche Momente zusammen. Die Freundschaft zwischen dem jungen Paar und meinen Eltern, die bereits in Istanbul gewachsen war, intensivierte sich noch. Leider sollte diese glückliche Zeit bald auf tragische Weise enden.

Während eines ganz gewöhnlichen Arbeitstages erlitt Ayhan plötzlich einen Herzinfarkt und starb noch in der Fabrik. Sämtliche Wiederbelebungsversuche blieben erfolglos. Eine Tragödie, nicht nur für seine Ehefrau Kalbiye. Der Leichnam wurde mit dem Flugzeug in die Türkei überführt und Kalbiye kehrte nach der Beerdigung nicht mehr nach Österreich zurück. Sie blieb in der Türkei, nahm sich dort eine neue Wohnung und meldete sich bei meinen Eltern nie wieder. Sämtliche Briefe meiner Eltern blieben unbeantwortet. Wahrscheinlich war dies ihre Art, mit der Situation fertig zu werden. Meine Eltern trauerten Ayhan noch sehr lange nach und haben ihn und seine Frau Kalbiye bis heute nicht vergessen.

Dieses traurige Ereignis trug natürlich mit dazu bei, dass meine Eltern ihre Auswanderungspläne nach Deutschland intensivierten. Wie der Zufall es wollte, meldete sich eines Tages ein Freund aus Esslingen bei meinem Vater und bat ihn, erneut nach Deutschland zu kommen. Noch einmal reiste er voller Hoffnung nach Esslingen. Dort stellte ihm sein Freund einen Türken vor, der sich darauf spezialisiert hatte, Gastarbeiter an Firmen in ganz Deutschland zu vermitteln. Dieser Mann war sozusagen eine wandelnde Jobbörse.

Nachdem ihm meine Eltern einen Dreimonatslohn als Vermittlungsgebühr überwiesen hatten, bekam mein Vater eine schriftliche Bescheinigung einer Baufirma, die ihn als Hilfsarbeiter engagierte. Meine Mutter erhielt eine entsprechende Bescheinigung über eine Arbeitsstelle in einer Textilfabrik. Mit diesen schriftlichen Arbeitsangeboten suchten meine Eltern das deutsche Konsulat auf und beantragten dort ein Arbeitsvisum. Auf eine erneute Gesundheitsuntersuchung wurde verzichtet.

Es gab zunächst nur zwei Probleme: Die Textilfabrik meiner Mutter war in Gelsenkirchen und die Baufirma meines Vaters in Nürnberg. Das zweite Problem entstand aus dem ersten. Wie sollte die Versorgung der Kinder geregelt werden, wenn beide Arbeitsstellen nicht in einer Stadt waren? Ein ziemlich großes Problem, da Ganztagsbetreuung und Kitaplätze noch Erfindungen der Zukunft waren. So hieß es erneut, einen schweren Entschluss zu fassen, der – obwohl nur als kurzzeitige Übergangslösung geplant – eine emotionale Talfahrt für meine Eltern bedeutete: Wir Kinder mussten zurück in die Türkei, bis meine Eltern Jobs und Wohnung in einer Stadt gefunden hatten.

Meine Tante kam für einen kurzfristigen Besuch aus Istanbul nach Österreich, um uns Kinder mitzunehmen. Ihr war dies nur recht, weil sie uns abgöttisch liebte. Sie ging in ihrer vorrübergehenden Mutterrolle, die ihr von Natur aus verweigert worden war, völlig auf. Insgeheim hoffte sie wohl, dass die Pläne meiner Eltern scheitern und sie ebenfalls wieder nach Istanbul zurückkehren würden. Dementsprechend gut gelaunt reiste sie mit einem Touristenvisum an. Drei Koffer wurden gepackt: einer für meinen Vater, einer für meine Mutter und einer für uns Kinder.

Als Kleinkind von drei Jahren habe ich diese erneute Trennung ohne größere Schwierigkeiten verkraften können. Bei meinem Bruder sah das etwas anders aus. Er war mittlerweile sechs Jahre alt und besaß ein viel ausgeprägteres Bewusstsein. Dennoch war es für meine Mutter vermutlich am schwersten. Doch trotz aller Seelenqualen war die Zielrichtung klar. Im August 1971 siedelten meine Eltern ohne uns Kinder in zwei verschiedene deutsche Städte über.

3. Hier ist alles anders – Schritt für Schritt in die neue Heimat

Nachdem meine Eltern ihre Zelte in Felixdorf abgebrochen hatten, reisten sie zunächst gemeinsam nach Wattenscheid. Der Jobvermittler hatte für sein stolzes Honorar nicht nur zwei Arbeitsstellen vermittelt, sondern auch eine Mitwohngelegenheit für meine Mutter organisiert. Neben ihren beiden Koffern hatten meine Eltern nur die Adresse der Wohnung und die Adresse der Arbeitsstelle in der Hand.

Mein Vater begleitete meine Mutter in ihr neues Domizil. Es handelte sich um eine Ein-Zimmer-Wohnung, die sie sich mit einer anderen türkischen Gastarbeiterin teilen sollte. Erneut wartete alles andere als eine Luxusherberge auf sie, denn auch diese Wohnung war spartanisch eingerichtet. Der Küchenbereich wurde durch eine Plastikschiebetür abgetrennt. Die Küche war so klein, dass man leicht sämtliche hauswirtschaftliche Handgriffe erledigen konnte, ohne sich von der Stelle bewegen zu müssen. Kochen mit der einen Hand, Geschirr spülen und wegräumen mit der anderen. Keine langen Wege. Sitzmöglichkeiten – nicht vorhanden.

Ein Badezimmer gab es nicht, das WC befand sich eine halbe Etage tiefer im Hausflur. Geheizt wurde auch hier mit einem Kohleofen. Die Wohnqualität hatte sich im Vergleich zu Felixdorf nicht verbessert. Der einzige Unterschied bestand darin, dass sich die Wohnung in einem Mietshaus befand. Erstmalig hatte meine Mutter ausländische, sprich deutsche, Nachbarn. Das Wohnen war nun nicht mehr umsonst wie in Felixdorf. Vielmehr erhielt meine Mutter einen Untermietvertrag und musste anteilig Miete, Strom und Wasser bezahlen.

Wieder einmal hieß es für meine Eltern, Abschied voneinander zu nehmen. Aufgrund der minimalistischen Wohnsituation konnte mein Vater die erste gemeinsame Nacht in Deutschland nicht bei meiner Mutter verbringen. Er musste mit dem Zug nach Nürnberg fahren, wo er in den nächsten Tagen eine Stelle als Arbeiter bei einer Baufirma antrat. Er arbeitete auf Montage in unterschiedlichen Städten. Sein Arbeitgeber besorgte ihm jeweils eine Unterkunft in einem nahe gelegenen Wohnheim.

Die Mitbewohnerin meiner Mutter hieß Ayse, lebte schon etwas länger in Deutschland und kannte sich mit den hiesigen Verhältnissen aus. Sie war 24 Jahre alt und stammte aus Erzurum. Erzurum ist mit etwas über 360 000 Einwohnern die größte Stadt Ostanatoliens. Die Menschen aus Erzurum sprechen einen eigentümlichen Dialekt und nennen sich alle «Dagdas», was so viel wie Freund bedeutet. Angeblich ist in Erzurum jeder mit jedem befreundet, was ich mir allerdings nicht wirklich vorstellen kann. Mein Vater erzählte mir einmal, in Erzurum hätten sämtliche Männer Gewehre und Pistolen neben und im Bett bereit liegen. Sobald jemand ein falsches Wort sage, würde ein heftiger Streit ausbrechen, der des Öfteren nicht ohne feurige Folgen bliebe. Wenn man bedenkt, dass in Erzurum alle untereinander Dagdas sind, sollte ein Fremder seine Wortwahl sehr genau abwägen. Damit kein falscher Eindruck entsteht, sollte ich noch die besondere Gastfreundschaft der dortigen Einwohner erwähnen, die in allen Teilen der Türkei bekannt ist. Die Erzurumer lassen sich u.a. an ihren dicken geschwungenen Schnurrbärten und an ihrer speziellen Art des Tanzes erkennen. Bei dieser Art Folkloretanz tragen die Männer kniehohe schwarze Stiefel, Reiterhosen und weite helle Hemden. Die Beine werden in einem bestimmten Rhythmus rechts und links in die Höhe geworfen, während die Arme schulterhoch gestreckt gehalten und ebenfalls rhythmisch bewegt werden.

Ayse arbeitete seit einem Jahr in der Strumpf- und Hemdenfabrik Orivia, in der meine Mutter nun als Arbeiterin anfangen sollte. Es handelte sich um eine mittelgroße Fabrik mit rund 150 Arbeitern. Hauptsächlich waren es Gastarbeiter aus dem damaligen Jugoslawien und Griechenland, die in zwei Schichten Strümpfe und Hemden herstellten. Türkische Gastarbeiter waren in der Minderheit. Die Fabrik befand sich im Norden der Stadt.

Am Montagmorgen stieg meine Mutter gemeinsam mit Ayse in die Straßenbahn 302 in Richtung Gelsenkirchen-Buer. Die Fahrt zu ihrem neuen Arbeitsplatz dauerte 30 Minuten. Nach dem üblichen Rundgang und der Unterschrift im Lohnbüro ging es gleich an die Arbeit. Meine Mutter musste zusammengelegte Strümpfe aus großen Kartons packen und in eine spezielle Maschine legen. Die Maschine faltete die Strümpfe und legte ein dünnes Blatt Papier zwischen die einzelnen Socken. Zusätzlich wurden die Strümpfe mit einer Papierrolle versehen, auf der die Strumpfgröße, die Garnzusammensetzung und die Waschinstruktionen aufgedruckt waren. Im letzten Arbeitsgang mussten die zusammengefalteten Strümpfe in neuen Kartons verstaut werden.

Auch in dieser Fabrik arbeiteten die Menschen in zwei Schichten. Es gab eine Früh- und eine Mittagsschicht. Der Verdienst hatte sich im Vergleich zu Österreich verbessert. Für einen Monat erhielt meine Mutter 900 DM Lohn, also knapp 450 Euro. Nach Abzug der Mietkosten und der Kosten für eine Monatsfahrkarte der Straßenbahn blieben ihr noch 750 DM (370 Euro) zum Leben und Sparen. Die niedrigen Lebenshaltungskosten erlaubten es ihr, eine größere Summe zurückzulegen. Sowohl die Arbeit als auch das Arbeitsklima in Gelsenkirchen waren sehr angenehm. Die mit Sicherheit auch anstrengenden Wechselschichten bereiteten meiner Mutter keine größeren Probleme. Sie hatte nur ein Ziel: so schnell wie möglich mit dem Rest ihrer Familie vereint zu sein.

Ayse half meiner Mutter, sich sehr schnell in ihr neues Umfeld einzuleben. Sie zeigte ihr, wo sie einkaufen konnte, wo sich die Bank und der Arzt befanden. Und natürlich zeigte sie ihr den winzig kleinen Park, den es in Wattenscheid gibt. Ehrlich gesagt hat Wattenscheid nicht allzu viel zu bieten. Vielleicht tue ich der Kleinstadt, die inzwischen zu Bochum gehört, auch Unrecht. Im Vergleich zu Felixdorf war und ist Wattenscheid natürlich größer, aber im Vergleich zu Wien und zu Istanbul eben eine Kleinstadt. Meine Mutter lebte sich schnell ein und die Werktage vergingen rasend schnell.

Jeden Sonntag kam mein Vater mit dem Zug aus Nürnberg und besuchte meine Mutter. Sie gingen spazieren und die wenigen Stunden vergingen wie im Fluge, denn mein Vater musste ja am Abend wieder zurückfahren. Genau wie meine Mutter musste er am Montag wieder arbeiten. Der türkische Arbeitsvermittler hatte ihm eine Anstellung bei einer Baufirma beschafft, die in ganz Deutschland Häuser bauen ließ. Seine Bauarbeiterkollegen waren hauptsächlich türkischer, italienischer und griechischer Herkunft. Die Bauarbeit lag meinem Vater allerdings überhaupt nicht. Da er nach wie vor unter Höhenangst leidet, konnte er nur bedingt auf den unteren Ebenen eines Rohbaus eingesetzt werden. Schon bei einer geringen Höhe kam seine Schwäche voll zum Tragen. Zum Glück wurde damals jede Arbeitskraft benötigt, sodass auch genügend Arbeit in den niedrigen Etagen zu verrichten war. In der heutigen Zeit wäre meinem Vater wahrscheinlich sofort gekündigt worden, wenn er sich geweigert hätte, den ersten Stock bzw. noch höhere Geschosse zu betreten. Seine Höhenangst hat er bis heute nicht überwinden können und hat sie leider an uns Kinder vererbt.

Das Arbeitsklima auf dem Bau empfand mein Vater zwar als nicht ganz so nett wie in Felixdorf, es war aber in keiner Weise unerträglich oder furchtbar. Die angeworbenen Arbeiter der ersten Generation waren allesamt sehr jung, hoch motiviert und einfach begeistert von Deutschland. Diese positive Art zu denken bemerke ich jedes Mal, wenn ich mich mit meinem Vater oder anderen Menschen der ersten Generation unterhalte. «Dogdun yer degil Doydun yer önemli», besagt ein altes türkisches Sprichwort. «Nicht wo du geboren bist, sondern wo du satt wirst, ist Heimat.» Mein Vater betont stets, wie dankbar und froh er ist, nach Deutschland ausgewandert zu sein. Es ist seine feste Überzeugung, dass wir uns im Laufe der Jahre in vielen Beziehungen verbessert haben. Seiner Meinung nach wäre unser Leben bei «Nichtauswanderung» aufgrund der vielen politischen Ereignisse und Konflikte und der oft schwierigen Wirtschaftslage in der Türkei nicht so gut verlaufen.

Der deutsche Lokalpatriotismus meines Vaters macht sich besonders bei Länderspielen bemerkbar. Er hält immer zur deutschen Elf. Im Vorfeld besorgt er sich jedes Mal Fanartikel, die er sogar im Sommerurlaub in einem Fünf-Sterne-Hotel in der Türkei trägt und dabei «seine» Mannschaft lauthals anfeuert. Meiner Mutter und mir ist das fürchterlich peinlich.

Je mehr wir uns von seinem Verhalten distanzieren, desto mehr dreht mein Vater jedoch auf. Etwas Ähnliches konnte ich zu meiner Überraschung auch bei sehr vielen Landsleuten während der Fußballweltmeisterschaft 2006 beobachten. Ich besuchte damals meinen Bruder in Berlin. Sämtliche Dönerbudenbesitzer aus Neukölln und Kreuzberg hatten ihre Geschäfte mit deutschen Fahnen geschmückt. Fast jeder Türke hielt zu Deutschland.

Diese Begeisterung für Deutschland und die damit verbundene Einstellung im Arbeitsalltag zeigt sich deutlich bei einem Vergleich zwischen der ersten Arbeitergeneration und der zweiten bzw. dritten Generation. Die erste Generation sagte zu allem «ja» und nickte immer freundlich, die zweite bzw. dritte Generation reagiert kritisch bis ablehnend. Der türkische Comedian Kaya Yanar brachte den Unterschied wie folgt auf den Punkt: «Du hier putzen und Dreck wegmachen», sagt der Chef zu dem Türken. Der Türke (Gastarbeiter der ersten Generation) nickt freundlich und macht, was der Chef ihm gesagt hat. Die zweite Generation reagiert auf die gleiche Anweisung mit Kopfschütteln und antwortet: «Warum? Wieso? Mach doch selbst weg, Idiot.»

Warum reagierten die erste und zweite Generation der Gastarbeiter so unterschiedlich? Vielleicht liegt es an dem Selbstbewusstsein, über das die zweite Generation verfügt, denn sie fühlt sich in Deutschland viel heimischer als die erste. Sie lässt sich nichts gefallen, kennt ihre Rechte sehr viel besser und versteht es, diese zu verteidigen. Die ersten Gastarbeiter kamen mit dem Ziel nach Deutschland, dort möglichst viel Geld anzusparen, um einige Jahre später wieder in ihre Heimat zurückkehren zu können. Doch aus diesen Plänen wurde in den meisten Fällen nichts. Nun lebte man in einem Land, in dem man ursprünglich nicht hatte leben wollen. In der Folge entstanden eine große Unsicherheit und ein mangelndes Selbstbewusstsein, die klassischen Markenzeichen der ersten Generation, die zum Glück nicht an die zweite Generation weitervererbt wurden.

Nach etwa drei Monaten endete die Wohngemeinschaft meiner Mutter mit Ayse. Sie bezog eine neue Wohnung mit ihrem Mann, der aus der Türkei nachgekommen war. Fortan war meine Mutter Hauptmieterin. Mein Vater kündigte seine Arbeitsstelle in Nürnberg und zog nach Wattenscheid zu meiner Mutter in ihre Miniwohnung.

Die damalige Situation auf dem Arbeitsmarkt ließ meinen Vater nicht arbeitslos werden. Er fand sofort eine neue Arbeitsstelle bei der Firma Happel, einer Metallfabrik mit Sitz in Bochum. Dort wurde er als Schweißer eingesetzt. Für meine Eltern ging ihr lang gehegter Traum in Erfüllung: uns Kinder nachzuholen. Unverzüglich gingen sie zum Einwohnermeldeamt in Wattenscheid und füllten dort die notwendigen Formulare für die Familienzusammenführung aus. Kurze Zeit später saß mein Vater im Flugzeug nach Istanbul. Die beschwerliche Reise mit dem Zug hatte er bestens in Erinnerung und wollte seinen Kindern (und wohl auch sich) diese Strapaze nicht noch einmal zumuten.

Mein Vater hatte meine Tante gebeten, uns Kinder nicht über seine bevorstehende Ankunft zu informieren. Er wollte uns überraschen. Mein Bruder besuchte inzwischen seit einigen Wochen die erste Klasse einer Schule im Istanbuler Stadtteil Koca Mustafa Pasa. Er saß im Unterricht, als mitten in der Stunde die Klassentür aufging und sein Vater im Türrahmen stand. Ercan schrie nur «Baba», sprang auf und stürmte auf ihn los. Damit endete sein letzter Schultag in der Türkei. Er verließ mit meinem Vater das Gebäude und wollte sich noch nicht einmal verabschieden.

Die wenigen Schulwochen müssen traumatisch für ihn gewesen sein. Wenn seine Lehrerin die Hausaufgaben als nicht ordentlich genug empfand, setzte es mit dem Holzlineal Schläge auf die Hände. Da die Feinmotorik bei allen Erstklässlern noch geschult werden muss, kann man sich leicht ausmalen, wie viele Schläge es zu jener Zeit gesetzt haben muss. Mein Bruder war über diese Bestrafung weniger wegen der damit verbundenen Schmerzen empört als vielmehr über die Ungerechtigkeit, denn er meinte, seine Hausaufgaben ordentlich gemacht zu haben. Kinder ohne Hausaufgaben bekamen ebenfalls Schläge. Mit erhobenem Haupt verließ Ercan die Schule, in der festen Überzeugung, in deutschen Schulen würden Kinder von ihren Lehrern nicht geschlagen werden. Doch er sollte sich irren, was er damals noch nicht ahnen konnte. Er war erst einmal glücklich und wurde auf den starken Schultern seines Vaters nach Hause getragen.

Erneut hieß es, Abschied zu nehmen – diesmal von meiner Tante. Sie war mit Sicherheit alles andere als begeistert. Das galt auch für mich, denn in den vergangenen Monaten hatte sich bei mir das Bewusstsein eingestellt, dass meine Tante meine Mutter sei. Ich nannte sie «Anne», sprich Mutter, was meiner Tante natürlich ungemein schmeichelte. Meinen Vater erkannte ich sofort als meinen Vater wieder. Meine Mutter jedoch nannte ich nur «die Frau ohne Hände». Auf den Hochzeitsfotos, die an vielen Stellen in unserer Wohnung in Istanbul standen, war sie häufig zu sehen. Zu ihrem Brautkleid trug sie weiße Handschuhe, die hinter dem Brautstrauß nicht zu sehen waren. So kam ich auf den Namen «Frau ohne Hände».

Mein Bruder versuchte, mir mit seiner kindlichen Art die familiären Umstände zu erklären. «Hör mal zu», pflegte er stets zu beginnen. «Ich bin dein Bruder. Und auf dem Foto da sind mein Vater und meine Mutter. Meine Tante Hayriye kann dann doch auch nur deine …?» Er wollte natürlich die richtige Antwort hören, die ich ihm nur dann gab, wenn er mich vorher mit Süßigkeiten bestach. Ansonsten blieb ich bei meiner ganz persönlichen Wahrnehmung der Familienzusammensetzung. Nach unserem Umzug nach Wattenscheid begriff ich dann im Laufe der Zeit, dass die «Frau ohne Hände» meine Mutter war.

Nun lebten wir zu viert in der Wattenscheider Miniwohnung. Um uns Kinder betreuen zu können, arbeiteten meine Eltern wieder in unterschiedlichen Schichten. Mein Bruder kam in die Grundschule in Wattenscheid-Mitte. Zu diesem Zeitpunkt sprach er kein Wort Deutsch. Ich bekam nach kurzer Zeit in unmittelbarer Nähe einen Kindergartenplatz, in einem städtischen Kindergarten. Er hatte zwei Gruppen, in denen je 25 Kinder von zwei Erzieherinnen betreut wurden. In der Regel war ich das erste Kind, das morgens gebracht wurde. Zu diesem Zeitpunkt war ich eines der wenigen Migrantenkinder in diesem Kindergarten.

Wenn ich an meine Kindergartenzeit zurückdenke, fällt mir als Erstes der strenge und wenig herzliche Umgang der Erzieherinnen mit den Kindern ein. Es gab klare Regeln. Wer beispielsweise in der Bauecke spielen wollte, musste um Erlaubnis fragen. Gleiches galt für das Spielen in der Puppenecke. Die Erzieherinnen gaben vor, was gemacht wurde, und boten nie eine Alternative an. So mussten z.B. alle Kinder sticken, ganz gleich, ob sie wollten oder nicht. Während dieser ziemlich langweiligen Stickphase war es verboten, sich zu unterhalten.

Die Erzieherinnen saßen in der Regel an einem ausschließlich für sie reservierten Tisch, während wir Kinder spielten. Wer Durst hatte, konnte zwischen Kamillentee und Milch wählen. Leider mag ich diese beiden Getränkesorten bis heute

nicht. In einer Ecke des angrenzenden WCs hatten die Erzieherinnen eine Kiste mit Cola und Mineralwasser für sich stehen.
Als ich eines Tages großen Durst hatte, tat ich so, als müsste ich auf die Toilette. Heimlich öffnete ich eine Flasche Cola,
nahm einen großen Schluck – und wurde prompt erwischt. Es
gab eine riesengroße Szene und meine Eltern wurden offiziell
zu einem Gespräch in den Kindergarten zitiert.

Unsere gesamte Familie erlebte einen Kulturschock. Ich
wurde des Diebstahls bezichtigt, und meine Eltern konnten
nicht verstehen, warum ein solcher «Aufstand» um eine in
ihren Augen harmlose Sache veranstaltet wurde. Noch am
selben Tag besorgte mein Vater als Wiedergutmachung eine
Kiste Coca und stellte die Erzieherinnen damit zufrieden.
Zu diesem Zeitpunkt hätten es meine Eltern nicht gewagt zu
widersprechen. In ihrer Erziehung waren Erzieherinnen und
Lehrer Respektspersonen, denen man nicht ohne weiteres widerspricht.

Eine ständige und vor allem unbegründete Angst begleitete
uns während meiner gesamten Kindheit. Meine Eltern betonten immer wieder, dass wir Migranten wären und uns stets
peinlich genau an alle Vorschriften zu halten hätten. Vielleicht
lag diese ständige Sorge auch an der damaligen Gesetzeslage
für ausländische Arbeitnehmer. Jedes Vierteljahr wurde die
Aufenthaltsgenehmigung für die nächsten drei Monate ver-
längert. Dies setzte voraus, dass man eine Arbeitsstelle besaß
und nicht polizeilich aufgefallen war. Nach zwei Jahren wurde
diese so wichtige Aufenthaltsgenehmigung für ein Jahr ver-
längert. Nach fünf Jahren war es möglich, einen Antrag zur
Aufenthaltsberechtigung zu stellen. Mit dieser Aufenthaltsberechtigung erwarb der Migrant mehr Rechte. Bei Verlust
der Arbeitsstelle drohte nun nicht mehr die Ausweisung. Nur
ein Gericht konnte einen des Landes verweisen.

Meine Familie befand sich zu der Zeit noch in der Phase, in der alle Vierteljahre eine Verlängerung der Aufenthaltsgenehmigung beantragt werden musste. Immer wieder führten uns meine Eltern vor Augen, dass wir hier zu Gast seien und uns vorbildlich zu benehmen hätten. Sie wollten auf gar keinen Fall negativ auffallen. Zudem entsprach es eher ihrem Naturell und ihrer Erziehung, sich in vielen Dingen anzupassen. Diese Lebenseinstellung verursachte bei meinen Eltern oftmals eine Unsicherheit, die sich zum Teil noch heute bemerkbar macht. Sobald ein Brief von einer Behörde kam, waren meine Eltern auch aufgrund ihrer sprachlichen Defizite verunsichert. Wenn sie zu einem Gespräch in die Schule gebeten wurden, weil mein Bruder einem Mitschüler geholfen hatte, der gerade verprügelt wurde, «handfest» geholfen hatte, reagierten sie nicht nur verunsichert, sondern sogar verängstigt. Ihre Unsicherheit übertrug sich auch auf uns Kinder. Eine selbstverständliche und selbstbewusste Herangehensweise an neue Situationen mussten wir uns selbst aneignen.

Viele Jahre nachdem er die Schule abgeschlossen hatte, erzählte mir mein Bruder einmal, dass der Schulleiter der Grundschule die Schüler bei Fehlverhalten geohrfeigt hätte. Dies hatte mein Bruder meinen Eltern nie anvertraut – er wäre vermutlich auch gar nicht auf die Idee gekommen, das zu tun. Durch ihre Unsicherheit hätten sie es nicht gewagt, gegen diese körperliche Züchtigung vorzugehen. Ich kann mich an kaum eine Situation in unserer Kindheit erinnern, in der meine Eltern etwas widersprochen oder auch nur kritisiert hätten. Alles was z.B. Lehrer, Erzieher, Nachbarn oder Vermieter sagten, wurde hingenommen. Die Sprachbarrieren hinderten sie noch zusätzlich, irgendetwas Kritisches zu erwidern.

Die Wochen vergingen immer sehr schnell und die Wochenenden noch viel schneller. Schon nach ein paar Monaten bat mein Vater seinen Arbeitgeber, nur noch in den Nachtschichten arbeiten zu können. So war die Betreuung meines Bruders, der schon früh aus der Schule nach Hause kam, gewährleistet.

Wenn meine Eltern an einem Samstag nicht arbeiten mussten, gingen wir alle zusammen nach dem Frühstück einkaufen. In etwa vier Kilometer Entfernung gab es ein großes Kaufhaus, in dem man von Bekleidung bis zu Haushaltswaren und Lebensmitteln alles bekam, was eine Familie benötigte. Da meine Eltern zu dieser Zeit noch keinen Führerschein besaßen und wir infolgedessen kein Auto hatten, mussten wir sämtliche Besorgungen zu Fuß erledigen. Ich habe diese Einkäufe gehasst. Die vier Kilometer lange Strecke kam mir als Kindergartenkind mindestens zehnmal so lang vor, zumal wir auf dem Rückweg auch noch unendlich viele schwere Taschen und Tüten schleppten, denn meine Eltern erledigten in diesem Kaufhaus mit dem sprechenden Namen «Disco» den gesamten Wocheneinkauf. Bestimmt war dieser «Samstagsausflug» nicht nur für uns Kinder, sondern auch für meine Eltern mit viel Stress verbunden.

Nach unserer Rückkehr begann meine Mutter zu kochen, unendlich viel zu kochen. Einerseits kochte sie schon für einen Teil der Woche vor, andererseits kam in der Regel alle 14 Tage am Samstagabend eine andere Familie zum Essen zu uns. Dabei handelte es sich meist um andere Migrantenfamilien, mit deren Angehörigen meine Eltern zusammenarbeiteten. Deutsche Familien kannten wir zu dem Zeitpunkt noch nicht. In der Woche darauf wurden dann meist wir eingeladen.

Diese Samstagabende haben wir Kinder geliebt. Unsere Eltern waren dann immer besonders ausgelassen. Es wurde viel gelacht, getanzt, gespielt und noch viel mehr gegessen. Jede türkische Familie hatte mindestens zwei bis drei Kinder. Wir durften immer so lange miteinander spielen, solange unsere

Eltern den Abend genossen. Ein solcher Familienabend endete in der Regel um 23 oder 24 Uhr.

In der türkischen Kultur ist die Erwachsenenwelt mit der Kinderwelt vereint. Eine starke Trennung dieser beiden Bereiche, wie sie in Deutschland üblich ist, wird nicht vorgenommen. Mit anderen Worten: Wir mussten nicht um 20 Uhr ins Bett. Die Kinder waren bei allen Wochenendaktivitäten stets dabei, die gesamte Familie verbrachte die freie Zeit miteinander.

Der in dieser Hinsicht bestehende Unterschied zwischen Türken und Deutschen ist mir besonders bewusst geworden, als wir einige Zeit später gemeinsam mit unseren Eltern eine deutsche Familie besuchten. Deren Kinder mussten spätestens gegen 21 Uhr ins Bett oder durften ausnahmsweise etwas länger aufbleiben, weil ja Besuch da war.

Von Anfang an bestand Deutschland für uns aus vielen Regeln. Wir mussten ja sogar fragen, wenn wir in bestimmten Bereichen des Kindergartens spielen wollten. Für alles gab es Regeln. Regeln, wann gegessen wird, wann gespielt wird und wann geschlafen wird.

Sonntags war immer unser Schwimmtag, sprich an dem einzig freien Tag meines Vaters waren wir bereits um 9 Uhr im Hallenbad. Nach den anstrengenden Nachtschichten in der Woche ging mein Vater jeden Sonntag mit uns schwimmen. Da wir kein Badezimmer in unserer Wohnung hatten, wurde dabei das Angenehme mit dem Nützlichen verbunden. Während wir nach dem Schwimmen gründlich duschten, bereitete meine Mutter ein königliches Frühstück vor. Es gab nichts Schöneres, als hungrig und ausgetobt vom Schwimmen nach Hause zu kommen und schon an der Wohnungstür den Duft von gebratenen Eiern und heißem Tee zu riechen. Und sich dann an einen gedeckten Tisch zu setzen und es sich schmecken zu lassen.

Was wir mit dem Rest des Tages machten, hing von der Jahreszeit ab. Spaziergänge, Zoobesuche oder Badminton- und Fußballspielen im Park rundeten die Sonntage ab. Dabei waren wir immer auf öffentliche Verkehrsmittel und unsere Füße angewiesen.

Ein beliebtes Ausflugsziel war der Gysenbergpark in Herne, wo wir gerne Picknick machten. Wenn der Picknickkorb gefüllt war, fuhren wir mit dem Bus zu dem Park, der neben einem Spielplatz ein kleines Tiergehege, zahlreiche Getränke- und Eisbuden und viele große Spielwiesen bot. Auf einer dieser Wiesen breiteten wir unsere mitgebrachten Decken und Speisen aus. Neben den vielen Vorspeisen, eingelegtem Gemüse, gebratenen Auberginen und «mücver» (Zuccinipuffer), gab es häufig noch Gegrilltes. Meine Eltern hatten einen kleinen tragbaren Klappgrill, den sie mit in den Park nahmen. Rückblickend frage ich mich, wie wir das alles in Bus und Bahn transportiert haben. Meist trafen wir uns noch mit anderen türkischen Familien, sodass im Vorfeld abgesprochen werden konnte, wer was mitbrachte. So köstlich die Vorspeisen auch sind, Fleisch spielt in der türkischen Küche eine große Rolle. «Ohne Fleisch wird man doch nicht satt», gibt mein Vater bei jeder passenden Gelegenheit von sich. Selbst wenn man ihm eine riesiges Vorspeisenbüffet und Gemüsegerichte anbieten würde, wäre er nicht zufrieden. Wäre keine Fleischspeise dabei, würde er ständig fragen: «Was gibt es noch?»

Obwohl mein Vater äußerst gerne grillte, waren für das Anfeuern des Grills stets andere zuständig – entweder meine Mutter oder ein befreundetes Mitglied einer anderen türkischen Familie. Auch wenn das Kochen allein Sache meiner Mutter war, engagierte sich mein Vater doch stark im Familienleben. Er kümmerte sich um uns Kinder. Unermüdlich spielte er mit uns Verstecken, Fangen, Blindekuh und was wir sonst noch wollten.

Vier Monate nach unserer Ankunft in Deutschland fanden meine Eltern nach langer Suche über die Zeitung und Mundpropaganda endlich eine etwas größere Wohnung, und zwar in einer Parallelstraße. Da meine Eltern nur ein begrenztes Budget für die Miete zur Verfügung hatten, beschränkte sich die Suche auf die nicht gerade bevorzugten Wohngegenden. Für uns kamen in erster Linie Wohnungen in unrenovierten Altbauten ohne Bäder und mit Kohleheizung in Frage, die an stark befahrenen Straßen lagen, sozusagen das klassische Arbeiter- und Ausländerghetto. Die Wohnungssuche gestaltete sich weitaus schwieriger, als meine Eltern erwartet hatten. Wenn eine Wohnung von der Quadratmeteranzahl und dem Mietpreis her in Frage kam, baten sie einen deutschen Arbeitskollegen, unter der angegebenen Telefonnummer anzurufen. Zwar konnten meine Eltern inzwischen deutsch sprechen, fühlten sich am Telefon sprachlich aber noch überfordert. Die Vermieter waren in der Regel freundlich und aufgeschlossen und gaben die notwendigen Auskünfte. Sobald sie jedoch erfuhren, dass die eigentlichen Mietinteressenten eine türkische Familie mit zwei kleinen Kindern waren, kam plötzlich die Antwort, es täte ihnen leid, aber gerade erführen sie, dass der Ehepartner die Wohnung bereits vergeben habe. An Türken wollten viele Eigentümer nicht vermieten. Das war jedoch das geringere Übel. Weit gravierender war, dass sich die meisten Wohnungen, die aufgrund ihres Preises in Frage kamen, als absolute Bruchbuden entpuppten.

Unser neues Zuhause war eine Zweieinhalb-Zimmer-Wohnung mit Kohleheizung und natürlich wieder ohne Bad. Die Wohnung bestand aus einer Küche, einem Wohn- und einem Schlafzimmer. Die Küche war ein Durchgangszimmer. Links davon lag das Schlafzimmer, rechts davon gelangte man ins Wohnzimmer. Der große Vorteil der Wohnung bestand darin, dass sie möbliert war. Da wir zu dem Zeitpunkt keine eigenen Möbel besaßen, kam uns das sehr entgegen. Wie viele Migranten waren meine Eltern nur mit zwei Koffern nach Deutschland eingereist. Allerdings war der Preis von 1500 DM für die Übernahme der Möbel vermutlich überhöht. Aber was blieb uns anderes übrig.

Wir Kinder schliefen gemeinsam mit unseren Eltern im Schlafzimmer. Das Zimmer hatte neben einem Kleiderschrank und Ehebett noch ein Etagenbett für uns. Der bei Kindern häufig entstehende Streit, wer denn nun unten und wer oben schlafen dürfe, blieb aus. Ich schlief gerne unten. So konnte ich in dem mit Möbeln vollgestellten Zimmer immer Hand in Hand mit meinem Vater einschlafen.

Türkische Bekannte kannten den Vermieter, denn sie wohnten im Nachbarhaus. Er war Türken als Mietern gegenüber recht aufgeschlossen. Unsere Nachbarn im Haus waren weitere türkische Familien, zwei deutsche Familien und einige ältere Deutsche, die wir lediglich im Hausflur grüßten. Niemand schien sich für die neuen Nachbarn zu interessieren. Durch den Hinterausgang gelangte man in einen begrünten Innenhof, der im Sommer zum Trocknen der Bettwäsche genutzt wurde. Für uns Kinder bot er ein wenig Platz zum Spielen.

In der Straße, in der unser neues Zuhause lag, wohnte allenfalls eine Handvoll türkische Familien. Es war also keine Straße, die ausschließlich von Gastarbeiterfamilien bevölkert wurde, vielmehr waren deutsche Familien eindeutig in der Überzahl. Die meisten Häuser hatten begrünte Innenhöfe und kleine Gärten. Nach kurzer Zeit lernten wir unsere Nachbarskinder kennen und spielten mit ihnen in diesen Innenhöfen oder auf der Straße. Zum Glück waren die Straßen in den 70er-Jahren noch nicht so stark befahren wie heute. Spielend und ohne es zu merken, lernten wir Deutsch auf der Straße.

Ich lernte ein deutsches Mädchen kennen, das meine beste Freundin wurde. Sie war gleichaltrig und wohnte ein paar Häuser weiter. Ihr Vater hatte einen Gebrauchtwagenhandel und verbrachte die meiste Zeit in seiner Firma. Ihre Mutter war Hausfrau und konnte sich gänzlich um sie und ihre jüngere Schwester kümmern. Ich muss zugeben, dass ich meine Freundin um diese ungeteilte Zuwendung seitens ihrer Mutter beneidet habe.

In jeder freien Minute spielten wir Mädchen miteinander. Wenn es draußen zu kalt war oder regnete, durfte ich zu ihr gehen oder sie kam zu mir. Allerdings gab es etwas, das mich stark verwunderte. Jedes Mal, wenn wir bei ihr spielten, kam der Moment, wo sie von ihrer Mutter zum Essen gerufen wurde. Die Mutter sagte dann zu mir: «Du kannst hier weiter spielen, Gabi kommt wieder, sobald sie mit dem Essen fertig ist.» Nicht ein einziges Mal kam Gabis Mutter auf die Idee, mich zu fragen, ob ich vielleicht mitessen wolle. Ihrer Verwandtschaft wurde ich stets als das «türkische Mädchen mit den schönen dunklen Augen» vorgestellt. Bei uns hieß es hingegen immer nur, «das ist die Gabi, Betüls Freundin». Nationalität und Augenfarbe wurden nicht hervorgehoben.

Da fast jeder Türke fußballbegeistert ist und mein Vater sich hierin nicht vom Rest seiner Landsleute unterscheidet, wurde mein Bruder sehr schnell in einem Fußballverein angemeldet. Fußball nimmt nach Essen und Reden den dritten Rang im Leben der Türken ein, auch wenn die meisten von ihnen noch nie auf einem Fußballfeld gestanden haben. Letzteres trifft auf meinen Vater nicht zu. Er spielte selbst aktiv bis zur letzten Seniorenliga.

Fortan war der Samstag für die Fußballspiele meines Bruders reserviert. Ganz plötzlich waren wir aktive Mitglieder im Fußballverein, sprich: Wir fuhren zu allen Heim- und Auswärtsspielen mit und nahmen natürlich an allen jahreszeitlich bedingten Feierlichkeiten teil. Bei Letzteren lernten wir kennen und lieben, was deutsche Organisation bedeutet.

Vor allem die Weihnachtsfeiern sind mir in besonderer Erinnerung geblieben: ein großer, festlich geschmückter Saal mit einem Weihnachtsbaum, auf dem die bunten Kugeln nur so glänzten. Der Nikolaus kam mit seinem goldenen Buch und konnte tatsächlich zu jedem Kind etwas Persönliches sagen. Nach seiner Ansprache bekam jedes Kind eine prallvoll gepackte Tüte mit Süßigkeiten. Die Integration funktionierte. Sie ging sogar so weit, dass fast all unsere Vornamen eingedeutscht wurden. Meine Mutter hieß «Rezi» anstatt Rezzan. Mein Bruder Ercan wurde zu «Ernie». Der Spitzname meines Vaters war «Amigo» und ich hieß auf einmal «Bettina». Damals liebte ich diese Art von Integration. Ich wollte ein Teil dieser Gesellschaft sein.

Meinen Eltern gefiel der Brauch, zur Weihnachtszeit alles festlich zu schmücken. Am Abend vor Nikolaus mussten wir unsere Stiefel putzen und sie vor die Wohnungstür stellen. Schon bald feierten auch wir zu Hause Weihnachten. Es ging sogar so weit, dass ein Christbaum gekauft und geschmückt wurde. Am 24. Dezember, dem christlichen Heiligen Abend, gab es bei uns Bescherung – sehr zur Verwunderung unserer türkischen Freunde. Für uns stellte Weihnachten nie ein religiöses Fest dar, sondern war eher folkloristisch begründet. Wir Kinder liebten dieses Fest, und meine Eltern wollten uns eine Freude bereiten. Wenn unsere türkischen Bekannten fragten, warum wir einen Weihnachtsbaum in unserem Wohnzimmer stehen hatten, gaben meine Eltern die simple Antwort: «Weil die Kinder das schön finden.» Der Kulturunterschied unter den türkischen Gastarbeitern selbst machte sich deutlich bemerkbar. Meine Eltern waren es gewohnt zu feiern. In Istanbul gingen sie oft in Tanzlokale mit Livemusik.

In Deutschland tanzten und feierten sie nun auf den Festen des Fußballvereins.

1974 wurde ich in dieselbe Grundschule eingeschult, in der mein Bruder mittlerweile die vierte Klasse besuchte. Der Ausländeranteil an dieser Schule war nicht besonders hoch. In meiner Klasse gab es nur ein einziges Mädchen mit Migrationshintergrund – mich. Die Grundschulzeit verlief ähnlich relativ unproblematisch wie die meines Bruders. Ich war vom Religionsunterricht befreit und durfte mir aussuchen, ob ich in der evangelischen oder katholischen Religionslehre dabei sein wollte. Ich entschied mich für den katholischen Unterricht. Die Religionsstunden mochte ich besonders gern, denn ich konnte abschalten und wurde nicht einmal aufgerufen, um etwas zu wiederholen.

Bei den Hausaufgaben konnten meine Eltern uns nicht helfen. Sie sprachen zwar mittlerweile Deutsch, aber ihre schriftsprachlichen Kenntnisse reichten nicht aus. So waren mein Bruder und ich immer auf uns selbst angewiesen. Eine Hausaufgabenbetreuung oder spezieller Förderunterricht wurde damals noch nicht angeboten. Nach der Schule gingen wir direkt nach Hause. Jeder von uns hatte einen Schlüssel. Gemeinsam machten wir uns das vorgekochte Essen warm. Mitunter konnte mein Vater nicht da sein, weil er doch tagsüber arbeiten musste – schließlich hatte er keinen Einfluss auf den Schichtplan. Manchmal war er aber auch so müde von der Arbeit, dass er schlief.

Nach dem Essen erledigten wir die Hausaufgaben. Anschließend mussten wir den Nachmittag bis 15 oder 16 Uhr herum bekommen, bis unsere Eltern Feierabend hatten. Oft hätte ich gerne Schulkameradinnen, die in der Nähe wohnten, besucht, doch die wenigsten von ihnen hatten Zeit. Entweder war Musikschule oder Ballett angesagt oder die Großeltern kamen zum Kaffee. Nicht selten hieß es auch: «Kerstin muss noch für das Diktat üben.»

Das alles war mir gänzlich fremd, denn zu mir sagte niemand so etwas. Kein Wunder also, dass ich ganz neidisch auf die Aufmerksamkeit und Zuwendung wurde, die meine Klassenkameraden erfuhren. Vielleicht entwickelte ich deswegen einen besonders großen schulischen Ehrgeiz. Ich wollte genauso sein wie meine deutschen Freundinnen.

Wenn ich einmal unangemeldet bei einer Schulkameradin an der Tür klingelte, wurde ich nur äußerst selten hereingebeten. Ich bildete mir ein, das habe etwas mit meinem türkischen Hintergrund zu tun. Belegen konnte ich es natürlich nicht, es war mehr ein Gefühl. Wenn ich eine Freundin mitbrachte oder jemand bei uns anschellte, war es selbstverständlich, dass der Schulfreund oder die Schulfreundin zu uns in die Wohnung durfte. Wir mussten unsere Eltern noch nicht einmal fragen. Es war eine Selbstverständlichkeit. Vermutlich haben wir unsere Eltern durch die vielen Kinder, die uns besuchten, arg strapaziert. An manchen Tagen hatten jeweils mein Bruder und ich Besuch von jeweils zwei Freunden. Die Toleranz meiner Eltern hatte sich herumgesprochen, und so kamen sie oftmals müde von der Arbeit nach Hause, wo sie sechs tobende Kinder vorfanden. Dementsprechend sah unsere Wohnung aus. Trotz all dieser Freiheiten mochte ich den Perfektionismus und den Ordnungswahn, der bei den meisten deutschen Familien vorherrschte. Die Unordnung und die zum Teil beschädigten Möbel bei uns störten mich mehr und mehr.

Nachdem meine Eltern sich ein gebrauchtes Auto leisten konnten, nahmen wir wie fast alle Gastarbeiter-Familien die unwegsame, gefährliche und staubige Fahrt mit dem Auto in die «Heimat» auf uns. Geld für solche Familienurlaube in der

71

Türkei hatten wir immer nur alle vier Jahre. Bevor wir losfuhren, wurde am Rückspiegel ein Talisman in Form einer blauen Glasperle befestigt. Das Auge soll vor Gefahren und Unfällen schützen. Ein zuverlässiges Auto mit Inspektion wäre mir lieber gewesen, denn dann hätte ich mich nicht ständig fragen müssen, ob ich diese Reise wohl lebend überstehen würde.

Auf der «Todesstrecke», wie wir die Route von Wattenscheid nach Istanbul nannten, kamen jedes Jahr zahlreiche Familien ums Leben. Die Fahrer hatten nur ihr Ziel im Sinn, aber auf so einer langen Reise lässt die Konzentration unweigerlich nach. All das schreckte meine Eltern nicht ab. Besser gesagt, sie hatten keine andere Wahl. Ein Flug hätte für die Erwachsenen knapp 1000 DM (also etwa 500 Euro) und pro Kind 300 bis 400 DM (also 150 bis 200 Euro) gekostet und war für uns unerschwinglich. Benzin, ADAC-Schutzbrief und der Zoll für den mitgebrachten Fernseher oder die Stereoanlage kosteten nur 500 DM (250 Euro) plus die 100 DM (50 Euro), die man damals in Bulgarien zwangsumtauschen musste. Dazu kamen noch Zigarettenstangen, Coca-Cola-Dosen, Feuerzeuge und Kugelschreiber für die Verkehrspolizisten. Unter dem Strich kamen wir so deutlich billiger weg.

Wenn möglich, fuhren wir in einer Karawane mit zwei anderen türkischen Familien, damit wir uns gegenseitig vor nächtlichen Überfällen schützen konnten. Immer wieder hörten wir von Reisenden, die allein unterwegs waren, dass sie nachts auf den menschenleeren Rastplätzen in Jugoslawien und Bulgarien ausgeraubt worden waren.

In Österreich machten wir meist noch einmal ausgiebig Rast, damit meine Eltern ihren letzten ordentlichen Kaffee trinken konnten. Österreich wirkte auf uns recht exotisch. Die Menschen trugen eigenartige Trachten und redeten ein Deutsch, das wir nicht verstanden. Sie waren uns nicht weniger fremd als wir ihnen, aber wir fühlten uns nicht unwohl.

An der Fensterscheibe zogen sanfte Hügel, sattgrüne Wiesen und gefleckte Kühe vorbei.

Die wirkliche Fremde begann nach dem Passieren der Grenze zu Jugoslawien. Die Grenzpfosten markierten den Eintritt in die «Vorhölle». Wir aßen nur noch unsere Vorräte, die meine Mutter eingepackt hatte. Die Gaststätten, an denen wir hätten halten können, waren meist überteuert und das Essen ungenießbar. Die Menschen, die um das Auto herumlungerten, kamen uns unheimlich vor. Im Vergleich zu Deutschland und Österreich erschien die Landschaft ausgetrocknet, leer und rau. Überall lagen schrottreife Autos und verrostete Lastwagen an den Straßenrändern. Manchmal ließ sich ein Zwischenstopp nicht vermeiden, denn gewisse menschliche Bedürfnisse mussten erledigt werden. Das taten wir so schnell wie möglich, damit wir die rudimentären Toiletten und die abweisenden Menschen rasch hinter uns lassen konnten.

Nach der «Vorhölle» erreichten wir die richtige «Hölle». Sie trug den Namen «Bulgarien». Wer nicht genügend Instantkaffee, Zigaretten, Schokolade oder Coca-Cola dabei hatte und wer nicht genau wusste, wie man damit die bulgarischen Zöllner unauffällig bestechen konnte, der verbrachte grundlos viele Stunden am Grenzübergang. «Komsu» (Nachbar) riefen sie ins Auto. «Hast du etwas zu verzollen?» Nicht nur ein «Nein», sondern eine «kleine Gabe», bestehend aus Nescafe oder einer Stange Zigaretten, öffneten die Grenze. Für die Zöllner bedeutete dies wahrscheinlich die Möglichkeit, ein wenig am westlichen Lebensgefühl zu schnuppern. Die Strecke fuhren wir am liebsten ohne Pause durch. Die meisten Dörfer, durch die wir fuhren, kamen mir wie eine Mischung aus Geisterstadt und Armenviertel vor.

Nach 48 Stunden hatten wir den türkischen Grenzübergang in «Edirne Kapikule» erreicht. Kurz vor der Grenze erwachten wir mit verquollenen Augen aus unserer Lethargie und rutschen aufgeregt auf unseren Sitzen hin und her. Zwischen der bulgarischen und türkischen Grenze musste man mit dem Auto durch tiefe Pfützen fahren, die die Zöllner angelegt hatten. Es durfte kein Körnchen bulgarische Erde am Reifen in die Türkei gelangen. Über den Grenzhäuschen der türkischen Zöllner hing ein großes Plakat. Auf rotem Hintergrund stand in weißer Schrift «Ne mutlu türküm diyene», was so viel bedeutet wie «Glücklich, der sich Türke nennen darf».

Jedes Mal, wenn wir die Grenze passiert hatten, herrschte eine Stimmung wie auf einem Jahrmarkt. Lange Autoschlangen, mit Neonlicht beleuchtete Straßen und Grenzerhäuschen. Unendlich viele Familien mit unendlich viel Gepäck. Wir zogen vorbei an schreienden Kindern, betenden Männern und lachenden Frauen. Einzelne Autos wurden nach Zollware durchsucht. Jede türkische Familie hatte immer mindestens einen kleinen Fernseher, eine Stereoanlage, eine Kaffeemaschine oder andere Elektroartikel dabei. Niemand gab alles bei den Zöllnern an. Wer Pech hatte, der erhielt die Aufforderung, das gesamte Gepäck, das mühsam im und auf dem Auto verstaut worden war, auszuladen. Dann herrschte Chaos pur. Die Einreise in die Türkei war also keinesfalls eine Vergnügungstour. Dennoch fühlten sich meine Eltern bei weitem nicht so hilflos wie an den vorherigen Grenzübergängen, denn hier sprachen sie die gleiche Sprache wie die Grenzbeamten.

Als wir in Deutschland losfuhren, verließ ich meine Heimat. Dennoch spürte ich nun wieder viel Vertrautes um mich herum, und mich überkam erneut ein Gefühl von Heimat. Es unterschied sich durch nichts von dem Gefühl, das ich empfand, als wir aus Wattenscheid aufbrachen.

Istanbul präsentierte sich unwiderstehlich und sprühte nur so vor Leben. Die unzähligen Autos, die Vielzahl der Häuser, die sich kreuzenden Straßen und engen Gassen und nicht zuletzt die riesige Ansammlung von Menschen wirkten unüberschaubar und verwirrten mich. Auf klapprigen Handkarren wurden die verschiedensten Waren auf der Straße angeboten: ofenfrische Sesamkringel, Reis mit Kichererbsen, Börek, Pistazien, Haselnüsse, Oliven, Melonen, Weintrauben, Tomaten oder sogar Haushaltswaren. Alles wirkte wie auf einem riesigen Basar unter freiem Himmel. Zum Teil wurde die Ware akrobatisch aufeinander gestapelt und fiel dennoch nicht um. Wollte man zum Beispiel den vorletzten Plastikeimer kaufen, der in zwei Meter Höhe befestigt war, so verstand es der fliegende Händler geschickt, genau diesen Eimer herunterzuholen. Obwohl dies nicht meine gewohnte Welt war, sprachen wir dennoch die gleiche Sprache.

Die Eigentumswohnung, die einst auch unser Zuhause gewesen war, wurde nun von meiner Tante Hayriye allein bewohnt. Sie hatte sich in der Zwischenzeit von ihrem Mann scheiden lassen und wich während unseres Istanbul-Aufenthalts nicht einen Meter von unserer Seite. Wir nahmen sie überallhin mit. In der Regel blieben wir während des Urlaubs zehn Tage in Istanbul und fuhren dann in einen kleinen Badeort namens Tekirdag, der etwa zwei Stunden Autofahrt entfernt lag. Dort mieteten wir ein Apartment in einer Ferienanlage mit ausschließlich türkischen Gästen. Die meisten Urlauber stammten aus Istanbul oder aus Izmir.

Das Schöne an dieser Anlage war, dass wir dort jedes Mal die gleichen Familien trafen. Sie verbrachten ihre gesamten Sommerferien, sprich drei Monate, an diesem Ort. Die Ehemänner kamen nur am Wochenende und reisten Montag früh zurück, um die Woche über ihrer Arbeit nachzugehen. Die Herzlichkeit, mit der wir empfangen wurden, und die Vertrautheit, die schon nach wenigen Stunden zwischen mir und meinen Freundinnen entstand, verblüfften mich immer wieder.

Ich habe meine Freundinnen um ihre drei Monate langen Sommerferien beneidet, denn unsere läppischen drei Badewochen vergingen natürlich immer wie im Fluge. Am Abreisetag kamen alle Gäste der Ferienanlage, um uns zu verabschieden. Ein Menschenauflauf, unzählige Umarmungen, Wangenküsse und einige Tränen, die über die Wangen flossen. Zum Schluss wurde noch ein Eimer Wasser hinter uns hergeschüttet. Dieser Brauch soll dafür sorgen, dass die Abreisenden auch immer wiederkehren. In Istanbul machten wir noch ein paar Besorgungen, dann hieß es auch für uns, Abschied zu nehmen – von meiner Tante und unseren Nachbarn. Das waren stets sehr traurige Momente, zumal uns die «Höllenfahrt» in entgegengesetzter Richtung noch bevorstand. Bekanntlich ist die Fahrt in den Urlaub ja um ein Vielfaches schöner als die Fahrt zurück.

Während in der Türkei Unbeschwertheit und Leichtigkeit geherrscht hatten, nahm in Deutschland das Arbeitsleben wieder seinen gewohnten Lauf. Mein Vater wechselte erneut seine Arbeitsstelle. Er arbeitete nun als Hilfsschlosser und Hilfsschweißer in einer Fabrik in Herne. Hier verdiente er etwas mehr Geld und konnte weiterhin in unterschiedlichen Schichten arbeiten.

Die Jahre vergingen. Nach der Grundschulzeit wechselte ich zur weiterführenden Schule. Auf dem Gymnasium saß ich nun zwischen den Töchtern und Söhnen von besserverdienenden Eltern. Meine Eltern konnten mich inhaltlich zwar nicht unterstützen, ließen mir jedoch sämtliche Freiheiten, mich schulisch zu entwickeln. Ich durfte an allen Klassenfahrten teilnehmen und auch der Schwimm- und Sportunterricht stand nie zur Diskussion. Warum sollte er auch? Meine Eltern sind europäische Türken. Das Tragen von Badeanzügen ist und war nie ein Problem für sie. Die traditionell eingestellten Muslime hingegen haben bereits ein moralisches Problem mit unverhülltem Haar. Frauen und Mädchen müssen laut Koran ihren Körper und speziell ihre weiblichen Reize bedeckt halten. Weibliche Familienmitglieder würden in Badekleidung gegen die islamische Kleiderordnung verstoßen.

So sehr meine Eltern mir in schulischen Belangen Freiheiten einräumten, so eng waren die Grenzen meiner Privatsphäre gesteckt. Ein Schulfreund, der mir kostenlos Nachhilfestunden in Mathematik gab, ging bei uns ein und aus. Und so war auch mein fester Freund offiziell immer nur mein «Schulkollege». Solange er als «Schulkollege» vorgestellt wurde, durfte er bei uns essen und ich ihn zu Hause besuchen. Wir mussten ja schließlich für die «Klausuren» üben. Es wäre unmöglich gewesen, meinen festen Freund auch als solchen zu definieren und vorzustellen. Dennoch war mein Elternhaus trotz aller Notlügen ein für türkische Verhältnisse immer noch vergleichsweise tolerantes Elternhaus. Ich kannte damals kein türkisches Mädchen, das sich mit männlichen Freunden treffen, geschweige denn sie zu sich nach Hause einladen durfte.

Die Oberstufe besuchten noch vier weitere Migrantenkinder, an die ich mich erinnern kann. Zwei türkische Mädchen, ein türkischer Junge und ein russisches Mädchen. Da wir alles andere als in der Überzahl waren, hatte ich häufig das Gefühl, wir seien die Alibimigranten bzw. ich sei die «Vorzeigetürkin» der Schule – frei nach dem Motto: «Seht her, hier haben wir türkische Kinder, bei denen die Integration gelungen ist.» Mit sehr viel Fleiß und etlichen Nachhilfestunden in meinem «Lieblingsfach» Mathematik, die ich mir selbst organisierte, verließ ich die Schule 1988 mit der allgemeinen Hochschulreife.

Nach dem Abitur wollte ich zunächst nichts mehr mit Schule zu tun haben. Ich strebte danach, mein Schulenglisch zu verbessern, und flog im Februar 1989 zu meiner Tante Hatice, der ältesten Schwester meines Vaters, nach Houston. Meine Eltern verzichteten auf ihren Sommerurlaub, um mir die mehrmonatige Reise zu ermöglichen. Immerhin sollte die Unterkunft kostenlos sein. Der Flug und das Taschengeld rissen ein großes Loch in ihre Haushaltskasse.

Nach meinem USA-Aufenthalt bewarb ich mich als Flugbegleiterin bei der Lufthansa und arbeitete dort zehn Jahre im internationalen Flugbetrieb. Parallel dazu nahm ich nach ein paar Jahren Dienstzugehörigkeit ein Studium der Sonderpädagogik auf.

Da ich hauptsächlich im interkontinentalen Flugbetrieb eingesetzt wurde, hatte ich in meinen Ruhezeiten zu Hause mehrere Tage frei, an denen ich mein Studium vorantreiben konnte. Den Stundenplan richtete ich nach meinem Flugplan aus. 1999 schließlich entschied ich mich, bei der Lufthansa zu kündigen und fortan im Schuldienst zu arbeiten.

Im Studium muss man sich auf zwei sonderpädagogische Fachrichtungen festlegen. Zur Wahl stehen Körperbehinderten-, Hörgeschädigten-, Sprachbehinderten-, Sehbehinderten-, Erziehungsschwierigen-, Lernbehinderten- und Geistigbehindertenpädagogik. Ich entschied mich für die Geistigbehinderten- und Sprachbehindertenpädagogik.

Meine Zeit als Lehramtsanwärterin verbrachte ich an einer Städtischen Schule für geistig behinderte Kinder in Gelsenkirchen Bulmke-Hüllen. Nach sehr kurzer Zeit stellte ich fest, dass mir die Arbeit mit geistig Behinderten nicht lag. Als examinierte Sonderschulpädagogin wird man aber genau dort eingestellt, wo gerade Bedarf ist. In meinem Fall geschah dies sehr zu meiner Freude an der Förderschule mit dem Förderschwerpunkt „Lernen"– obwohl es bedeutete, mich noch einmal vollständig in einen neuen Aufgabenbereich, der mir gänzlich fremd war, einzuarbeiten.

4. Aller Anfang ist so schwer

Über das landesweite Bewerberverfahren wurde mir direkt nach meiner Zeit als Lehramtsanwärterin für das Schuljahr 2000/2001 eine feste Lehrerstelle an einer Förderschule mit dem Förderschwerpunkt Lernen in Gelsenkirchen angeboten. Die Schule liegt im Süden der Stadt, in unmittelbarer Nähe zum Bahnhof, der Haupteinkaufsstraße sowie zu Verwaltungs- und Kultureinrichtungen. Zahlreiche Handwerks- und Industrie-betriebe sind in wenigen Minuten zu erreichen. Das ist wichtig für unsere Schule, denn wir sollen die Schülerinnen und Schüler auf die Arbeitswelt vorbereiten und sie beim Übergang zwischen diesen Lebensabschnitten begleiten. Je näher also die reale Arbeitswelt der Schule liegt, umso besser, denn das verkürzt beispielsweise die Wege während der Berufspraktika.

Der Einzugsbereich meiner Förderschule erstreckt sich über die Stadtteile Ückendorf, Rotthausen, Neustadt, Altstadt und Bulmke-Hüllen, die allesamt nicht zu den bevorzugten Wohnlagen Gelsenkirchens gehören. Die kulturellen, sportlichen und religiösen Bezugspunkte der Schülerschaft sind dem großen Einzugsgebiet entsprechend sehr unterschiedlich.

Der Stadtteil Neustadt, in dem die Schule liegt, ist einer der Stadtteile mit «nachgewiesenem besonderem Erneuerungs-bedarf», wie es im Amtsdeutsch heißt. Mit anderen Worten: Hier ist in jeder Hinsicht kommunales Handeln erforderlich. Die rund 250 Schüler in den Lernstufen 1 bis 10 stammen zu 70 Prozent aus Migrantenfamilien, leben in überwiegend sozial schwachen Familienstrukturen und weisen besonderen Förderbedarf im Bereich des Lernens auf. Viele dieser Schüler kehren häufig nach der Schule in desolate häusliche Umfelder zurück, wo sie weder hinreichende Möglichkeiten zu einer halbwegs sinnvollen Freizeitgestaltung noch zu konfliktlosen Sozialkontakten vorfinden. Rückzugsmöglichkeiten fehlen ebenso wie Ruhezonen für die Bewältigung der Hausaufgaben und Bewährungsfelder zur Teilnahme am öffentlichen Leben.

Die primäre Aufgabe der schulischen Arbeit ist neben der Kompensation der vorliegenden Defizite in vielfältigen Lernbereichen die Befähigung zur selbstständigen Lebensführung und eine Vorbereitung auf ein Leben mit Erwerbsphasen (Berufsvorbereitung). So lautet kurz gefasst das pädagogische Gesamtkonzept, das eine schulische Förderung in allen relevanten Lern- und Verhaltensbereichen vorsieht.

Ein nicht unerheblicher Teil der Schüler hat starke Defizite im Bereich des sozialen Verhaltens, insbesondere in Konfliktsituationen. Anderen wiederum fehlt es an Selbstvertrauen, sodass sie nicht in der Lage sind, Schwellenängste zu überwinden. All dies führt dazu, dass vielen Schülern die notwendigen Voraussetzungen fehlen, um sich z.B. erfolgreich in außerschulische Einrichtungen wie Freizeitorganisationen, Sportvereine usw. zu integrieren. Hier soll die Schule fördern und helfen, Defizite abzubauen. Doch wie wird ein Kind Schüler einer solchen Förderschule?

Die Schülerinnen und Schüler, die aus verschiedenen Gründen den Anforderungen der Regelschule nicht entsprechen, werden dem Schulamt zur Überprüfung des sonderpädagogischen Förderbedarfs und der Feststellung des Förderortes gemeldet. Es sind Kinder, die, so die Definition, «im Regelunterricht nicht oder nicht ausreichend gefördert werden können». Eine Lernbehinderung liegt vor, wenn die schulischen

Leistungen hinter den Zielen der allgemeinbildenden Schule (Grund-, Haupt- oder Gesamtschule) zurückbleiben. Sonderpädagogischer Förderbedarf mit dem Schwerpunkt Lernen ist bei Kindern und Jugendlichen gegeben, deren Lern- und Leistungsentwicklung so erheblich eingeschränkt ist, dass sie auch mit zusätzlichen Hilfen der allgemeinen Schulen nicht ihren Möglichkeiten, Fähigkeiten und Begabungen entsprechend gefördert werden können. Sie benötigen sonderpädagogische Unterstützung, um eine bestmögliche Förderung zu erhalten und um umfassende Kompetenzen zu erwerben.

In der Praxis bedeutet dies, dass die einen Schwierigkeiten haben, sich Zahlen zu merken, für die anderen stellt das Lesen und Schreiben ein echtes Problem gar. Und wieder anderen liegen vielleicht Aufgaben überhaupt nicht, bei denen räumliches Denken gefordert ist. Meist besuchen jedoch Kinder eine Förderschule, die gleich in mehreren Bereichen erhebliche Lernbeeinträchtigungen haben. Ein zentraler Stellenwert kommt dabei der Intelligenz zu, denn das wesentliche Kriterium, ob ein Kind auf der Grund- und späteren weiterführenden Schule zurechtkommt oder sein Weg es auf eine Förderschule führt, ist der IQ.

Kinder, die einfachste Regeln der Rechtschreibung nicht erlernen können, die Sprachprobleme haben und die Zeichensetzung und Grammatik nicht beherrschen, oder Kinder mit einer Dyskalkulie (Rechenschwäche) haben meistens einen recht geringen IQ. Wie hoch er tatsächlich ist, wird mittels eines sogenannten AO-SF durch einen Sonderpädagogen ermittelt. AO-SF steht für Allgemeine Verordnung über die Feststellung des sonderpädagogischen Förderbedarfs und die Entscheidung über den schulischen Förderort.

Die pädagogische Ausgangslage von Kindern und Jugendlichen mit Beeinträchtigungen des Lern- und Leistungsverhaltens, insbesondere des schulischen Lernens, stellt sich vielfach in Verbindung mit Beeinträchtigungen der sensorischen, motorischen, emotionalen, sozialen, sprachlichen sowie kognitiven Fähigkeiten dar. Die Beeinträchtigungen können unmittelbare Auswirkungen auf alle grundlegenden Entwicklungsbereiche haben und zeigen sich vor allem in der Grob- und Feinmotorik, in den Wahrnehmungs- und Differenzierungsleistungen, im sprachlichen Handeln, in der Entwicklung von Lernstrategien, in der Aneignung von Bildungsinhalten, in den Transferleistungen, in der Aufmerksamkeit, in der Motivation, im sozialen Handeln und im Aufbau eines Selbstwertgefühls und einer realistischen Selbsteinschätzung.

Hat eine Schule ein Kind für das AO-SF gemeldet, wird in Zusammenarbeit mit dieser Schule und einer Lehrkraft der Förderschule die Notwendigkeit und Form des sonderpädagogischen Förderbedarfs untersucht. Neben Leistungsüberprüfungen in den Hauptfächern findet auch ein Intelligenztest statt, der zwingend vorgeschrieben ist. Um ein genaues Bild über mögliche Ursachen des Lern- und Leistungsversagens in der Regelschule zu bekommen, führt das Gesundheitsamt zudem eine medizinische Untersuchung des betreffenden Kindes durch. Wenn sich nach Abschluss dieser umfangreichen Überprüfungen herausstellt, dass besonderer Förderbedarf besteht, entscheidet die Schulaufsicht über den geeigneten Förderort, sprich die Schule, die das Kind fortan besuchen soll.

Jedes Jahr müssen die Klassenlehrer den sonderpädagogischen Förderbedarf der Schülerinnen und Schüler neu überprüfen. Stellt sich dabei heraus, dass vermutlich auf einen weiteren Besuch der Förderschule verzichtet werden kann, ist es möglich, das Kind probeweise auf eine Regelschule zu überweisen.

Der Typ der Förderschule mit dem Schwerpunkt Lernen, an dem ich unterrichte, ist eine Regelschulform im Primar- und

Sekundarbereich I. Sie kann die Schuljahrgänge 1 bis 10 umfassen. In der 10. Klasse können die Schülerinnen und Schüler bei entsprechenden Leistungen den regulären Hauptschulabschluss nach Klasse 9 erwerben.

Nach einem kurzen Informationsgespräch mit meinem Schulleiter wurde mir die Klassenleitung für eine 4. Klasse übertragen. Nach den Sommerferien sollte ich Klassenlehrerin für 14 Schülerinnen und Schüler unterschiedlicher nationaler Herkunft sein. Im ersten Moment fühlte ich mich – wie vermutlich jede Junglehrerin und jeder Junglehrer – überfordert. Von einem auf den anderen Tag sollte ich nicht nur viele Nebenfächer, die ich nicht studiert hatte, unterrichten, sondern war auch noch für die Klassenverwaltung zuständig – eine Aufgabe, die gerne unterschätzt wird. Die Schulen orientieren sich in allen Klassenstufen am Klassenlehrerprinzip. Dieses Prinzip sorgt für eine tragfähige und intensive Beziehung zwischen dem Lehrer und den einzelnen Schülern seiner Klasse. Der Klassenlehrer lernt im Laufe der Zeit den familiären Hintergrund der Schüler kennen und kommt mit jenen in Kontakt, die an der Erziehung des Kindes beteiligt sind. Es lastet also ein hohes Maß an Verantwortung auf dem Klassenlehrer bzw. der Klassenlehrerin, und das verursachte mir im ersten Moment leichtes Magengrummeln.

Trotz aller anfänglichen Nervosität gefiel mir die Schule auf Anhieb. Durch zwei meiner Lehramtsanwärterkolleginnen war sie mir bereits vom Hörensagen bekannt. Beide hatten an dieser Schule ihren Vorbereitungsdienst absolviert und konnten mich zumindest in einer Hinsicht beruhigen: Das Kollegium sei sehr nett. Ein nicht unwesentlicher Aspekt, denn schließlich bekam ich es ja nicht nur mit neuen Kindern, sondern auch mit neuen Arbeitskollegen zu tun. Bekanntlich verbringt man sein halbes Leben im Beruf, sodass es von

Vorteil ist, wenn das kollegiale Umfeld angenehm ist. Zudem kursiert an Gelsenkirchener Schulen der bedeutungsschwere Satz: «Einmal Gelsenkirchen, immer Gelsenkirchen.» Damit ist nicht die anscheinend immerwährende Liebe zu dem heimischen Fußballklub gemeint, sondern die Tatsache, dass eine Versetzung in eine andere Stadt nur unter bestimmten Umständen möglich ist.

Neben dem einstöckigen Hauptgebäude verfügt unsere Schule über einen ebenerdigen Anbau, der über den Schulhof erreichbar ist. Es gibt eine eigene Sporthalle und zwei Schulhöfe, deren Nutzung in der ersten Hofpause nach Unterstufe und Mittel-/Oberstufe getrennt ist. Die Klassenräume der Unterstufe befinden sich auf dem Gelände des Unterstufenschulhofs.

Der Unterricht beginnt täglich um 8.05 Uhr mit einem Unterrichtsblock von 90 Minuten Länge. Ab 9.35 Uhr haben die Klassen 5 bis 10 Minuten Frühstückspause. Die Unterstufe erhält zusätzlich Bewegungsangebote auf dem kleinen Schulhof. Spielgeräte (Roller, Bälle, Hüpfbälle, Bobbycars, Tretroller) werden von älteren Schülern gegen Schülerausweise an die Unterstufenschüler ausgeliehen. Nach einer weiteren Pause und Bewegungsmöglichkeit für alle Klassen von 11.40 bis 11.55 Uhr endet der Unterricht für alle Lernstufen spätestens nach dem letzten Unterrichtsblock um 13.25 Uhr.

Mein erster Tag verlief äußerst zufriedenstellend. Nicht nur die 29 Kolleginnen und Kollegen sowie die Schulleitung nahmen mich freundlich auf, sondern auch der Hausmeister nebst Gattin schüttelten mir die Hand. Alle boten an, mir bei den unzähligen Fragen, die eine Junglehrerin natürlich hat, zur Seite zu stehen. Nicht nur die Hilfsbereitschaft, sondern auch die extrem chice Kleidung des Kollegiums fiel mir sofort auf.

Besonders eine Kollegin, die kurz vor ihrer Pensionierung stand, stach ins Auge. Eine zierliche «Grandedame». An ihr war alles perfekt gestylt. Wenn sie mir im Flur begegnete, hatte ich stets das Gefühl, an jedem anderen Ort zu sein als in einer Schule. Ihr Ohrschmuck passte perfekt zur Kleidung, die mit den Schuhen harmonierte. Sogar das Feuerzeug hatte sie entsprechend gewählt. Aber nicht nur optisch war sie eine außergewöhnliche Person. Sie behandelte alle Schüler auf eine äußerst höfliche und galante Art. Auf mich wirkte sie immer wie eine Diplomatin im Auswärtigen Amt. Da sie für jeden ein offenes Ohr hatte, wurde sie bis zu ihrer Pensionierung – die sie mittels Antrag zur Verlängerung ihrer Arbeitszeit hinauszögerte – jährlich zur Vertrauenslehrerin von und für die Schüler gewählt und war immer die Kollegin mit den meisten Stimmen für den Lehrerrat, das Verbindungsglied zwischen Schulleitung und Kollegium.

Das Lehrerkollegium wurde durch eine Türkischlehrerin ergänzt, die zweimal wöchentlich den muttersprachlichen Ergänzungsunterricht erteilte. An den restlichen Tagen wurde sie an anderen Schulen eingesetzt. Wir waren uns auf Anhieb sympathisch. In ihrem bisherigen Berufsleben war sie noch nie auf eine türkische Kollegin gestoßen. Aufgrund ihrer langen Erfahrung konnte sie mir viele Tipps und Hilfen für den Unterricht geben. Zur Verwunderung des übrigen Kollegiums unterhielten wir uns in den wenigen gemeinsamen Pausen in unserer Muttersprache. Eine Kollegin merkte sogar an, wenn unsere Schüler im Unterricht kein Türkisch sprechen dürften, dann solle das auch für Lehrer im Lehrerzimmer gelten. Wir erwiderten, dass wir im Gegensatz zu unseren türkischen Schülern Deutsch studiert hätten und beide Sprachen fließend beherrschen würden, und führten das Gespräch fort – selbstverständlich auf Türkisch.

Unsere Schule verfügt über einen Trainingsraum für sonderpädagogische Maßnahmen. In jeder Klasse gibt es Unterrichtsstörungen, auch und vielleicht in besonderem Maße an Förderschulen. Die Lehrer reagieren auf diese Störungen und bemühen sich, den Unterricht mit dem vorgesehenen Lehrstoff fortzusetzen. Doch immer wieder kommt es zu Störungen, durch die viel Unterrichtszeit, pädagogische Energie und Lernwille der Schüler verloren gehen. Mit anderen Worten: Die Schüler, die lernen wollen, werden am Lernen gehindert. Dieser Herausforderung begegnet unsere Schule seit dem Schuljahr 2000/01 mit dem Trainingsraum-Konzept. Dadurch sollen die betroffenen Schüler lernen, konstruktiv mit Konflikten umzugehen. Die Schule stellt Zeit und Raum zur Verfügung, damit bei Unterrichtsstörungen gemeinsam mit den Schülern Problemlösungen erarbeitet werden können.

Für jeden Schüler gibt es drei verbindliche Regeln, die in jedem Klassen- und Fachraum großformatig angeschlagen sind:

1. Jeder Schüler hat das Recht, ungestört zu lernen.
2. Jeder Lehrer hat das Recht, ungestört zu unterrichten.
3. Jeder muss die Rechte der anderen achten.

Der Trainingsraum ist während der gesamten Unterrichtszeit von Lehrern besetzt. Verstößt ein Schüler der Schule gegen die oben genannten verbindlichen Regeln, wird er von seinem Lehrer mit einem Laufzettel in den Trainingsraum geschickt. Auf dem Zettel wird die Störung möglichst genau beschrieben, damit der Lehrer im Trainingsraum über die nötigen Informationen verfügt. Der bisher unbeteiligte Lehrer spricht nun mit dem Schüler über dessen Verhalten und trifft mit ihm verbindliche Absprachen («Plan zur Rückkehr»). Erst danach darf der Schüler in die Klasse zurückkehren. Falls ein Schüler innerhalb eines definierten Zeitraums (meist vier Schulwochen) fünfmal als Störer registriert oder falls keinerlei Einsicht in das Fehlverhalten festgestellt wird, werden die Eltern zu einem Gespräch in die Schule bestellt.

Im Trainingsraum finden äußerst wichtige Lernprozesse statt: Schüler lernen, in eigener Verantwortung ihr Verhalten zu steuern und sich rücksichtsvoll zu verhalten. Das sind sogenannte Schlüsselqualifikationen, mit denen die Schüler im Hinblick auf die zukünftige Lebensbewältigung ausgestattet werden sollten.

In der Förderschule werden bei der Ausgestaltung der Unterrichtsprojekte sowie des Klassenunterrichts teilweise andere Unterrichtsgrundsätze berücksichtigt als in der Regelschule.

Lebensbedeutsamkeit: Bei der Auswahl der Lerninhalte steht deren Bedeutung für das gegenwärtige und zukünftige Leben der Schüler und Schülerinnen in Familie, Freizeit, Arbeit, Wirtschaft und Öffentlichkeit im Mittelpunkt. Wir sprechen im Unterricht also nicht über Skifahrten oder abstrakte Lerninhalte, sondern über lebensnahe Themen. Im Deutschunterricht suche ich Lektüren aus, die sich beispielsweise mit dem Internet oder Chatrooms befassen oder sich um Kinder drehen, die Probleme mit ihren Eltern haben.

Schülerorientierung: Der Unterricht soll das Interesse der Schüler und Schülerinnen an lebensbedeutsamen Inhalten und Zielen wecken und erhalten. Entsprechend muss er an die Bedürfnisse und Interessen der Schüler anknüpfen sowie ihrer Leistungsfähigkeit gerecht werden. Also keine abstrakten mathematischen Operationen, sondern «Rechnungen aus dem Alltag»: «Wie kann ich mir von 100 Euro alle notwendigen Lebensmittel für eine Woche kaufen? Was ist sinnvoll, was verzichtbar? Wo bekomme ich es besonders günstig?» So macht es auch wenig Sinn, im Mathematikunterricht Fahrradstrecken zu berechnen, wenn die meisten Kinder noch nicht einmal Fahrräder besitzen.

Problembezogenheit: Immer wieder werden unsere Schüler mit Situationen konfrontiert, in denen sie alltägliche Probleme als solche erkennen und untersuchen sollen. Ziel ist es, verschiedene Lösungswege zu finden und daraus den geeigneten Weg auszuwählen. Zudem soll das genaue Vorgehen geplant werden. Anschließend wird überprüft, ob der Lösungsweg der Aufgabe angemessen war oder ob in Zukunft doch ein anderer gesucht werden soll.

Bewegung: Die Einbeziehung von Bewegung in den Unterricht entspricht dem Bewegungsbedürfnis der Schüler und Schülerinnen der Förderschule in ganz besonderem Maße. Sie löst Spannungen, erleichtert das Arbeiten und unterstützt das Einprägen vieler Lerninhalte. Beispielsweise arbeiten meine Schüler im Mathematikunterricht häufig an einem sogenannten Lernbüffet. Hilfestellungen sind in der Klasse versteckt, sodass die Schüler sie suchen müssen und in Bewegung sind.

Ritualisierung: Der Unterricht bietet durch klare Regeln und regelmäßig wiederkehrende Handlungen (Morgenkreis, Abschlusslieder, Arbeiten im Stuhlkreis, Bewegungspausen) den Schülern Sicherheit und Orientierung. Das vermindert Ängste und erleichtert das Lernen.

Handlungsorientierung: Das Lernen durch Handeln kommt der Lernweise unserer Schüler und Schülerinnen ganz besonders entgegen. In dem sie Unterrichtsinhalte praktisch anwenden bzw. einsetzen können, gelingt es gerade den lernbehinderten Schülern, Zusammenhänge besser zu verstehen und das Gelernte zu behalten. Es ist ja nichts Abstraktes, sondern anwendbar und nützlich.

Rhythmisierung: Dem natürlichen Lernrhythmus des Menschen entspricht ein steter Wechsel von Spannung und Entspannung, wobei eine Entspannung naturgemäß nur nach einer Anspannung möglich ist. Da die Förderschule für Lernen aufgrund des durchgängigen Klassenlehrerprinzips weniger starren Lernzeiten unterworfen ist als andere Schulformen, bieten sich hier besonders günstige Voraussetzungen, dem natürlichen Lernrhythmus der Schülerinnen und Schüler durch entsprechende Unterrichtsgestaltung entgegenzukommen. So können wir uns erlauben, eine ganze Woche lang an einem Schreibprojekt zu arbeiten, da kein Biologie- oder Erdkundelehrer an die Tür klopft, um seine Stunden abzuhalten. Wenn ich merke, dass ein Projekt meine Schüler ausnahmsweise einmal interessiert, kann ich flexibel reagieren und länger als geplant daran arbeiten.

Selbsttätigkeit: Das Lernen in Sinnzusammenhängen ermöglicht vielfältige Erfahrungen. Auch diesem Erfordernis kommt das Klassenlehrerprinzip entgegen, das problemlos fächerübergreifenden Unterricht ermöglicht. Die Schüler können Fertigkeiten in ihren natürlichen Sinnzusammenhängen einsetzen und erfahren und so einüben. Wenn beispielsweise eine Schülergruppe für die nächste Schulfeier einkaufen soll, können Tätigkeiten wie Lesen (z.B. Prospekte von Lebensmittelgeschäften), Schreiben (Einkaufszettel), Rechnen (Preisvergleiche, Einbeziehung der vorhandenen Geldmenge in die Einkaufsplanung, Berechnung der voraussichtlichen Kosten usw.) in einem logischen und für die Schüler einsehbaren Zusammenhang eingeübt werden.

Wiederholung: Ohne geplante, zielgerichtete Wiederholungen und Übungen geht es nicht. Üben an abwechslungsreichem Material, häufige Abänderung der Aufgabenstellung und ständig neue Motivation der Schüler unterstützen den Erfolg. Lernen in Sinnzusammenhängen erleichtert das Behalten.

Differenzierung: Da in unserer Schulform vorzugsweise eine altersgerechte Einstufung erfolgt, ergeben sich für die einzelnen Lerngruppen sehr unterschiedliche Lernvoraussetzungen der einzelnen Schüler. Diese Unterschiede müssen bei der Aufgabenstellung berücksichtigt werden. So ist es auch möglich, einen leistungsstarken Schüler im Fach Mathematik eine Klasse höher zu beschulen.

Nicht nur die Lernvoraussetzungen meiner Schüler sind heterogen, sondern auch ihre Herkunft. In meiner ersten Schulklasse saßen Schülerinnen und Schüler mit unterschiedlichem Migrationshintergrund. Neben libanesischen Mädchen und Jungen gab es albanische, türkische und kurdische Kinder sowie Sinti und Roma. Lediglich zwei Schüler hatten deutsche Eltern. Das Durchschnittsalter der Schüler in meiner Klasse lag bei elf Jahren. Viele hatten schon Erfahrungen des Scheiterns in der Grundschule hinter sich, ein paar waren bereits seit einigen Jahren auf der Förderschule.

Das war der Beginn. Allerdings verändert sich die Zusammensetzung einer Förderklasse immer wieder. So bekommt die Klasse durch abgeschlossene Testverfahren (AO-SF) oder neu Hinzugezogene Zuwachs, oder es fehlen plötzlich Schüler, weil sie ohne Vorwarnung mit ihren Familien umgezogen sind. Meist haben die Kinder noch nicht einmal die Möglichkeit, sich von ihren Mitschülern oder von mir zu verabschieden. Diese Form der Bindungs- bzw. Beziehungslosigkeit macht nicht nur den Kindern zu schaffen.

Nach einer Woche stellte mir der Schulleiter eine für mich sehr befremdliche Frage. Er wollte wissen, ob es mir etwas ausmache, so viele ausländische Kinder in meiner Klasse zu haben. Mit meinen Augen betrachtet gab es, wenn überhaupt, nur zwei ausländische Schüler.

Schülerschicksale in Gelsenkirchen

1. In den Fußstapfen des Vaters – Baker

Noch bevor ich Baker persönlich kennen lernte, hörte ich von meiner Kollegin einige weniger amüsante Geschichten über ihn. Meine Kollegin leitete die Parallelklasse 4, in der jedoch aufgrund einer zu großen Schülerzahl kein geregelter Unterricht möglich war. Daher beschloss die Schulleitung, die Klasse zu teilen. Die neu entstandene Klasse sollte ich übernehmen.

Mit Baker und seiner Familie hatte es zuletzt gegen Ende des dritten Schuljahrs massive Probleme gegeben. Deshalb bestand die Schulleitung darauf, dass Baker in meine Klasse kam, denn sie hoffte, dass ein Neustart mit einer neuen Lehrerin eingefahrene Verhaltensmuster auf beiden Seiten entzerren könnte. Lehrerin und Schüler begannen sozusagen bei Null. Auch meine Kollegin war zufrieden und vertraute im Fall Baker auf die Fähigkeiten einer neuen Kollegin.

Baker war zwar erst zehn Jahre alt, als ich ihn zum ersten Mal sah, doch er hatte bereits eine längere «schulische Karriere» hinter sich. Schon in der 1. Klasse der Grundschule war wegen massiver Verhaltensprobleme ein Testverfahren eingeleitet worden. Ergebnis: Fortan besuchte Baker die Förderschule für emotionale und soziale Entwicklung. Noch vor ein paar Jahren wurde diese Form «Schule für Erziehungshilfe» genannt. Dort fiel Baker im Unterricht schnell durch sein aggressives und brutales Verhalten auf. Laut Ausbildungsord-

nung des Schulgesetzes heißt es: »Eine Erziehungsschwierig-
keit liegt vor, wenn sich eine Schülerin oder ein Schüler der
Erziehung so nachhaltig verschließt oder widersetzt, dass sie
oder er im Unterricht nicht oder nicht hinreichend gefördert
werden kann und die eigene Entwicklung oder die der Mit-
schülerinnen oder Mitschüler erheblich gestört oder gefährdet
ist.« Die Schülerinnen und Schüler der Förderschule für emotionale und soziale Entwicklung werden nach den Richtlinien
der Sekundarstufe I unterrichtet. Das bedeutet, bei ihnen gibt
es massive Erziehungsschwierigkeiten, kognitive Beeinträchtigungen liegen hingegen nicht vor.

Nach zwei Jahren in dieser Förderschulform wurde immer
deutlicher, dass Baker die Leistungsanforderungen in den einzelnen Fächern nicht erfüllen konnte. Daraufhin wechselte er
zu unserer Förderschule.

Baker ist das dritte Kind von Kurden aus dem Libanon. Bevor seine Eltern als Asylanten nach Deutschland kamen,
hatten sie also bereits eine Migration hinter sich. Aufgrund
der schwierigen politischen und sozialen Verhältnisse in ihrem angestammten Lebensraum im Grenzgebiet von Türkei,
Irak und Iran siedelten zahlreiche Kurden um. Sie ließen sich
u.a. in Georgien, Jordanien, Zentralanatolien, der Westtürkei
oder – wie Bakers Familie – im Libanon nieder. Baker hat fünf
Geschwister: zwei ältere und zwei jüngere Brüder sowie eine
kleine Schwester. Sein ältester Bruder besuchte die Gesamtschule, während seine übrigen Brüder Schüler unserer Förderschule waren.

Ebenso wie seine Geschwister war Baker in Deutschland
geboren. Er sprach einwandfrei Deutsch und libanesisches
Arabisch. Durch seinen hellen Teint, seine braunen Augen
und seine hellbraune Haarfarbe sah man ihm seine ausländische Herkunft nicht direkt an. Für sein Alter war er nicht

besonders groß. Er trug eine Igelfrisur, der er stets mit sehr viel Gel die richtige Form gab. Auf den ersten Blick wirkte Baker unglaublich ernst. In all den Jahren in meiner Klasse gab er sich stets verschlossen und erzählte kam etwas über seine Familie. Im Unterricht strengte er sich an und setzte alles daran, die Leistungen in den einzelnen Unterrichtsfächern zu erbringen. Er gehörte immer zu den ersten Schülern, die ihr Arbeitsblatt oder einen anderen schriftlichen Arbeitsauftrag erledigt hatten. Baker war in erster Linie an schnellen, nicht aber an ordentlichen Ergebnissen interessiert. Vor allem wollte er wegen seiner zügigen Arbeitsweise gelobt werden.

Sehr schnell war klar, dass der Junge vor allem positiven Zuspruch benötigte, denn daran ließen es seine Eltern fehlen. Baker lechzte nach Aufmerksamkeit und letztendlich nach Liebe. Trotz seiner flüchtigen Arbeitsweise gehörte er zu den leistungsstärkeren Schülern der Klasse. Er verfügte über eine schnelle Auffassungsgabe und hätte bei einer entsprechend frühen Förderung im Elternhaus nicht Schüler einer Förderschule sein müssen.

In allen schulischen Angelegenheiten war Bakers Mutter meine Ansprechperson. Ihr Äußeres spiegelte die strenge religiöse Ausrichtung der Familie wider. Bakers Mutter trug nicht nur ein schwarzes Kopftuch, sondern darunter ein weiteres, enges Haartuch, damit auf keinen Fall etwas von ihrem Haar zu sehen war. An ihrem Hals baumelte eine Kette mit zwei Anhängern – der eine war ein Umriss des Libanons in seinen Nationalfarben, der andere stellte die Kaaba in Mekka dar. Genau wie Baker und ihre anderen Kinder sprach die Frau sehr gut deutsch. In fast jeden ihrer Sätze fügte sie religiöse Satzteile ein. Wenn sie etwas hervorheben wollte, beschwor sie es mit «Wallah». «Im Namen Allahs» würde sie stets die Wahrheit sagen. Häufig fügte sie nach einer Äußerung ein «Inschallah» ein, was übersetzt «Wenn Allah will» bedeutet.

Zunächst zeigte sich Bakers Mutter hoch erfreut darüber, dass ihr Sohn nun von einer muslimischen Lehrerin unterrichtet wurde. Auf eine für mich befremdliche Art versuchte sie, sich mit mir zu verbünden. Immer wieder betonte sie, dass ich ja eine von ihnen wäre, eine Muslimin, die wüsste, worauf es bei «uns» ankam. Diese strenge Form des muslimischen Fundamentalismus war und ist mir zwar fremd, aber ich wollte den Dialog mit Bakers Mutter in keiner Weise gefährden und ließ alle religiösen Ausführungen wortlos über mich ergehen.

Im Laufe der Zeit änderte sich jedoch ihre Einstellung mir gegenüber. Es zeigte sich nämlich immer mehr, dass die schulischen Probleme ihres Sohnes keineswegs auf die religiösen Unterschiede zwischen einem muslimischen Schüler und seinen christlichen Lehrern zurückzuführen waren. Letzten Endes wollte Bakers Familie sich nicht in die westliche Gesellschaft integrieren. Zwar erwarben alle Familienmitglieder die deutsche Staatsbürgerschaft, die deutsche Gesellschaft selbst jedoch lehnten sie ab. Sie verachteten alle Nichtmuslime. Ihrer Meinung nach trugen sie die Schuld an allen Problemen der Familie.

Bereits nach sehr kurzer Zeit machten sich Bakers Verhaltensauffälligkeiten auch in meinem Unterricht bemerkbar: Er störte massiv. Sobald ihm eine Äußerung eines Mitschülers nicht gefiel, konnte es passieren, dass er Hefte und Bücher des Jungen auf den Boden warf oder aber auch gleich den ganzen Tisch umstieß. In den Pausen wie auch immer wieder im Fachunterricht war Baker in zahllose Prügeleien verwickelt. Schlimme verbale Beleidigungen bei kleinen Auseinandersetzungen war noch das Harmloseste. Viel häufiger jedoch verlor Baker wegen Kleinigkeiten die Beherrschung und schlug und trat mit einer unverständlichen Brutalität auf Mitschüler ein – etwa wenn er glaubte, ausgelacht worden zu sein. Wenn Bakers Mannschaft im Sportunterricht verlor, konnte es passieren, dass er seine Mitspieler dafür verantwortlich machte. Im günstigsten Fall konnte anschließend eine Prügelei gerade noch vermieden werden. Schulregeln, Vereinbarungen und Anordnungen konnte er nicht einhalten. Trotz zahlreicher Gespräche inner- und außerhalb der Klasse verfiel er immer wieder in die gleiche unbeherrschte Verhaltensweise.

Doch Baker war in seiner Familie kein Einzelfall. Sein älterer und sein jüngerer Bruder, die ebenfalls unsere Schule besuchten, legten das gleiche Verhalten an den Tag. Dabei drangsalierten sie nicht nur ihre Mitschüler, sondern schlugen auch brutal aufeinander ein. Das eigentlich übliche Geschwisterverhalten – die größeren Geschwister beschützen die jüngeren – fehlte bei ihnen völlig. Kam es zu einem Konflikt, hatten die aufsichtsführenden Lehrer während der Pause Probleme, die Geschwisterkinder voneinander zu trennen, und je älter und kräftiger sie wurden, desto schwieriger gestaltete sich das. Erschreckenderweise ließen die Brüder es aber nicht nur sich selbst gegenüber, sondern auch gegenüber ihren Eltern an Respekt fehlen und äußerten die übelsten Beschimpfungen.

Kurze Zeit nachdem ich die Klasse übernommen hatte, bat ich Bakers Mutter mehrfach zu Gesprächen in die Schule. Eine Kontaktaufnahme mit dem Vater hätte keinen Sinn gemacht, da er als strenggläubiger Moslem mit mir als Frau nicht gesprochen hätte. Nach jedem Gespräch mit der Mutter war Baker in den folgenden Tagen sehr verängstigt und noch introvertierter als sonst. Eines Tages entdeckte ich zahlreiche Blutergüsse an seinem Körper. Ich fragte ihn, was denn da passiert sei, und erhielt die Antwort, er habe sich mit seinem Bruder geprügelt und sei gefallen. Diese Darstellung klang aufgrund des Umgangs der Geschwister miteinander durchaus plausibel. Im Laufe der Zeit verhärtete sich Bakers Gesichtsausdruck zusehends und wollte bald gar nicht mehr zu seinem kindlichen Körper passen.

Eines Tages bat ich meine Schüler, am nächsten Morgen erst zur dritten Stunde zur Schule zu kommen. Ich musste im Rahmen eines Testverfahrens ein Grundschulkind testen. Da Baker auch oft nach Schulschluss nicht nach Hause ging, bat ich ihn ausdrücklich, erst um 10 Uhr zur Schule zu kommen. Er versprach mir ausdrücklich mit dem islamischen Schwur «Wallah», was so viel bedeutet wie «ich schwöre mit Allah», nicht vor der angegebenen Zeit zu erscheinen.

Erfahrungsgemäß unterhielt Baker sich gerne mit anderen Schülern durch die Fensterscheibe, deren Klasse im Untergeschoss des Schulgebäudes lag. Er hatte auch keine Hemmungen an die Scheiben zu klopfen oder die Türen aufzureißen. Kein Kunstwerk in den Schulfluren war vor ihm sicher.

Wenn ich jedoch geglaubt hatte, ich könnte ihm vertrauen und er würde sich an sein Versprechen halten, dann wurde ich am nächsten Morgen eines Besseren belehrt. Schon um kurz nach 8 Uhr sorgte er in der Schule für Unruhe. Schließlich balancierte er auf dem menschenleeren Schulhof auf einem Metallzaun herum. Dabei rutschte er ab und schlug mit der Wange so unglücklich auf das Metall, dass er mit dem Schulleiter im Notarztwagen ins nächste Krankenhaus gebracht werden musste. Baker hatte sich einen tiefen Riss in der Wange zugezogen, der mit etlichen Stichen genäht werden musste. Obwohl der Schulleiter die Eltern telefonisch von dem Unfall unterrichtete, kamen sie nicht ins Krankenhaus. Nach ein paar Stunden wurde Baker mit einer winkelförmigen Wunde im Gesicht entlassen. Wo er hinging, entzieht sich meiner Kenntnis, vermutlich jedoch nicht direkt nach Hause.

Als ich ihn am nächsten Tag besorgt auf den Unfall und seine Schmerzen ansprach, tat er dies mit einem «Ach, halb so wild» und einer betont lässigen Handbewegung ab. Baker war es gewohnt einzustecken. Er behauptete, seine Eltern hätten nichts zu dem Unfall gesagt. Immer wenn ich die Sprache auf seine Eltern oder seinen Vater brachte, verstummte er gänzlich. Ich spürte förmlich, wie er sich innerlich anspannte. Dennoch vertraute er sich mir nicht an.

Wenn ich Bakers Mutter auf ihren Mann ansprach und darauf hinwies, dass ja auch er Erziehungspflichten gegenüber seinem Sohn hätte, betonte sie stets, wie liebevoll er mit Baker und den anderen Kindern reden würde. Ihr Mann würde alles tun, um die Kinder vernünftig zu erziehen. Sie könne sich einfach nicht erklären, warum Baker und seine Brüder so über die Maßen auffällig wären. Bei ihnen daheim würden derartige Probleme nicht auftreten. Sobald die Sprache auf zu Hause kam, gelangten wir stets beim gleichen Punkt an: Schuld an allem sei allein die unreligiöse Gesellschaft. Allmählich glaubte ich dieser Frau gar nichts mehr.

Eines Tages beschloss ich, gemeinsam mit unserer dienstältesten Kollegin Bakers Familie einen Hausbesuch abzustatten. Telefonisch kündigte ich ihn der Mutter an.

Die Familie wohnte in Rotthausen, einem der Schule benachbarten Stadtteil im Süden Gelsenkirchens. Dort leben sehr viele Familien ausländischer Herkunft. Folglich ist diese Gegend das Haupteinzugsgebiet unserer Schülerschaft. Bakers Familie bezog ihr Geld vom Integrationscenter für Arbeit (AGE), da weder der Vater noch die Mutter eine Arbeitsstelle besaßen. Die Familie wohnte als alleinige Mietpartei in einem Mehrfamilienhaus. Alle anderen Mieter waren wohl irgendwann ausgezogen. Die Hauseingangstür stand offen, das Türschloss war offensichtlich defekt. Im Hausflur waren alle Briefkästen beschädigt und hingen halb geöffnet an der Wand. Insgesamt eine alles andere als heimelige Atmosphäre, die meiner Kollegin und mir ein wenig gespenstisch vorkam.

Bakers Mutter öffnete die Wohnungstür und geleitete uns über die abgedunkelte Küche in das Wohnzimmer. Dort waren die Fensterscheiben zum Teil zerbrochen. Zum Schutz vor Wind, Regen und Kälte waren Bettdecken davorgenagelt. Die Einrichtung war sehr schlicht, aber sauber. Die tiefreligiöse Ausrichtung der Familie wurde an den vielen Suren, die in vergoldeten Rahmen hingen, erkennbar. Die überdimensionalen Mekkamotive (der Kaaba) und die Abbildungen des Propheten Mohammed dienten keineswegs nur der Dekoration. Zu einer Begegnung mit Bakers Vater kam es nicht – er war nicht anwesend. Die Mutter hörte sich fast wortlos unsere Erlebnisse mit ihrem Sohn an. Mit einer konstruktiven Kooperation des Elternhauses konnte also nicht gerechnet werden. Ich war auf mich allein gestellt und beschloss, im Sinne des Kindes die Probleme zumindest ansatzweise schulisch zu lösen.

Auch wenn Baker tagtäglich viele Schwierigkeiten bereitete, hatte er durchaus liebenswürdige Seiten. Aufräumarbeiten in der Klasse übernahm er stets gern. Ging uns beispielsweise der Kleber aus, erledigte er sehr zuverlässig kleine Botengänge in benachbarte Geschäfte. Regelmäßig half er mir, Unterrichtsmaterialien in oder aus meinem Auto in die Klasse zu befördern. Doch so nett er auch sein konnte, so unberechenbar war er.

Ich entwickelte für Baker ein Verstärkersystem. Bei diesem Prinzip vereinbarten wir beide im Vorfeld ein gemeinsames Ziel wie z.B. die Teilnahme an einem Schlittschuhlauf mit der Klasse. Jeder Tag, an dem Baker keinen gravierenden Blödsinn veranstaltete, wurde als positiv bewertet. Das positive Verhalten wurde mit ihm besprochen und er bekam für diesen Tag einen Sticker aufgeklebt. Entsprach das Verhalten ganz und gar nicht den Klassen- und Schulregeln, wurde dies ebenfalls besprochen und er bekam für diesen Tag keinen Sticker. Neben der Tafel hing gut sichtbar ein großes Plakat. Dort konnte er bei dem jeweiligen Datum seine Aufkleber anbringen und sammeln. Hatte er genügend beisammen, durfte er an der nächsten Klassenaktivität teilnehmen; fehlten ihm Aufkleber, wurde er ausgeschlossen. Nach jedem Schultag entschieden wir gemeinsam, ob er einen Aufkleber für den jeweiligen Tag bekam oder nicht. Trotz großzügiger Handhabung erreichte er nicht allzu oft die benötigte Punktzahl. Dabei versuchte ich immer wieder, ihm klarzumachen, dass wir jeden Tag bei Null anfingen und er jeden Tag eine neue Chance bekäme.

Eines Tages hörte ich von einer Kollegin, dass Bakers jüngerer Bruder Ali nach schweren Misshandlungen von zu Hause weggelaufen wäre. Er hatte sich in das örtliche Kinderheim geflüchtet und war nun in einer anonymen Notunterkunft untergebracht. Während des Unterrichts kam Bakers Mutter in meine Klasse, um von mir zu erfahren, an welchem Ort Ali sich aufhielt. Es war klar, dass sie im Sinne ihres Mannes handelte und ihn deckte. Im Namen «Allahs» beschwor sie mich, ihr Alis Anschrift mitzuteilen. Ich kannte sie jedoch nicht – und selbst wenn, hätte ich sie natürlich nicht mitgeteilt – und konnte so guten Gewissens mit dem islamischen Schwur «Wallah, ich weiß es nicht», antworten. Bakers Mutter glaubte mir nicht und fing an, mich vor meiner Klasse zu beleidigen. Diesmal sollte ich mit Hilfe «Allahs» meine Strafe bekommen. Ich bat sie daraufhin höflich zu gehen. Fortan reagierte sie auf keinerlei Kontaktaufnahme mehr. Ich war nun «die böse Lehrerin» geworden.

Ali kehrte nach einiger Zeit freiwillig zu seiner Familie zurück. Offensichtlich war der familiäre Zusammenhalt größer als die Furcht vor seinem Vater.

In der Folgezeit kam es des Öfteren vor, dass Baker mehrere Tage nicht in der Schule erschien. Er erzählte mir, dass er auch nachts nicht nach Hause gehen würde. Zu diesem Zeitpunkt hatte ich bereits Kontakt mit dem Jugendamt aufgenommen. Bakers Familie war dort einschlägig bekannt, etliche Familienhelfer waren in dieser Familie schon gescheitert. Der Vater hatte die Mitarbeiter des Jugendamtes dermaßen eingeschüchtert, dass sie sich nicht trauten, die Familie alleine zu besuchen. Nun wurde für die Kinder eine Nachmittagsbetreuung organisiert. Baker und seine Brüder konnten nach der Schule in einer sozialen Einrichtung zu Mittag essen und anschließend an den dortigen Aktivitäten teilnehmen. Diese Angebote waren alle auf freiwilliger Basis. Niemand konnte Baker oder seine Geschwister dazu zwingen, regelmäßig dort hinzugehen. Zu Beginn taten sie es, aber auch hier hielten sie nicht lange durch.

Als es schließlich zu einer Gerichtsverhandlung kam, bei der die langfristige Unterbringung des jüngeren Bruders in einem Kinderheim zur Debatte stand, entschieden die Richter gemäß dem Wunsch des Kindes. Ali (wie auch seine Brüder) wollte die Familie nicht verlassen. Der familiäre Einfluss war immens groß. Weder die Schule noch eine andere Institution konnten wirklich etwas ändern. Dennoch bot ich Baker immer wieder Gespräche und ein offenes Ohr an, selbst als er nicht mehr mein Schüler war.

Bakers Unterrichtsbesuch wurde immer unregelmäßiger. Nach zehn Schuljahren wechselte er zu einer vom Arbeitsamt finanzierten Maßnahme. Diese Maßnahmen dienen dazu, den Förderschülern Einblicke in unterschiedliche Berufe zu ermöglichen. Der praktische Anteil der Maßnahme überwiegt gegenüber dem theoretischen. Aber auch hier hielt Baker es nicht lange aus. Er brach die einjährige Maßnahme ab. Wie sein ältester Bruder musste er für einige Monate in den Jugendstrafvollzug. Die Liste seiner Vergehen wurde anscheinend immer länger. Ich hörte über eine andere libanesische Familie, dass selbst die Mutter irgendwann für mehrere Monate zu Verwandten nach Berlin geflohen war. Leider kehrte sie wieder zu ihrem Mann zurück.

Nachdem ich ihn mehrere Jahre lang nicht gesehen hatte, stand Baker eines Tages plötzlich neben mir in der Fußgängerzone. Mittlerweile war er ein junger Mann geworden. Ich lud ihn zu einem Hamburger ein, doch er schlug das Angebot verlegen aus. Natürlich wollte ich wissen, wie es zu Hause lief. «Wie immer», war seine Antwort. «Du weißt doch, mein Vater ändert sich nie.» Leider konnte ich das nur mit einem Kopfnicken bestätigen und erinnerte ihn an einen gemeinsamen Gedanken: «Deinen Vater kannst du nicht ändern, aber du kannst versuchen, nicht so zu werden, wie er ist.» Baker lächelte und ich frage mich, wann wir uns wiedersehen werden.

2. «Haben Sie ein Problem damit, dass ich Kurdin bin?» – Demet

Die erste Begegnung mit meiner Schülerin Demet fand nicht zu Beginn des Schuljahres und nicht in der Schule statt. Denn das Mädchen weigerte sich, in die Förderschule zu gehen. Demet war erst seit einem Jahr in Deutschland und besuchte eine Grundschule. Dort war sie in die 4. Klasse einer internationalen Förderklasse eingestuft worden. Dabei handelte es sich um eine speziell eingerichtete Klasse, in der Schülerinnen und

Schüler verschiedener Nationalitäten mit noch unzureichenden Deutschkenntnissen auf den Besuch der altersgemäßen regulären Jahrgangsstufen vorbereitet werden. Es stellte sich jedoch heraus, dass Demet nicht nur beim Erlernen der deutschen Sprache Probleme hatte, sondern auch Lernschwierigkeiten in anderen Bereichen. Die Kollegen der Grundschule stellten daher einen Antrag zur Feststellung des sonderpädagogischen Förderbedarfs und informierten die Eltern. Nachdem feststand, dass Demet nach den Sommerferien zu einer Förderschule wechseln sollte, wurde sie bereits fortan durch ihr Umfeld gehänselt.

Demet ist das vierte Kind einer sechsköpfigen kurdischen Familie. Alle ihre Geschwister besuchten und besuchen Regelschulen. Weder die Eltern noch ihre ältere Schwester, zu der sie immer ein besonders gutes Verhältnis hatte, konnten sie zu einem Schulbesuch bewegen. Ein Familienmitglied rief in der Schule an und informierte uns über die Sachlage. Für mich bedeutete das, zwei Wochen nach Beginn des Schuljahres meinen allerersten Hausbesuch als Klassenlehrerin durchzuführen. Freundlicherweise bot mein Schulleiter an, mich zu begleiten.

Demets Familie hatte lange Jahre getrennt gelebt, da der Vater bereits 1992 als Asylbewerber nach Deutschland eingereist war, während seine Angehörigen in der Heimat blieben. Nach sieben Jahren wurde das Bewerbungsverfahren zugunsten des Vaters abgeschlossen und er durfte seine Frau und Kinder im Rahmen der Familienzusammenführung nachholen. Die Familie lebte in einer großen Wohnung an einer stark befahrenen Straße im Gelsenkirchener Stadtteil Rotthausen.

Als wir dort eintrafen, begrüßte uns der Vater zunächst sehr herzlich und bat uns ins Wohnzimmer. Zur Verwunderung meines Schulleiters zog ich direkt in der Diele meine Schuhe aus. In orientalischen Gesellschaften betritt man aus hygienischen Gründen die Wohnräume nicht mit Straßenschuhen. Reinlichkeit ist ein großes Gebot der Moslems. Nachdem ich ihm dies kurz erklärt hatte, zog er seine Schuhe ebenfalls aus.

An der Wohnzimmerwand hing ein großes gerahmtes Foto Abdullah Öcalans. Öcalan ist Führer der verbotenen Arbeiterpartei Kurdistans (PKK), die für einen unabhängigen kurdischen Staat kämpft und dabei vor Waffengewalt nicht zurückschreckt. Wie kaum eine andere Person der jüngeren türkischen Geschichte spaltet Öcalan die türkische Bevölkerung – die einen verehren ihn hingebungsvoll, die anderen hassen und bekämpfen ihn mit allen Mitteln: Für seine kurdischen Anhänger ist er Held und Freiheitskämpfer, für die türkischen Behörden Terrorist und Mörder. 1999 wurde er verhaftet und vom Staatsgerichtshof der Türkei zum Tode verurteilt. Nach Abschaffung der Todesstrafe in Friedenszeiten wurde Öcalans Urteil 2002 in lebenslange Haft umgewandelt. Nach wie vor ist vor dem Europäischen Gerichtshof eine Klage gegen den Prozess in der Türkei anhängig.

Demets Vater sprach kaum Deutsch und so musste ich ständig zwischen ihm und meinem Schulleiter übersetzen. Sein Türkisch war von einem starken kurdischen Akzent geprägt. Mein erster Gedanke war: «Oh, hoffentlich machen sie (als Kurden) nicht mich (als Türkin) für die Dinge verantwortlich, die ihnen eventuell widerfahren sind», denn nach wie vor sind die Kurden in der Türkei vielfältigen Benachteiligungen und sogar Verfolgungen ausgesetzt. Doch meine Befürchtungen sollten sich in keiner Weise bestätigen. Alle Familienmitglieder Demets, die ich im Laufe der Jahre kennen gelernt habe, begegneten mir äußerst offen und warmherzig.

Demets Vater erzählte uns von der Dorfschule in seinem

Heimatort Bulanik im Nordosten der Türkei. Dort war Demet vor ihrer Einreise nach Deutschland nur ein Jahr zur Schule gegangen. Allerdings konnte von einem kontinuierlichen Schulbesuch nicht die Rede sein. Zwar besteht auch in der Türkei eine Schulpflicht, doch gerade in ländlichen Regionen fehlen rechtliche Möglichkeiten, um einen Schulbesuch durchzusetzen, wenn Kinder aus unterschiedlichen Gründen dem Unterricht fern bleiben.

Wir unterrichteten Demets Vater über die bestehende Schulpflicht in Deutschland und die möglichen Konsequenzen bei einer Weigerung der Eltern, die Tochter zur Schule zu schicken. Der Vater wusste davon und erzählte von der Abwehrhaltung seiner Tochter. Er wollte nur das Beste für seine Kinder und bat uns, direkt mit Demet zu sprechen.

Das Mädchen hatte sich in ihr Zimmer verkrochen und es kostete den Vater sehr viel Mühe, sie zu überreden, zu uns ins Wohnzimmer zu kommen. Als sie nun schüchtern im Türrahmen stand, schoss mir als Erstes in Kopf, dass dieses Mädchen auf keinen Fall elf Jahre alt sein konnte. Sie wirkte weitaus älter. Häufig stimmen die Geburtsdaten türkischer Bürger nicht mit den offiziellen Dokumenten überein. Manchmal werden sie unabsichtlich falsch eingetragen (aufgrund einer bei türkischen Beamten weit verbreiteten Gleichgültigkeit), manchmal helfen kleine Zuwendungen beim Amt, um das gewünschte Alter eingetragen zu bekommen.

Das weiß ich aus eigener Erfahrung. Selbst in meinem Geburtspass stimmt das Geburtsdatum nicht mit dem wirklichen überein. Laut Pass bin ich fünf Tage später geboren. Die Dame im Krankenhaus hatte den Entlassungstermin als Geburtsdatum eingetragen. Als meinen Eltern der Fehler zu Hause auffiel, hätte es sie sehr viel bürokratische Mühe und Geld gekostet, diesen falschen Eintrag korrigieren zu lassen.

Aufgrund ihrer körperlichen Entwicklung und den typischen pubertären Unreinheiten im Gesicht wirkte Demet auf mich wie ein 13 oder gar 14 Jahre alter Teenager. Nach eigener Auskunft war sie tatsächlich drei Jahre älter als aus ihren Unterlagen hervorging. Vor uns stand ein Mädchen mit sehr dicken schwarzen Haaren, die sie sich zu einem Pferdeschwanz gebunden hatte. Obwohl sie zunächst nicht viel sprach und sehr zurückhaltend war, wirkte sie verspielt und fröhlich. Immer wenn ich sie ansprach, antwortete sie mit gesenktem Blick, aber mit einem Lachen. Beim Antworten hielt sie sich ständig die Hände vor das Gesicht. Gekleidet war sie mit einem langen weiten Rock, der ihr bis zu den Knöcheln ging. Dazu trug sie ein bunt gedrucktes T-Shirt. Da sie barfuß lief, konnte man leicht erkennen, dass sie noch vor kurzem in einer anderen Welt zu Hause gewesen war.

Wir hatten unseren Besuch angekündigt, so dass Demets Familie wusste, warum wir gekommen waren. Demet erzählte uns, dass sie bereits in der Zeit, als mit verschiedenen Tests die richtige Schulform für sie gefunden werden sollte, von ihren Mitschülern gehänselt worden sei. Sie hätten ihr gesagt, dass nur verrückte Kinder auf eine Förderschule gehen würden. Demet hatte Angst vor einer sozialen Stigmatisierung. Diese Denkweise konnte ich nur allzu gut nachvollziehen. Viele unserer Schüler leiden darunter, dass ihr soziales Umfeld nicht gerade positiv auf Förderschüler reagiert.

Im Gespräch versuchte ich, ihr einige Vorteile der Schule zu verdeutlichen – allen voran die kleineren Lerngruppen und die damit verbundene erhöhte Zuwendungsmöglichkeit des Lehrers. Ich erklärte ihr, dass sie bei entsprechenden Leistungen jederzeit an die Hauptschule zurückkehren könne. Da sie schon einige schulische Misserfolge hinter sich hatte, versicherte ich ihr, dass sich das in ihrer zukünftigen Klasse in der von ihr erlebten Form nicht wiederholen würde. Ich bot ihr an, einmal in meinen Unterricht zu kommen, um sich dort selbst einmal ein Bild von «den verrückten Schülern und der verrückten Lehrerin» zu machen. Ich benutzte absichtlich diese Begriffe und löste damit ein Lachen bei Demet aus, die mir versprach, in den nächsten Tagen zur Schule zu kommen.

Sie hielt ihr Versprechen und erschien in der darauf folgenden Woche – allerdings nicht nur zur Hospitation, sondern als Schülerin meiner Klasse. Sie hatte sich alles noch einmal überlegt und beschlossen, regelmäßig zum Unterricht zu kommen. Nach einer anfänglichen Phase der Schüchternheit traute sie sich immer mehr, ihr wahres Wesen zu zeigen. Demet war ein fröhliches, hilfsbereites und sehr zuverlässiges Mädchen. Sie konnte über jede Kleinigkeit laut und herzlich lachen. Wenn z.B. ein Mitschüler einen anderen einfach nur nach nachäffte, schüttelte sie sich vor Lachen.

Demet fand schnell Anschluss bei ihren türkischen Mitschülern, mit denen sie sich außerhalb des Unterrichts lebhaft auf Türkisch unterhielt. Leider antwortete sie auf meine Fragen im Unterricht ebenfalls nur auf Türkisch. Ich ließ sie zunächst gewähren, da ich glücklich darüber war, dass sie Deutsch nach einer gewissen Zeit überhaupt verstand. Ihre Deutschkenntnisse konnte sie trotz Einzelförderunterricht nicht so schnell erweitern, wie gewünscht. Hier machten sich ihre Lernschwierigkeiten deutlich bemerkbar. Sie lernte nur sehr, sehr langsam.

Eines Tages fragte mich Demet völlig zusammenhanglos, ob ich Probleme damit hätte, dass sie Kurdin wäre? Auch wenn mir die Frage zunächst merkwürdig erschien, stellte Demet sie vor einem berechtigten Hintergrund und zeigte, dass der Konflikt mit den Türken die Kurden auch weit über die Türkei hinaus beschäftigte. Ich antwortete mit einer Gegenfrage: «Hast du ein Problem damit, dass ich Türkin bin?» Sie schüttelte vehement den Kopf und wir mussten beide lachen. Obwohl ich glaubte, dieses Thema wäre zwischen uns beiden geklärt, verschwieg sie mir, dass sie gelegentlich in andere Städte fuhr, um an Demonstrationen der Kurden teilzunehmen. Vielleicht fürchtete sie um die gute Beziehung zwischen uns. Einige ihrer Mitschüler erzählten mir von ihren gelegentlichen Aktivitäten und da ich merkte, dass sie Demet anscheinend unangenehm waren, beschloss ich, sie nicht darauf anzusprechen.

Außerhalb des Unterrichts unterhielten wir uns zur Verwunderung der anderen Schüler und des Kollegiums auf Türkisch. Normalerweise sollen die ausländischen Schüler zur Verbesserung ihrer Sprachkenntnisse nur Deutsch sprechen. Bei Demet jedoch war ich froh, dass sie ihre anfänglichen Sprechhemmungen mehr und mehr abbaute. Eine zusätzliche sprachliche Barriere wäre da kontraproduktiv gewesen. Mit der Zeit verstand sie immer besser Deutsch und bemühte sich, ihre Fehler beim Sprechen zu verbessern. Geübte Texte konnte sie immer flüssiger vorlesen, doch bereitete es ihr weiterhin große Mühe, deren Sinn zu erfassen. An dieser Stelle darf man nicht vergessen, dass Deutsch ihre zweite erlernte Fremdsprache war, denn sie hatte ja auch Türkisch lernen müssen, da ihre Muttersprache Kurdisch war. In den Unterrichtsfächern arbeitete sie inzwischen im Rahmen ihrer sprachlichen Möglichkeiten gut mit.

Demets Lieblingsfach war Sport, dort drehte sie richtig auf. Mit sehr viel Bewegungsfreude und Einsatz nahm sie alle Angebote des Sportunterrichts wahr und war stets ausgelassen und fröhlich. Bei den Mannschaftsspielen kämpfte sie um jeden Ball. Ihre konditionellen Leistungen verbesserten sich von Woche zu Woche.

Demet trainierte freiwillig für einen Stadtlauf und wurde

als Läuferin der Schulmannschaft aufgestellt. Sie hatte sich einen Stammplatz in der Fußballmannschaft der Schülerinnen erarbeitet und fuhr regelmäßig mit zu Turnieren. Ihre Eltern hatten mit solchen Fahrten ebenso wenige Probleme wie mit Demets Teilnahme an diversen Klassenfahrten. Andere muslimische Familien lehnen hingegen eine Teilnahme ihrer Kinder an derlei Aktivitäten strikt ab, weil sie nicht möchten, dass ihre Töchter mehrere Tage außer Haus schlafen. Demets Familie war in dieser Hinsicht wirklich tolerant und moderat.

Im Laufe der Jahre entwickelte sich aus der einst so verschlossenen, aber stets fröhlichen Demet, die stets wie ein kleines Mädchen vom Dorf wirkte, eine ernste junge Dame. Sie achtete auf ihre Figur und nahm bewusst etliche Kilo ab. Eines Tages, als sie bereits nicht mehr meine Schülerin war, trug sie ein Kopftuch – stets kunstvoll gesteckt und farblich passend zur übrigen Kleidung. Insgesamt zog sie sich mittlerweile sehr modisch an und begann sich zu schminken. Ihr Äußeres entsprach dem muslimischen Chic, den man mittlerweile bei vielen jungen Türkinnen beobachtet und zu dem das Kopftuch nicht so recht passen will. Natürlich sprach ich sie auf ihr Kopftuch an. Sie gab an, es freiwillig zu tragen, weil sie sich zu ihrem Glauben bekannte und das auch nach außen hin demonstrieren wollte. Leider ließ ihre Sportbegeisterung spürbar nach und sie ging auch nicht mehr zum Schwimmunterricht. Auf mich wirkte sie lange nicht mehr so unbekümmert wie ich sie aus meiner Zeit als Klassenlehrerin in Erinnerung hatte. Sie hatte stark melancholische Züge. Was zu dieser Entwicklung geführt hatte, konnte ich nicht in Erfahrung bringen.

Demet verließ die Förderschule nach der 10. Klasse mit dem üblichen Abgangszeugnis. Darin werden die einzelnen Fächer schriftlich benotet, d.h. es finden sich u.a. Angaben zu ihren

Rechen-, Sprach- und Rechtschreibfähigkeiten, ebenso zum Arbeitsverhalten. Ein solches Abgangszeugnis ist von der Hierarchie und der Qualität weniger «wert» als ein Hauptschulabschluss.

Nach den Eignungstests des Arbeitsamts begann Demet – wie ihr ehemaliger Klassenkamerad Abdul – eine einjährige Maßnahme für Schüler ohne Hauptschulabschluss. Im Anschluss an diese Maßnahme finden die Teilnehmer mit viel Glück in einem der Berufe, die sie kennen gelernt haben, einen Ausbildungsplatz, den ihnen das Arbeitsamt zuteilt.

Noch heute besucht Demet mich gelegentlich in der Schule. Einmal erzählte sie mir, dass sie seit längerer Zeit einen Aushilfsjob als Verkäuferin in einer Bäckerei im Essener Hauptbahnhof habe. Ihr Arbeitgeber sowie ihre Arbeitskollegen sind Kurden. In der Regel arbeitet sie nach dem Unterricht am Berufskolleg und an den Wochenenden. Die Arbeit mache ihr sehr viel Freude und die Zeit würde immer sehr schnell vergehen – im Vergleich zu der Zeit in der elterlichen Wohnung. Ihre Eltern versuchten Demet zunächst davon abzuhalten, diesen Job zu übernehmen, weil ihre Tochter teilweise erst gegen 22 Uhr wieder zu Hause ist und abends noch öffentliche Verkehrsmittel benutzen muss. Doch Demet konnte sich gegen ihren Widerstand durchsetzen.

Traditionell ist es in orientalischen Gemeinschaften üblich, dass die Kinder das verdiente Geld ihrem Vater zur Unterstützung der Familie geben. Der Zusammenhalt solcher Familien ist sehr viel enger als der westlicher Familien und jedes Mitglied trägt zur Gemeinschaft bei, so gut es kann. Ein gewisser Stolz prägt sowohl Eltern als auch Kinder, sobald sie hierzu in der Lage sind. Entsprechend gibt auch Demet ihrem Vater ihr verdientes Geld und erhält im Gegenzug ein Taschengeld.

Doch wovon träumt Demet? Sie wünscht sich, ihren Hauptschulabschluss nachzuholen und dann eines Tages eine Ausbildung als Krankenschwester oder Schwesternhelferin zu absolvieren. Das wäre ihr absoluter Traumberuf. Sie erzählte mir auch, dass sie sich einen muslimischen Partner ihrer Wahl zur Heirat aussuchen dürfe und nicht wie ihre ältere Schwester nach dem «Görücü usulu» verheiratet werden würde. Auch das habe sie durchgesetzt. Zwar seien bereits erste Verkupplungsversuche unternommen worden, doch sie wolle erst einmal ihre Berufsausbildung vorantreiben, ehe sie daran denke zu heiraten. Ich finden, das ist ein sehr großer Fortschritt.

3. Eine Braut wider Willen? – Zabrin

Im gleichen Jahr, in dem ich meine Stelle an der Förderschule in der Malteserstraße antrat, kam auch Zabrin auf diese Schule. Sie war zuvor in der Grundschule gescheitert. Nun besuchte sie die 2. Klasse, obwohl sie eigentlich bereits im vierten Schulbesuchsjahr war. Besonders im Unterrichtsfach Mathematik wies sie unüberbrückbare Wissenslücken auf.

Es mangelte Zabrin auch an Disziplin. So kam sie beispielsweise regelmäßig nach der Pause schwatzend und lachend verspätet in den Unterricht. «Zabrin, es hat schon längst geschellt. Setz dich bitte hin, wir wollen anfangen», so mein Versuch, nicht noch mehr Zeit verstreichen zu lassen. Zabrin reagiert überhaupt nicht und redet weiter mit ihrer Freundin, während sie gemächlich zu ihrem Platz geht. Jetzt mischt sich Ibrahim ein, ein Mitschüler, der sich gern als Big Boss aufspielt. «Zabrin, halt endlich deine Klappe.» «Was willst du Penner überhaupt», kontert Zabrin, und giggelt gleich weiter. «Pass bloß auf, du blöde Kuh», antwortet Ibrahim. Entnervt brülle ich dazwischen: «Verdammt noch mal, jetzt ist aber wirklich gut hier. Wir wollen anfangen.» Zabrin und Ibrahim grinsen mich an und der geplante Unterricht kann beginnen.

Kontaktscheu oder schüchtern war Zabrin wirklich nicht. Bei näherer Beobachtung zeigte sich, dass sie zu niemandem Distanz hielt. Sie redete mit jedem und leider auch zu jeder Zeit. In der Schule wirkte sie immer wie aufgedreht. Sie lachte sehr viel und war extrem albern. Sie liebte die Schule – jedoch nicht den Lernstoff und den Unterricht, sondern die Pausen und ihre Mitschüler. Die Schule stellte für sie einen Freiraum dar, den sie zu Hause nicht kannte. Sogar nach Schulschluss blieb sie meist vor oder auf dem Schulgelände, um auf ihre Freundinnen zu warten, die länger Unterricht hatten.

Zabrin ist die zweitälteste Tochter von insgesamt sechs Kindern (drei Mädchen, drei Jungen) einer libanesischen Familie. Die Eltern stammen aus Beirut, sämtliche Kinder sind in Gelsenkirchen geboren. Während die Kinder über recht gute Deutschkenntnisse verfügten, war eine Verständigung mit den Eltern schwierig. Zabrins Eltern sind strenggläubige Muslime, die auf den ersten Blick nicht als solche zu erkennen sind. Die Mutter trug kein Kopftuch und war sehr auf ihr Äußeres bedacht. Sie kleidete sich westlich und sehr feminin und unterstrich damit ihre Schönheit, die sie zweifellos an ihre Tochter weitervererbt hatte. Zabrin war schon mit zwölf Jahren sehr groß gewachsen und schlank und hatte lange, glatte schwarze Haare.

Doch die Kleidung der Mutter konnte nicht darüber hinwegtäuschen, dass sie und ihr Mann die drei Töchter streng kontrollierten und ihnen wenig bis gar keinen Freiraum gewährten. Hauptgrund für diese Kontrolle ist die Tatsache, dass die Ehre einer muslimischen Familie vom keuschen Verhalten der weiblichen Familienmitglieder abhängig gemacht wird. Je weniger Freiheiten ein junges muslimisches Mädchen hat, desto geringer die Gefahr, ins Gerede der Verwandtschaft und des sozialen Umfelds zu kommen. Die soziale Kontrolle funktioniert bestens, und ein Großteil der Elternschaft der libanesischen Schüler ist in irgendeiner Form miteinander verwandt oder kennt sich untereinander. So kann es vorkommen, dass die Schwägerin einer Schülerin mit dem Bruder eines anderen Schülers verheiratet ist und Braut und Bräutigam zudem noch Cousins sind. Oder dass die Oma eines Schülers gleichzeitig die Schwiegermutter eines Bruders eines anderen Schülers ist. Also: Jeder kennt jeden.

Das mag sich zunächst einmal positiv anhören, doch die Kehrseite dieser Struktur ist die totale Kontrolle: Nicht «regelkonformes» Verhalten wird den anderen Familienmitgliedern mitgeteilt und gelangt den strenggläubigen Eltern umgehend zu Ohren. Die Vorstellung von «regelkonformem Verhalten» bewegt sich in den meisten libanesischen Familien in engen Grenzen. Viele von ihnen tun sich bereits sehr schwer damit, ihre Töchter ab einem Alter von etwa zwölf Jahren am Schwimmunterricht teilnehmen zu lassen. Leider muss die Schule solch starre Denkweisen hinnehmen und besitzt keinerlei Einflussmöglichkeiten. Schicken strenggläubige Eltern ihre Töchter nicht zum Schwimmunterricht oder mit auf eine Klassenfahrt, kann ein Lehrer wenig dagegen ausrichten. Oftmals wurde ich sogar schon von strengen Muslimen gefragt, ob es nicht möglich wäre, ihre Tochter ganz zu Hause zu lassen, da sie dort besser aufgehoben wäre. Hier jedoch greifen glücklicherweise die Gesetze zur allgemeinen Schulpflicht.

Nach den Erzählungen von Zabrin und ihrer Schwester Kouza mussten die beiden Mädchen viel im Haushalt und bei der Betreuung der jüngeren Geschwisterkinder helfen. Die Möglichkeit, sich nach Schulschluss mit Schulfreundinnen allein zu verabreden, gab es quasi nicht. Es sei denn, die Eltern besuchten sich untereinander und nahmen ihre Kinder mit. Doch Zabrins Eltern zogen es zumeist vor, Verwandte und Bekannte allein zu besuchen. Die Töchter mussten zu Hause bleiben und sich um die Geschwister kümmern. Die Eltern übertrugen ihnen also ein hohes Maß an Verantwortung, insbesondere wenn man bedenkt, dass die beiden Mädchen erst 12 und 14 Jahre alt waren. Verständlicherweise kam es während der Abwesenheit der Eltern immer wieder zu Streitereien unter den Geschwisterkindern, für die natürlich die beiden ältesten Töchter verantwortlich gemacht wurden. Nicht selten erhielten die beiden Mädchen Schläge von den Eltern.

Zabrins ältere Schwester Kouza sowie ihre drei jüngeren Brüder besuchten bzw. besuchen ebenfalls die gleiche Förderschule. Während des gesamten Fastenmonats Ramadan fastet die Familie – die Eltern ebenso wie die Kinder. Das heißt, von Sonnenaufgang bis Sonnenuntergang wird nichts gegessen und getrunken, häufig zehn Stunden und mehr. Der vierwöchige Ramadan verlangt den Kindern eine unglaubliche physische und psychische Leistung ab. Während dieser Zeit war Zabrin sehr verschlafen und hatte Schwierigkeiten, sich auf den Unterricht zu konzentrieren. Kein Wunder, denn wenn man noch etwas essen und trinken wollte, musste man vor Sonnenaufgang aufstehen.

Es kostet mich stets große Überwindung, während des Ramadan nicht direkt auszusprechen, was ich davon halte. Zwar äußere ich meine Meinung, aber nicht direkt. Würde ich den Eltern sagen, dass ich es für Schüler unzumutbar finde, müsste ich mit massiven Angriffen rechnen. Wer sich in die religiösen Angelegenheiten einer streng muslimischen Familie einmischt, begibt sich auf sehr dünnes Eis. Damit würde ich das ohnehin schon geringe Vertrauen der streng religiösen Muslime verspielen.

Obwohl ich selbst während des Ramadan nicht im Klassenraum frühstücke, sondern nur im Lehrerzimmer – das allerdings vom Schulhof aus einzusehen ist –, bekommen meine Schüler automatisch mit, dass ich nicht faste. Natürlich sprechen sie mich darauf an. Ich flüchte mich nicht in eine Notlüge oder irgendwelche Ausflüchte, sondern stehe zu meinem Verhalten. Es löst jedes Jahr aufs Neue große Verwunderung aus. Meine Antwort lautet mal: «Ohne zu trinken kann ich nicht denken und dafür werde ich hier schließlich bezahlt», mal: «Es sollte jeder für sich entscheiden können, ob er fasten möchte oder nicht. Ich faste nicht.»

Mit solchen Antworten werde ich sicher nicht zum Sympathieträger für all jene Familien, die den Ramadan streng einhalten. Dennoch möchte ich mich nicht verstellen und muss authentisch bleiben. Ich kann zwar die Einstellung streng gläubiger Familien nicht verändern aber sie können auch von mir nicht verlangen, dass ich mich anpasse. Außerdem spielt es in meiner Vorbildfunktion ebenfalls eine Rolle zu zeigen, dass es auch Muslime gibt, die nicht fasten.

Im ersten Schuljahr durfte Zabrin nach etlichen Gesprächen mit dem Vater und der Mutter an einer mehrtägigen Klassenfahrt teilnehmen. Es kostete mich viel Zeit und Überredungskunst, die Familie von den Vorteilen einer Klassenfahrt für ihre Tochter zu überzeugen. Zunächst lud ich die Eltern zu einem Gespräch in die Schule ein. Sie kamen nicht. Also vereinbarte ich einen neuen Termin. Wieder kamen sich nicht und hielten es auch nicht für nötig abzusagen. Zeit hätten sie eigentlich haben müssen, denn beide Elternteile gingen nicht arbeiten.

Der nächste Schritt war ein Hausbesuch, bei dem der Vater durch Abwesenheit glänzte. Zabrins Mutter führte mich in ein prunkvoll eingerichtetes Wohnzimmer. An den Wänden hingen Bilder von der heiligen Stadt Mekka mit dem Propheten

Mohammed und vergoldete, eingerahmte Suren. Der Glaube der Familie stach sofort und unweigerlich ins Auge. Nach einem langen Hin und Her und vielen Versprechen, die ich Zabrins Mutter geben musste, willigte sie letztendlich ein, ihre Tochter mitfahren zu lassen. Die Rolle der Ehefrau ist gerade in patriarchalischen Gesellschaftsformen nicht zu unterschätzen. Sie stehen in der Hierarchie zwar unter dem Ehemann und den Schwiegereltern. Doch die Kinder – insbesondere die Mädchen – sind in der Hierarchie unterhalb der Mutter angesiedelt. Das verleiht den Müttern eine gewisse Macht über sie, die mitunter sogar in Unterdrückung ausarten kann.

Die Schule bedeutete für Zabrin folglich einen Freiraum, den sie verständlicherweise ausnutzte. Besonders im Fachunterricht fiel es ihr schwer, sich an die Anweisungen des Lehrers zu halten. Oftmals störte Zabrin den Unterricht, weil ihr gerade der Sinn danach stand, sich mitten in der Stunde zu schminken oder mit einer libanesischen Freundin am Fenster zu unterhalten. Je mehr sie in die Pubertät kam, desto schwieriger wurde sie. Gerade bei Kindern, die aus strengen Elternhäusern stammen, kann man beobachten, dass sie «aufdrehen», sobald sie dem Blickwinkel der Eltern entkommen sind. So verhielt es sich auch bei Zabrin und ihrer älteren Schwester. Regelverstöße im Klassenverband und während der Pausen nahmen mit beginnender Pubertät bei beiden Mädchen zu.

Wenn Zabrin sich uneinsichtig zeigte, rief ich gelegentlich ihre Eltern an. Bis zu einem besonderen Tag: Nach der Pause war Zabrin mit einer libanesischen Freundin durch das Schulgebäude gelaufen und hatte dabei einige Klassen beim Unterricht gestört. Als sie dann ziemlich verspätet bei ihrer Fachlehrerin im Unterricht erschien und auf die Uhrzeit hingewiesen wurde, gab sie sich mehr als patzig. Anstatt sich zu rechtfertigen oder zumindest zu entschuldigen, wurde sie frech und ging schnurstracks zum Waschbecken, um sich vor dem Spiegel zu schminken. In der nächsten Pause informierte mich die Kollegin über diesen Vorfall.

Ich stellte Zabrin zur Rede, doch auch mir gegenüber zeigte sie keine Einsicht. Daraufhin rief ich die Eltern an und bat sie zu einem Gespräch in die Schule. Am nächsten Tag erschien ihr Vater. Ich schilderte ihm den Vorfall und bat ihn, noch einmal in Ruhe mit seiner Tochter zu sprechen.

An den folgenden beiden Tagen fehlte Zabrin. Als sie nach drei Tagen wieder zum Unterricht erschien, würdigte sie mich keines Blickes, was ich von ihr überhaupt nicht gewohnt war. Bislang hatte ich geglaubt, wir hätten ein inniges Lehrer-Schüler-Verhältnis. Nach Schulschluss bat ich sie, ein paar Minuten länger zu bleiben und mir ihre abweisende Haltung zu erklären. Bebend vor Wut und mit Tränen in den Augen fragte sie mich, ob sie mir mal etwas zeigen sollte. Zunächst verstand ich nicht, worauf sie hinauswollte. Dann jedoch krempelte sie ihre Ärmel und Hosenbeine hoch und zeigte mir ihre Hämatome an den Armen und Beinen.

Ich konnte nachts nicht schlafen und überlegte fieberhaft, was ich für das Mädchen tun konnte. Der einfachste Weg wäre vermutlich, das Jugendamt einzuschalten. Es würde die Familie aufsuchen und ein Gespräch mit den Eltern führen. Aber was brachte das? Sobald die Tür hinter den Mitarbeitern des Jugendamts ins Schloss gefallen wäre, würden die Eltern die gleiche «Erziehungsmethode» wieder anwenden.

Ich könnte selbst mit den Eltern sprechen. Doch auch das würde nicht viel bringen. Im Gegenteil, Zabrin würde erneut bestraft werden, weil sie sich mir anvertraut hatte. Zu allem Überfluss war ich es gewesen, die sie in diese Situation gebracht hatte. Fest stand, dass ich die Eltern bei Regelverstößen ihrer Tochter nie wieder anrufen würde.

Im nächsten Schuljahr planten wir eine weitere Klassenfahrt. Zabrin wollte unbedingt mitfahren, und so besuchte ich ihre Familie erneut. Diesmal wählten die Eltern eine neue Strategie, um die Teilnahme ihrer Tochter zu verhindern. Bei dem Hausbesuch wurde Zabrin von ihrer Mutter zu uns ins Wohnzimmer gerufen und aufgefordert, mit mir zu sprechen. Steif und völlig eingeschüchtert teilte Zabrin mir mit, dass sie überhaupt keine Lust habe, mit auf Klassenfahrt zu kommen. Das Kind wurde von der Mutter für ihre eigenen Überzeugungen instrumentalisiert. Dagegen war ich machtlos. Wie vermutet, gab Zabrin mir gegenüber am nächsten Schultag zu, dass ihre Mutter sie zu dieser Aussage gezwungen hätte. Doch gegen eine solch perfide Strategie konnte ich nichts tun. Leider kann man die Eltern weder verpflichten noch zwingen, ihren Kindern die Erlaubnis zur Teilnahme an einer Klassenfahrt zu geben.

Im Laufe der Jahre entwickelte sich Zabrin zu einem wunderschönen Mädchen, das sich seiner Ausstrahlung und Wirkung auf die männliche Umwelt sehr wohl bewusst war. Zabrin kam nun richtig in die Pubertät. Als sie längst nicht mehr meine Schülerin war, hörte ich von einer Kollegin, dass sie wiederholt die Schule schwänzte und regelmäßig mehrere Stunden zu spät im Unterricht erschien. Durch Lügen und Täuschungen verschaffte sie sich Zeit, in der sie sich allein an unbekannten Orten aufhielt. Es war ihr nicht zu entlocken, wo sie diese «Freizeit» verbrachte. Zabrins Eltern wurden über dieses Verhalten informiert und waren verständlicherweise sehr besorgt und ziemlich wütend. Während einer Klassenkonferenz zeigte sich Zabrin äußerst trotzig und uneinsichtig. Ihre Mutter fühlte sich hilflos und sah ihrerseits wenig Einflussmöglichkeiten auf ihre Tochter. Um Zabrin an ein regelmäßiges Erscheinen im Unterricht zu gewöhnen, wurde in einem Mitteilungsheft täglich schriftlich notiert, wie viele Stunden sie Unterricht hatte. Dadurch hatten ihre Eltern einen Überblick über ihre Schulzeiten.

So weit die Ordungsmaßnahme von schulischer Seite. Doch was ließen sich Zabrins Eltern einfallen? Die Familienehre ist in muslimischen Gesellschaften das höchste Gut. Durch Zabrins Verhalten war die Ehre der Familie bedroht. Eine gängige Methode, um in solchen Situationen die Verantwortung abzugeben, ist die frühzeitige Verheiratung der Töchter. Zabrin war mit ihren fast 17 Jahren im besten Alter für solch eine Verheiratung.

Glücklicherweise wurde Zabrin einem jungen Libanesen vorgestellt, der ihr gefiel. Direkt nach dem Ende ihrer Schulpflicht wurde sie nach einer kurzen Verlobungszeit im Alter von 17 Jahren traditionell verheiratet. Zabrin lud mich und ihre Klassenlehrerin, die sie bis Klasse 10 unterrichtet hatte, zu ihrer Hochzeitsfeier ein. Bevor ich dort hinging, musste ich die Kleidungsfrage klären. Nach kurzer Überlegung zog ich ein hoch geschlossenes Kleid an, das allerdings ärmellos war. Daher zog ich eine Strickjacke darüber. Ich war noch nie auf einer libanesischen Hochzeit gewesen und konnte mir den Ablauf der Feier nur grob vorstellen. Bei der Kleiderwahl hatte ich richtig entschieden. Meine Strickjacke zog ich trotz der enormen Hitze im Festsaal nicht aus, da ich sonst unter 150 Gästen die einzige Frau mit nackten Armen gewesen wäre. Alle anderen Damen trugen lange Abendkleider ohne Ausschnitt und natürlich mit Ärmeln.

Zu unserer Verwunderung waren die Tische mit den Stuhlreihen in Richtung Bühne aufgestellt, und zwar so, dass man von allen Stühlen aus zur Bühne sah. Man saß also in einer Reihe an einem Tisch und hatte keine Stuhlreihe auf der gegenüberliegenden Tischseite. Dadurch entstand eine Theater- bzw. Kinoatmosphäre. Insgesamt gab es drei Tischblöcke. Der rechte Tischblock war ausschließlich für die männlichen Gäste. Der Tischblock in der Mitte und links war mit Frauen besetzt. Selbst Familien saßen getrennt: die Väter und älteren Söhne auf der einen Seite, die Frauen mit kleinen Kindern auf der anderen. Auf der Bühne waren zwei barocke und ziemlich kitschige Polstersessel, die einem Sonnenkönig zur Ehre gereicht hätten, platziert. Offensichtlich waren dies die Sitzplätze für das Brautpaar.

Bei unserer Ankunft waren die Brautleute noch nicht anwesend. Meine Kollegin und ich nahmen im Frauenblock Platz. Niemand begrüßte uns, vielmehr wurden wir durch etliche Gäste beäugt. Unsere Tischnachbarinnen wirkten nicht wirklich gastfreundlich. Das war ich von keiner türkischen Hochzeit gewohnt. Nach einiger Zeit, die mir unendlich lang erschien, zog das Brautpaar endlich in den Festsaal ein. Mit gellenden Zungentrillern – Indianergeschrei ähnlich – wurde es von den engsten Familienmitgliedern und Freunden begrüßt, umringt und zur Tanzfläche vor der Bühne geführt. Eine Zweimannband spielte lautstark arabische Lieder. Als Begleitinstrument diente ein Keyboard. Als wir in der Menschenmenge Zabrins Mutter und ihre älteste Tochter Kouza entdeckten, sahen wir, dass beide weinten. Diese Tränen der Freude und des Abschiedsschmerzes, die ihnen über die Wangen strömten, sind eine traditionelle Verhaltensweise, die von den Frauen erwartet wird, wenn ein weibliches Familienmitglied die letzte Nacht im Elternhaus verbringt. Vielleicht waren bei der Brautmutter auch Tränen der Erleichterung dabei, weil sie aus ihrer Sicht die Verantwortung für ihre jungfräuliche Tochter nun an die Familie des Mannes weitergeben durfte. Ab dem Zeitpunkt der Hochzeit musste sie sich keine Gedanken mehr um ihre Familienehre machen.

Die Braut unterstand ab sofort der Familienehre ihres Mannes.

Ein Kameramann filmte das Brautpaar, wie es mit fast jedem Hochzeitsgast tanzte. Ich hatte das Gefühl, dass jeder Gast unbedingt auf diesem Hochzeitsvideo zu sehen sein wollte. Es schien ihr alleiniges Ziel zu sein. Nach ein paar Sekunden rissen die weiblichen Gäste an der Hand der Braut und blickten direkt in die Kamera. Und schon zerrte die Nächste an der Braut. Die männlichen Gäste rissen sich hingegen um die Hand des Bräutigams. Ein solches Hochzeitsvideo wird später bei Besuchen untereinander immer wieder gerne angesehen.

Irgendwann durfte sich das völlig verschwitzte Brautpaar auf den Thronsesseln ausruhen. Dies war der Moment für mich und meine Kollegin, dem jungen Paar zu gratulieren, einen Geldumschlag zu überreichen und uns gleichzeitig zu verabschieden.

Vor ihrer Hochzeit hatte Zabrin noch einmal ihre ehemalige Schule besucht und mir dabei erzählt, dass sie auch nach der Heirat weiter an einer berufsvorbereitenden Maßnahme des Arbeitsamtes teilnehmen wolle. Sie habe dies mit ihrem zukünftigen Mann abgesprochen und er habe nichts dagegen. Zabrin träumte von einer Ausbildung zur Arzthelferin.

Schon kurz nach der Hochzeit erfuhr ich von einer anderen Schülerin, dass Zabrin schwanger sei und ihre Maßnahme abgebrochen habe. Als ich meine Verwunderung über diese Entwicklung äußerte, teilte mir die Schülerin im Vertrauen mit, dass ihr Mann auf Nachwuchs gedrängt hätte. Ich wusste, dass Zabrin sich mit Kindern, solange sie noch keine Ausbildung hatte, Zeit lassen wollte. Anscheinend hatte ihr Mann seine Meinung unmittelbar nach der Eheschließung geändert. In sehr traditionellen islamischen Familien darf der Einfluss der Verwandten nicht unterschätzt werden. Mit Nachwuchs wird einerseits die Abhängigkeit der Frauen gefördert, andererseits wird der Wunsch der Eltern des Mannes nach Enkelkindern erfüllt. Es ist ein Muss für junge Paare. Ich wünsche mir jedoch, dass Zabrin in ihrer Mutterrolle einige Dinge anders macht als ihre eigene Mutter.

4. Familienbande – Ugur

Als ich Ugur zum ersten Mal sah, fiel mir sofort seine positive Ausstrahlung auf. Er blickte vergnügt drein und hatte stets ein Lächeln im Gesicht. Jeder, der ihn sah, hatte das Gefühl, der Junge würde sich über etwas freuen. Ugurs tiefschwarze, lebendige Augen spiegelten sein Wesen: Er war ein fröhlicher, lebendiger Junge, der schon fast die Grenze zur Hyperaktivität streifte. Mit seinen zwölf Jahren war er einer der ältesten Schüler der Klasse. Allerdings sah man ihm sein Alter nicht an, denn für einen Zwölfjährigen war er viel zu dünn, beinahe mager – vielleicht die Folge einer schweren Herzoperation, die er als kleines Kind über sich hatte ergehen lassen müssen.

Ugur war sehr drahtig und sportlich. Trotz seines «Fliegengewichts» mangelte es ihm nie an Mut. Sobald ihn jemand auch nur schief ansah, ging er augenblicklich auf Konfrontationskurs. Was mit einem lauter werdenden Streitgespräch begann, mündete allzu oft in eine handfeste Prügelei. Dabei spielte es für Ugur keine Rolle, ob ihm ein größerer und körperlich überlegener Gegner gegenüberstand. Feigheit konnte man ihm wahrlich nicht nachsagen.

Mir als Respektsperson gegenüber zeigte er sich eher scheu und äußerst schweigsam. Wenn ich ihn auf ein bestimmtes Problem ansprach, antwortete er fast nie. Meist senkte er den Blick zu Boden. Dann verschwand das Lächeln für kurze Zeit aus seinem Gesicht. Nicht ein einziges Mal widersprach er mir oder machte abfällige Bemerkungen.

Ugur stammt aus einer türkischen Familie, die aus Erzurum nach Deutschland ausgewandert war. Erzurum ist die größte Stadt Ostanatoliens und liegt auf einem knapp 2000 m hohen Hochplateau. Seine Familie ist nicht gerade repräsentativ für unsere Schulform, denn sie gehört der Mittelschicht an. Ugurs Eltern führen ein großes, florierendes Friseurgeschäft in der Gelsenkirchener Innenstadt. Die älteren Geschwister, Onkel, Tanten und zum Teil angeheiratete Verwandte helfen im Laden mit, sodass dort fast die gesamte Familie arbeitet. In all den Jahren, die ich Ugur nun schon kenne, war er immer sehr gepflegt gekleidet und trug stets einen hochmodernen Haarschnitt.

Ugur ist das vierte von sechs Kindern. Wie seine drei älteren Brüder stammt er aus der ersten Ehe seines Vaters. Nachdem Ugurs leibliche Mutter verstorben war, hatte der Vater seine jetzige Frau geheiratet, mit der er zwei weitere Kinder hat. An seine leibliche Mutter konnte sich Ugur nicht mehr erinnern. Meine Ansprechperson in allen schulischen Angelegenheiten war zunächst seine Stiefmutter. Sie kümmerte sich rührend um den Jungen und nannte ihn «oglum» (mein Sohn). Er wiederum sprach sie mit «anne» (Mama) an.

Aufgrund des Verlustes seiner leiblichen Mutter, über dessen genaue Umstände niemand in der Familie sprach, wurde Ugur übermäßig verwöhnt. Seine Stiefmutter erzählte mir einmal, dass sie sich nichts zuschulden kommen lassen wolle. Sie habe Angst vor dem Gerede der Familie und des sozialen Umfelds. Keiner solle ihr nachsagen, sie würde Ugur anders behandeln als ihre zwei leiblichen Kinder. Bei all unseren Treffen betonte sie immer wieder, wie glücklich sie doch sei, dass ihr Stiefsohn eine türkische Lehrerin habe. Sehr schnell zeigte sich, dass sie auf ein spezielles Verständnis unter Türken setzte, und glaubte, eine Landsfrau würde ihre Probleme als Stiefmutter sehr viel besser verstehen. Die Mär der bösen Stiefmutter existiert schließlich auch im Orient.

Nach einer Weile traten bei Ugur schulische Probleme auf: ständig fehlende Hausaufgaben, extreme Albernheiten bei Fachlehrern und das Provozieren bestimmter Mitschüler. Im Vergleich zum Verhalten einiger seiner Klassenkameraden waren das noch harmlose Vergehen. Als ich Ugurs Stiefmutter darüber in Kenntnis setzte, bat sie mich, doch einmal ihrem Mann davon zu berichten. Vermutlich befürchtete sie, er könne ihren Bericht sonst abtun. «Das soll mein Mann doch lieber aus Ihrem Munde hören. Sie wissen ja, wie die Leute sonst reden.» Obwohl ich ihre Befürchtungen nicht teilen konnte, nahm ich sie ernst. Mit anderen Worten: Ich musste ein paar Besuche im Friseurladen machen, denn Ugurs Vater war ein viel beschäftigter Geschäftsmann und konnte so die angebotenen Gesprächstermine in der Schule oft nicht einhalten.

Schon bei unseren ersten Treffen registrierte ich, dass er genau wie meine Eltern Lehrer als absolute Respektsperson ansah. Er war äußerst höflich und zuvorkommend, hörte sich alle Geschichten über seinen Sohn stumm an und verabschiedete mich freundlich. Weder stellte er Fragen noch kommentierte er etwas. Das sehr zurückhaltende Verhalten des Vaters erinnerte mich an seinen Sohn. Vermutlich hat er auch nach meinem Besuch mit Ugur kein einziges Gespräch über sein schulisches Verhalten geführt.

Der Verlust seiner leiblichen Mutter und die überstandene schwere Krankheit trugen dazu bei, dass Ugur in vielerlei Hinsicht zum Pascha erzogen wurde und die Familie ihm gegenüber stets Nachsicht walten ließ. Obwohl Ugur eine Sonderstellung in der Familie genoss und sozusagen in Watte gepackt wurde, durfte er an allen Klassenfahrten und Aktivitäten außerhalb der Schule teilnehmen. Seine Eltern erkundigten sich lediglich bei mir, ob ich auch gut auf ihren Sohn aufpassen würde. Jedes Mal gab ich die klassische muslimische Antwort: «Mit Allahs Hilfe». Danach stand dem nächsten Schulprojekt unter Ugurs Mitwirkung nichts mehr im Wege.

Für mich als Lehrerin bedeutete das Heraushalten der Familie aus dem schulischen Alltag, dass Ugurs Probleme, die in der Schule aufkamen, ausschließlich dort angegangen werden konnten. Auf eine Mithilfe der Familie konnte ich nicht setzen. Häufig musste Ugur seine fehlenden Hausaufgaben im Förderunterricht nacharbeiten. Das störte ihn nicht besonders, denn er war gerne in der Schule. Da er ein extrem guter und begeisterter Sportler war, hatte ich schnell ein Mittel gefunden, um ihn zu einer Verhaltensänderung zu bewegen. Es traf ihn besonders hart, wenn er an bestimmten sportlichen Aktivitäten nicht teilnehmen durfte. Mit einigen Schülern trainierte ich nach der Schule regelmäßig und über Monate hinweg Langstreckenläufe. Ugur wollte unbedingt einen Halbmarathon mitlaufen. Während der vielen Laufeinheiten entwickelte sich eine Art Vertrauensverhältnis zwischen ihm und mir. Während unserer Trainingsphase gab er sich im Fachunterricht weitaus mehr Mühe als bisher. Den Lohn für das kontinuierliche Training erntete er, als er als erster Schüler unserer Laufgruppe beim Halbmarathon durch das Ziel kam.

Auch privat war er war nie einer der gesprächigsten Schüler, dennoch hatte ich das Gefühl, dass sich eine Form des Miteinanders zwischen uns entwickelte, in der er sich gut aufgehoben fühlte. Anscheinend habe ich einen nachhaltigen Eindruck bei ihm hinterlassen, denn er lud mich zur Abschlussfeier der 10. Klasse ein, obwohl ich zu diesem Zeitpunkt längst nicht mehr seine Klassen- oder Fachlehrerin war. Mehrmals fragte er nach, ob ich nach meinem Unterricht wirklich kommen würde.

Auch in der Folgezeit strengte sich Ugur dann am meisten an, wenn die Androhung, von einer gemeinsamen Sportveranstaltung ausgeschlossen zu werden, über ihm schwebte. Allerdings bedeutete das nicht, dass er in der Schule zum «Überflieger» wurde. So schnell er auf dem Fußballplatz oder beim Laufen war, so lange dauerte es, bis er im Unterricht seine Aufgaben erledigt hatte. Ugur war immer einer der letzten Schüler, die einen Text von der Tafel abschrieben. Während seine Mitschüler im Kunstunterricht mit einer neuen Arbeit beschäftigt waren, malte oder gestaltete er noch an einem Thema, das wir bereits zwei bis drei Wochen zuvor abgeschlossen hatten.

Beim Schreiben von Zahlen und auch bei einfachen Rechenoperationen machte sich seine Rechenschwäche bemerkbar. Er verwechselte ständig Einer-, Zehner- und Hunderterzahlen. Mit Hilfe von unterschiedlichem Anschauungsmaterial konnte er jedoch im Laufe der Zeit verschiedene Aufgaben selbstständig lösen. Mit zunehmendem Alter wurde er im Unterricht konzentrierter, ohne allerdings schneller zu werden.

Nach zwölf Schuljahren verließ Ugur die Förderschule mit dem Abschlusszeugnis der Förderschule nach Klasse 10.

Sein weiterer Weg ist mit Sicherheit nicht repräsentativ für unsere Schülerschaft. Ugurs Eltern können ihm in ihrem Friseurgeschäft eine Arbeit anvertrauen, die seinen Fähigkeiten entspricht. Schon zu Schulzeiten hatte Ugur dort mit

Aufräumarbeiten, Tee- und Kaffeekochen für die Kunden, kleinen Botengängen und diversen anderen Arbeiten sein Taschengeld aufgebessert. Ich habe keinen Zweifel, dass er auch in Zukunft seinen Platz im elterlichen Geschäft finden wird. Auf dem freien Arbeitsmarkt hingegen gibt es solche Arbeitsstellen nicht – zumindest kann man von dem für Hilfs- und Handlangerdienste gezahlten Lohn nicht leben. Einzig der Familienbetrieb schafft für Ugur ein soziales und finanzielles Netzwerk, das ihn auffängt.

5. Wie werde ich vom Täter zum Opfer? – Domenik

Egal wie groß eine Schule ist, es gibt immer ein paar Schüler, die wirklich jeder Lehrer kennt, ganz gleich, ob er sie unterrichtet oder nicht. In der Regel sind es Schülerinnen oder Schüler, die durch besondere Begabungen, besondere Leistungen oder ihr freundliches Wesen aufgefallen sind. Es gibt aber auch an jeder Schule Schülerinnen und Schüler, die durch ihr negatives Verhalten in aller Munde sind. Regelmäßig sorgt ihr Verhalten für Gesprächsstoff im Lehrerzimmer. Ein Schüler dieser ganz besonderen Art war Domenik.

Ich kannte Domenik schon lange bevor er in meine damalige 5. Klasse wechselte. In der Regel werden Schüler der Förderschule nach ihrem Alter eingestuft. Damit soll verhindert werden, dass Schüler, die schon mehrfach wiederholt haben, in eine Klasse mit weit jüngeren Kindern kommen. Beispiel: Ein 14-jähriger Schüler, der bereits in der Grundschule zwei Klassen wiederholt hat und auch in der Förderschule sitzenzubleiben droht, wird trotz schwacher Leistungen altersgemäß eingestuft, damit er nicht mit 11-jährigen Klassenkameraden konfrontiert wird. Dann müsste er nicht nur mit seinen schwachen Schulleistungen zurechtkommen, sondern hätte vermutlich auch noch mit psychischen Belastungen zu kämpfen. Zu Beginn meiner Lehrtätigkeit bestand noch die Möglichkeit, sehr schwache oder leistungsstarke Schüler zu Schuljahresbeginn eine Klasse tiefer oder höher zu stufen. Das ist heute in dieser Form nicht mehr möglich, um zu erreichen, dass Schüler im 10. Schulbesuchsjahr auch wirklich die 10. Klasse absolviert haben und nicht mehr in Klasse 7 oder 8 sitzen. Daher werden Schüler der Förderschule altersgemäß beschult, unabhängig von ihren kognitiven Leistungen.

Als eine Höher- bzw. Tieferstufung jedoch noch möglich war, wurde Domenik von einer Kollegin, die ihn ein ganzes Schuljahr lang erlebt hatte, zum neuen Schuljahr hin eine Klasse höher gestuft. Nach ihren Aussagen gehörte er zu den Leistungsträgern ihrer Klasse und war mit dem Lehrstoff der 3. Klasse gänzlich unterfordert. Also kam er anstatt in die 4. in die 5. Klasse. Da er bereits zwei Klassen in der Grundschule wiederholt hatte, schien dies vom Alter und von den Schuljahren her durchaus vertretbar zu sein.

Ein Jahr später stellte sich die Situation ein wenig anders dar, denn der einstige Leistungsträger hatte einen starken Abstieg hinnehmen müssen. Domeniks Klassenlehrer war zu der Auffassung gelangt, dass der Junge nach der 5. Klasse in fast allen Lernbereichen so große Rückstände aufwies, dass er trotz intensiver Förderung nicht die Lernziele der 6. Klasse erreichen würde. Domenik sei leistungsschwach und schon jetzt mit den Unterrichtsinhalten völlig überfordert. Folglich sollte er die 5. Klasse ein zweites Mal durchlaufen. Soweit die ebenso unterschiedlichen wie widersprüchlichen Aussagen seiner beiden Lehrer.

Meine Kollegin, die in meiner Parallelklasse unterrichtete, hatte in ihrem Fachunterricht Domenik bereits kennen gelernt und lehnte es kategorisch ab, ihn in ihrer Klasse aufzunehmen.

Zur Begründung führte sie an, sie habe bereits zahlreiche negative Erfahrungen mit dem Jungen gemacht und das Klima zwischen ihnen sei alles andere als gut. Zudem befürchtete sie, dass dieser unterschwellige Konflikt zwischen Schüler und Klassenlehrerin kontraproduktiv für die anderen Schüler sein könne. Da ich in Sachen Domenik noch unvoreingenommen war, erklärte ich mich bereit, ihn zu übernehmen. Aus damaliger Sicht fand ich mein Verhalten sehr kollegial, heute erscheint es mir jedoch ziemlich naiv. Ich glaubte tatsächlich, Domenik könne bei mir und in seiner neuen Klasse unbelastet sozusagen bei «null» anfangen. Bei dieser Einschätzung spielte vermutlich eine Rolle, dass ich in meiner fünfjährigen Lehrtätigkeit zuvor noch nicht allzu viele schlechte Erfahrungen gemacht hatte. Doch Domenik und sein Vater sollten dafür sorgen, dass ich dies nun nachholte.

Domenik war ein kleiner und schmächtiger, sehr blasser Junge mit hellblonden Haaren und blauen Augen. Rein optisch ein eher unauffälliges Kind. Seit der Trennung seiner Eltern lebte er bei seinem Vater, der daher bei allen schulischen Angelegenheiten mein Hauptansprechpartner war. Auch von ihm hatte ich bereits im Vorfeld mehrfach gehört. Neben Domenik lebten noch die drei und fünf Jahre alten Töchter seines Vaters mit in der gemeinsamen Wohnung. Sie stammen aus einer Beziehung des Vaters mit einer anderen Frau, von der er inzwischen jedoch wieder getrennt lebte. Der Mann war mehrfach vorbestraft. Wegen Drogenmissbrauch, Diebstahl und Körperverletzung hatte er eine Weile im Gefängnis gesessen. Obwohl der hagere Mann mit den verhärteten Gesichtszügen erst Anfang dreißig war, sah er gut zehn Jahre älter aus. In seiner Physiognomie spiegelte sich bereits seine negative Lebenseinstellung. Meist trug er eine enge Röhrenjeans, die seine extrem dünne Figur betonte, dazu T-Shirt, Jeansjacke und Turnschuhe. Seine Haare waren kurz geschnitten, seine Augen bewegten sich bei jeder Begegnung nervös hin und her. Unterschiedliche Tätowierungen zierten seine Unterarme. Noch bevor er das Schulgebäude betrat, rauchte er in der Regel hastig eine Zigarette vor der Eingangstür.

Bereits nach kurzer Zeit fiel Domenik durch unangemessenes Verhalten auf. Er fing an, Geräusche zu erzeugen, gab unverschämte Antworten und verweigerte die Mitarbeit im Unterricht sowohl bei mir als auch bei der Kollegin der Parallelklasse, die ihn in den klassenübergreifenden Mathematikstunden unterrichtete. Zudem fehlte der Junge häufig, sodass er in zahlreichen Fächern gravierende Lernrückstände aufwies. In den Pausen, aber auch während des Unterrichts war er oft in Konflikte mit seinen Mitschülern verwickelt. Er schlug auf kleine Mitschüler ein, bespuckte oder beleidigte sie. Hausaufgaben machte er grundsätzlich nicht. Wenn er sie dennoch ausnahmsweise einmal erledigt hatte, waren sie entweder unleserlich oder er hatte die falschen Aufgaben gemacht. Darauf angesprochen, erklärte er: «Ich dachte, es wären diese Aufgaben und nicht die anderen.» Viel häufiger kam es jedoch vor, dass er das Heft mit den Hausaufgaben zu Hause auf dem Tisch vergessen hatte. Rief ich dann bei seinem Vater an und fragte nach, so bestätigte er Domeniks Aussage. Dummerweise konnte er die Hausaufgaben auch am folgenden Tag meistens nicht vorzeigen, weil stets ein Malheur mit seinem Heft passiert war: Mal hatten seine jüngeren Geschwister das Heft mit Schokolade verschmiert oder genau die Seite mit den Aufgaben herausgerissen oder der Vater hatte aus Versehen Kaffee über das Heft geschüttet. Mit anderen Worten: Domeniks Arbeitsmaterialien waren unvollständig oder sie fehlten gänzlich.

Zunächst versuchte ich, in einem Gespräch mit seinem Vater einvernehmliche Lösungen zu finden und verbindliche Vereinbarungen zu treffen. Anfangs zeigte sich der Mann kooperativ und versprach, ein Kontaktheft anzuschaffen, in dem ich täglich Domeniks Verhalten positiv wie auch negativ aufschreiben sollte. Leider konnte ich meinen Teil dieser Vereinbarung nicht einhalten, weil Domenik ständig sein Mitteilungsheft nicht finden konnte oder es zu Hause gelassen oder angeblich verloren hatte.

Es kam immer wieder vor, dass Domenik wegen seines störenden Verhaltens von mir oder der Kollegin in den oben bereits beschriebenen Trainingsraum geschickt werden musste. Musste er zum fünften Mal innerhalb von vier Wochen in diesen Raum, durfte er erst wieder am Unterricht teilnehmen, wenn sein Vater zu einem Gespräch in der Schule erschienen war. Dieses pädagogische Prinzip findet bei allen Schülern unserer Schule Anwendung. Domeniks Vater wurde sozusagen «Stammgast» in unserer Schule, was für ihn als Alleinerziehenden recht zeitaufwändig war. Da auch die Kollegin der Parallelklasse Domenik mehrfach in den Trainingsraum schickte, nahm meistens auch sie an diesen «Rückkehrgesprächen» teil. Aufgrund ihrer Erfahrungen mit Domeniks Vater weigerte sie sich, diese Gespräche nur mit mir allein zu führen, und bestand auf der Anwesenheit des Schulleiters.

Bei einem dieser Gespräche ging es darum, dass Domenik im Unterricht und in den Pausen zum wiederholten Mal andere Schüler geschlagen hatte. Sein Vater hörte sich die Klagen über das Verhalten seines Sohnes zunächst ruhig an und betonte, wie gut er verstehen könne, dass wir um das Wohl der Schüler besorgt seien. Allerdings würden wir ihn immer nur anrufen, wenn Domenik der «Böse» gewesen sei und seinen Mitschülern etwas angetan habe. Er verstünde jedoch nicht, warum sein Sohn gestern mit einer dicken Beule am Kopf aus der Pause gekommen sei und mir sein Leid geklagt hätte, ich aber nichts unternommen hätte. Ein größerer Schüler hätte Domenik gegen das Eisentor geschleudert. Daraufhin hätte sein Sohn starke Kopfschmerzen bekommen, aber nicht nach Hause gehen dürfen. Ich konnte mich daran erinnern, dass Domenik – wie schon häufiger zuvor – über Kopfschmerzen geklagt hatte, aber eine Beule am Kopf hatte ich nicht gesehen. Auch die Folgegeschichte mit dem älteren Mitschüler war mir gänzlich neu. Es war eine Masche, mit der Domenik immer wieder versuchte, eher aus dem Unterricht entlassen zu werden. Mal hatte er Bauchschmerzen, mal Kopfschmerzen, mal tat ihm der Rücken weh. Entließ ich ihn dann aus dem Unterricht, wurde er anschließend von Mitschülern auf der Straße beim Spielen gesichtet.

In diesem Fall nun aber verwies Domeniks Vater auf ein ärztliches Attest, das ein Hämatom am Kopf bestätige. Daraufhin blickte mich der Schulleiter mit fragenden Augen an. Die Argumentation von Domeniks Vater war eindeutig: Vor dem Hintergrund dieser Geschehnisse schien es offensichtlich, dass ich etwas gegen seinen Sohn hatte und mich nicht um ihn kümmerte, selbst dann nicht, wenn er eindeutig verletzt war. Sein Sohn war also nicht mehr länger ein Täter, sondern wurde zum Opfer. Mit dieser Taktik versuchte sein Vater uns einzuschüchtern, denn letzten Endes warf er uns bzw. mir mangelnde Sorgfaltspflicht vor.

Mir war sofort klar, dass sich Domenik diese Verletzung keinesfalls in der Schule zugezogen haben konnte, sondern eher auf dem Weg nach Hause oder in seiner Freizeit nach der Schule. Natürlich konnte ich das nicht beweisen, und sein Vater bestand zunehmend aggressiver auf seiner Version der Geschichte. Daran änderte auch die Tatsache nichts, dass Domenik den Übeltäter nicht identifizieren konnte, obwohl sich alle Schüler untereinander kennen. Auch unser Schulleiter blieb äußerst skeptisch, zumal jeder Lehrer verpflichtet ist, die Verletzung eines Schülers in ein gesondertes Buch einzutragen. Dennoch sagte er Domeniks Vater zu, zukünftig stets ein offenes Ohr für Domenik zu haben. Domenik könne sich jederzeit, wenn er sich von mir missverstanden fühle, an ihn wenden.

Doch die Konflikte mehrten sich. Wie in jedem Jahr besuchten wir eines Tages gemeinsam mit der Parallelklasse einen landwirtschaftlichen Betrieb, auf dem eine Kollegin wohnt. Er befindet sich in Wetter, wo wir mit Bus und Zug (inklusive mehrmaligem Umsteigen) hinfuhren. Auf dem Hof können wir unterschiedliche und jahreszeitlich bedingte Arbeitseinsätze durchführen. Insbesondere für jene Schülerinnen und Schüler, die im Schulalltag häufig einen lustlosen und wenig interessierten Eindruck machen, bietet die Landwirtschaft vielfältige Lern- und Erfahrungsmöglichkeiten. So ist der Hof bei allen Schülern ein sehr beliebter außerschulischer Lernort.

Im Vorfeld bitten wir die Eltern, die Kinder für einen solchen Arbeitseinsatz entsprechend anzuziehen. Jeder kann sich vorstellen, wie die Kleidung und die Schuhe nach einem solchen Einsatz auf dem Bauernhof aussehen. Auf der Rückfahrt machte es sich Domenik im Zug bequem und legte seine Füße, die noch in seinen völlig verdreckten Schuhen steckten, auf den gegenüberliegenden Sitz. Selbst als meine Kollegin und ich ihn darauf ansprachen, weigerte er sich, die Füße herunterzunehmen. Er hörte überhaupt nicht auf uns. Also beschlossen wir, ihn nicht mehr an Klassenausflügen teilnehmen zu lassen. Ein Schüler, der sich weigert, auf die Anordnungen seiner Lehrerinnen zu hören, stellt ein zu großes Risiko dar.

Domeniks unverschämtes Verhalten nahm täglich zu und führte immer häufiger zu einem Trainingsraumbesuch. Oft verließ er schimpfend das Klassenzimmer und lief nach Hause. Seine Schulmaterialien waren kaum vorhanden, sodass er beispielsweise weder Texte abschreiben noch im Kunstunterricht mitarbeiten konnte. Erneut musste sein Vater in der Schule erscheinen. Diese Mal jedoch benahm er sich vom ersten Moment an äußerst aggressiv und schrie mich im Beisein des Schulleiters und meiner Kollegin an. Mit «dem bisschen Hartz-IV-Geld» sei er nicht in der Lage, sofort alle Materialien zu kaufen. Warum gerade ich als Pädagogin dafür kein Verständnis habe, sei ihm völlig schleierhaft. Seine Kinder müssten schon auf genügend Dinge verzichten. Außerdem würde ich seinen Sohn absichtlich von allen Klassenaktivitäten wie Ausflügen ausschließen, ohne ihm eine weitere Chance zu geben. Jedes Kind habe ein Anrecht auf Rehabilitation. Wir würden eine Art Ausschlusspädagogik betreiben. So seine Vorwürfe in Kurzfassung. Zu dem Vorfall mit den verdreckten Schuhen äußerte er sich ebenfalls: «Natürlich darf Domenik seine dreckigen Schuhe nicht auf den Sitz legen. Wenn ich mit ihm Zug fahre, zieht er immer die Schuhe aus und legt sie dann auf den gegenüberliegenden Sitz. Er muss da was durcheinander gebracht haben.» Ich versicherte dem Mann, dass sein Sohn jeden Morgen eine neue Chance bekäme. Einmal mehr hatte ich das Gefühl, mich für meine pädagogischen Maßnahmen rechtfertigen zu müssen.

Kurze Zeit später erhielt ich über die Schule den Brief eines Rechtsanwaltes. Darin gab er an, er sei mit der Vertretung der Rechte von Domenik und seinem Vater beauftragt. In dem Brief wurde mir vorgeworfen, dass ich Domenik vom Kunstunterricht ausschließen würde. Sollte dieser Zustand weiter bestehen, würde sich der Anwalt im Namen seiner Mandanten mit einer Dienstaufsichtsbeschwerde an das Schulamt wenden. Da

Domenik keinerlei Kunstmaterialien mit zur Schule brachte, konnte er tatsächlich nicht in der gleichen Form wie seine Mitschüler am Unterricht teilnehmen. Stellten wir beispielsweise Masken aus Gips her, gab ich ihm die Aufgabe, eine Maske aufzumalen und auszuschneiden. Das Argument seines Vater, er habe kein Geld zum Kauf der Unterrichtsmaterialien, konnte ich nicht nachvollziehen. Domenik hatte immer ein gekauftes Frühstück vom Bäcker dabei. Für ein Schokobrötchen und einen Kakao aus dem Supermarkt war anscheinend genügend Geld vorhanden, für Stifte, Hefte und diverse Kunstmaterialien wohl nicht. In der Folge mussten die Schulleitung und ich ständig zu den anwaltlichen Schreiben der Familie schriftlich Stellung nehmen. Dabei kam uns zugute, dass Domeniks Vater beim Schulamt bereits bekannt war. Eine konstruktive Zusammenarbeit erschien unmöglich. Domenik fehlte häufig, und war er doch einmal anwesend, saß er teilnahmslos im Unterricht herum. Für uns war das in Ordnung, denn so konnte er wenigstens keinen Schaden anrichten.

Eines Tages, als eine Kollegin Domenik wieder einmal in den Trainingsraum schicken wollte, weigerte er sich, den Klassenraum zu verlassen. Sie fasste ihn am Arm, um ihn zur Tür zu begleiten. Augenblicklich schrie Domenik laut herum und behauptete, die Lehrerin habe ihn geschlagen und bespuckt. Sein Vater würde sie sofort anzeigen. Zum Glück waren die anderen Schüler ebenfalls anwesend, sodass genügend Zeugen den richtigen Sachverhalt bestätigen konnten. Um uns selbst zu schützen, beschlossen daraufhin meine Kollegin und ich, uns niemals ohne Zeugen mit Domenik in einem Raum aufzuhalten. Bei jeder Gelegenheit drohte der Junge mit dem Anwalt seines Vaters. Einmal akzeptierte er die Note einer Mathematikarbeit nicht. Domenik hätte aufgrund seiner Fehlzeiten die Arbeit gar nicht mitschreiben dürfen. Die rechtliche

Grundlage der ungenügenden Leistungsbeurteilung wurde mit dem Brief des Rechtsanwaltes angezweifelt. Erneut mussten die Kollegin und der Schulleiter dazu schriftlich Stellung nehmen.

Selbstverständlich stand ich auch mit dem Jugendamt im Kontakt. Dort waren sowohl Domenik als auch sein Vater alles andere als Unbekannte. Angeblich hielt der Mann die Vereinbarungen zur Erziehungshilfe, die vom Jugendamt mit ihm vereinbart worden waren, nicht ein. Domeniks Mutter, die von ihrem Mann längst geschieden war, weigerte sich vehement, an der Erziehung ihres Sohnes mitzuwirken. Sie lebte mittlerweile in einer neuen Partnerschaft und hatte mit ihrem neuen Partner einen weiteren Sohn. Domenik besuchte sie – laut ihrer Aussage – je nach Lust und Laune unregelmäßig am Wochenende. Weder Domenik noch sein Vater hielten sich an getroffene Absprachen.

Bei einem Gespräch erzählte mir Domeniks Mutter, dass sie vor ihrem Exmann Angst hätte, zumal er in ihrer neuen Familie immer für Ärger sorgen würde. Sie weigerte sich, sich in die schulischen Angelegenheiten einzumischen, denn sie befürchtete zusätzliche Probleme mit ihrem Exmann, sobald sie Vereinbarungen mit der Schule treffen würde, die nicht hundertprozentig seinen Vorstellungen entsprächen. Bei einem der wenigen Treffen in der Schule erzählte mir Domeniks Mutter auch, wie die Besuche ihres Sohnes zustande kamen bzw. vonstatten gingen. Die Wohnungen seiner Eltern lagen nur ein paar Straßenblocks voneinander entfernt. Besuchte Domenik seine Mutter am Wochenende, kam es dort regelmäßig zu Streitereien, weil er sich auch bei ihr an keine Regeln hielt. Ständig ergriff er die Flucht, um in die Wohnung seines Vaters zurückzulaufen. Zwischen den Eltern hatte es mehrere Gerichtsverfahren wegen Bedrohung, Körperverletzung und ähnlichen Dingen gegeben, sodass die Chance auf eine konstruktive gemeinsame Erziehung des Kindes längst verspielt war. Die Mutter hatte schon vor einiger Zeit resigniert und wollte sich und ihre neue Familie nicht noch weiter belasten. Am liebsten würde sie ihr Sorgerecht für Domenik gänzlich auf ihren Exmann übertragen.

Nach zahlreichen lautstarken verbalen Auseinandersetzungen mit Domeniks Vater war mein Schulleiter schließlich der alleinige Ansprechpartner für ihn. Meine Kollegin und ich hatten mittlerweile regelrecht Angst vor diesem Mann. Er schien völlig unberechenbar zu sein. Eines Tages tauchte Domeniks Vater in der Schule auf und hämmerte lautstark gegen die Tür der Klasse, in der unser Schulleiter gerade unterrichtete, und brüllte auf ihn ein. Er wolle augenblicklich mit ihm sprechen, auch wenn er keinen Termin habe. Dieser aggressive Auftritt verschreckte einige Kinder, die zu weinen begannen. Als der Mann sich weigerte, das Schulgebäude zu verlassen, wurde er vom Hausmeister hinauskomplimentiert und erhielt sehr zu unserer Erleichterung von nun an Hausverbot. Laut Schulakte war dies nicht sein erstes Hausverbot. Bereits von der Grundschule seines Sohnes war er nach einigen «Auftritten» mit einem solchen belegt worden.

Nahezu täglich telefonierte ich mit der zuständigen Sozialarbeiterin. Ich musste sie über alle Vorfälle in der Schule schriftlich informieren. Ein Gerichtsverfahren, bei dem Domeniks Vater Auflagen zur Kindeserziehung bekommen sollte, stand an. In diesem Gerichtsverfahren wurden die eigentlich selbstverständlichen Erziehungsaufgaben wie regelmäßiger Schulbesuch, Vollständigkeit der Unterrichtsmaterialien usw. festgelegt. Sollte der Vater sich nicht an diesen richterlichen Beschluss halten, drohte eine Heimunterbringung seines Sohnes.

Da Domeniks Vater sich auch weigerte, das Besuchsrecht der Mutter seiner beiden jüngeren Töchter zu akzeptieren und sich daran zu halten, wurde das Aufenthaltsbestimmungsrecht für die beiden Mädchen vom Gericht der Mutter zugesprochen. Die Kinder mussten mit Hilfe der Polizei aus der Wohnung geholt werden und lebten von da an bei der Mutter.

Eines Tages und ohne irgendein Vorzeichen erhielt ich den Bescheid, dass Domenik nicht mehr Schüler unserer Förderschule und damit auch nicht mehr mein Schüler war. Sein Vater hatte ihn in einem anderen Stadtteil in einer anderen Förderschule angemeldet. Er wollte einen Neuanfang für seinen Sohn und nahm dafür auch die anfallenden Fahrtkosten in Kauf. Dass der Schulwechsel vom gesamten Kollegium meiner Schule freudig aufgenommen wurde, ist wohl verständlich.

Dennoch sollte ich noch weiter von Domenik hören. Ein Vierteljahr später standen zwei Kriminalbeamte im Lehrerzimmer und wollten mit mir sprechen. Domenik wurde verdächtigt, eine Lagerhalle angezündet zu haben, die anschließend abgebrannt war. Die Polizisten wollten meine Meinung zu dem Sachverhalt wissen und ob ich ihm so etwas zutrauen würde. Das konnte ich zweifellos, allerdings wunderte ich mich über den Ort. Ich hätte mir auch vorstellen können, dass Domenik seine ehemalige Förderschule in Brand steckte. Was aus der Sache geworden ist, entzieht sich meiner Kenntnis. Hin und wieder erzählen mir Schüler, dass sie Domenik rauchend auf der Straße gesehen hätten. Er würde sie dann meistens unmotiviert beleidigen und ihnen den Stinkefinger zeigen.

Leider lebt Domenik nach wie vor bei seinem Vater, der mit der Erziehung seines Sohnes völlig überfordert ist. Den zuständigen Behörden ist es bisher nicht gelungen, Domenik in einem Kinderheim oder in einer Pflegefamilie unterzubringen. Überwiegt hier die Kostenfrage das Kindeswohl?

6. «Das kann ich dem Kleinen nicht antun» – Fatme

«Guten Abend, hier spricht Frau Durmaz. Könnte ich bitte einmal Ihre Tochter Fatme sprechen. Es geht um unser Klassenfrühstück. Ich wollte Fatme noch kurz etwas mitteilen.»

Unüberhörbar dröhnte der Fernseher durch die Telefonmuschel. Ich konnte mein eigenes Wort fast nicht verstehen. Fatmes Vater brüllte in den Hintergrund, von wo ein lautes Gezeter und andere laute Stimmen zu hören waren. Ich hatte den Eindruck, als würde ein Mann mit einem Kind schimpfen und andere Leute würden sich streiten.

Endlich kam Fatme an den Hörer, doch auch sie war kaum zu verstehen, was einerseits an den enormen Hintergrundgeräuschen und anderseits an der extrem leisen Sprechweise des Mädchens lag. Ich teilte ihr kurz mit, was ich ihr mitteilen wollte, dann verabschiedeten wir uns. Mir ging der Gedanke durch den Kopf, ob ich noch einmal anrufen und dem Vater ausdrücklich erklären sollte, dass seine Tochter nichts angestellt hatte. Ich wurde das Gefühl nicht los, dass dieser Eindruck bei Fatmes Vater entstanden sein könnte. Die Deutschkenntnisse der Eltern waren sehr begrenzt und eine Kommunikation per Telefon ist weit schwieriger als von Angesicht zu Angesicht. Also beließ ich es bei dem einen Telefonat und hoffte, keinen Ärger provoziert zu haben. In solchen Fällen missverstandener Kommunikation war es in anderen Familien schon zu Schlägen gekommen.

Am nächsten Tag fragte ich Fatme noch vor dem Unterricht, ob alles in Ordnung sei. Das Mädchen blickte mich mit ihrem Engelsgesicht und ihren rehbraunen Augen an und versicherte mir zu meiner Verwunderung und Erleichterung, es sei alles bestens. Die Schreierei und der raue Umgangston des Vaters gehörten anscheinend zum normalen häuslichen Umfeld.

Fatme ist das dritte von fünf Kindern einer libanesischen Familie. Ihre beiden älteren Geschwister Ali und Nesrin hatten ebenfalls unsere Schule besucht. Ihr jüngerer Bruder Ibrahim ging auf eine Förderschule in einem anderen Stadtbezirk. Fatmes jüngster Bruder Mohammed war noch im Kindergarten. Er leidet unter anderem an einem schweren Herzfehler, der schon mehrfach operiert werden musste. Fatme berichtete mir des Öfteren von den vielen Förder- und Behandlungsmaßnahmen wie z.B. Ergotherapie und Sprachtherapie, an denen ihr kleiner Bruder teilnimmt. Vermutlich wird auch sein weiterer Werdegang auf eine Förderschule führen. Fatmes Mutter hat kaum Zeit für ihre anderen Kinder, da Mohammeds Pflege sie sehr in Anspruch nimmt. Während der zahlreichen Krankenhausaufenthalte von Bruder und Mutter versorgen Fatme und Nesrin die Familie.

Fatmes Familie besteht aus strenggläubigen Muslimen. Die Mutter ist stets in knöchellange Kleider mit ebenso langen Mänteln gekleidet. Die Kleiderordnung in muslimischen Gesellschaften verbietet Frauen das Tragen von Hosen ohne Überkleid in der Öffentlichkeit. Das Haar verdeckt Fatmes Mutter mit einem weißen Baumwolltuch. Sie ist, ebenso wie ihr zweitjüngster Sohn Ibrahim, Diabetikerin und ebenso stark übergewichtig. Leider achten weder sie noch Ibrahim auf entsprechende Diät- und Schonkost. Die Familie ist Hartz-IV-Empfänger und lebt in einer Sozialwohnung im näheren Umfeld der Schule.

Aufgrund der erheblichen schulischen Schwierigkeiten, die Fatme bereits im ersten Grundschuljahr hatte, erklärten sich die Eltern freiwillig bereit, ihre Tochter auf eine Förderschule zu schicken, da ihre älteren Kinder bereits Erfahrungen mit diesem Schultyp gemacht hatten. Fatme wiederholte die Klasse 1 einmal in der Grundschule und einmal in der Förderschule, sodass sie im dritten Schulbesuchsjahr immer noch in die Klasse 1 ging. Um einer «Überalterung» entgegenzuwirken, wurde sie im folgenden Jahr altersgemäß eingestuft.

Das Mädchen zählte zu den sehr leistungsschwachen Schülern der Förderschule und hatte erheblichen Förderbedarf im Bereich der Kognition mit Tendenzen zur geistigen Behinderung. Ihre Denk-, Merk-, Transfer- und Abstraktionsfähigkeit war stark gemindert. Nur selten gelang es, selbst die einfachsten Aufgabenstellungen zu erfassen, bei komplexeren Anforderungen musste sie stets kapitulieren. Fatme erfasste Lerninhalte nur durch anschauliche Hilfen, häufige Wiederholungen und zusätzliche freiwillige Übungen zu Hause. Sie ließ sich jedoch nicht entmutigen, sondern arbeitete über das geforderte Pensum hinaus. Dennoch konnte sie erst in der 7. Klasse durch intensives Üben und großen persönlichen Einsatz sichtbare Fortschritte beim Lesen machen. Fortschritte bedeutete in ihrem Fall, das sie fremde Wörter und Sätze stockend las, wobei sie den Sinn des Gelesenen nur mit Hilfestellung des Lehrers wiedergeben konnte. Mechanische Aufgaben wie Abschreiben kamen ihr sehr entgegen und bereiteten ihr dagegen immer Freude.

Wenn man allein von ihren intellektuellen Leistungen ausgeht, hätte Fatme die Förderschule für geistige Behinderung besuchen müssen. Doch mit ihren lebenspraktischen Fähigkeiten war sie viel zu kompetent für diese Schulform. Fatme fuhr allein mit öffentlichen Verkehrsmitteln, kaufte ein, kochte, erledigte die Wäsche, versorgte ihre Familie und war eine liebevolle «Ersatzmutter» für ihren jüngsten Bruder. Jeden Tag spielte sie mehrere Stunden mit ihm. Durch ihre Aufenthalte auf dem Spielplatz hatte sie die Möglichkeit, ohne Aufsicht der Eltern Zeit allein zu verbringen. Sie verabredete sich mit Freundinnen und nahm «Klein Mohammed» überall mit hin.

In der Klassengemeinschaft war Fatme eine ruhige und zurückhaltende Schülerin, die sich durch vorbildliches Sozialverhalten auszeichnete. Mehrfach wurde sie zur Klassensprecherin gewählt und erledigte ihre Klassendienste konstant, zuverlässig und mit großer Sorgfalt. Je vertrauter ihr eine Schulsituation war, umso kontaktfreudiger zeigte sie sich. Häufig suchte sie das Gespräch mit mir oder anderen Lehrern – allerdings stets nur allein, denn sie hatte Hemmungen, sich vor der ganzen Klasse zu äußern. Wenn ich sie im Unterricht aufforderte, etwas zu sagen, tat sie dies mit solch leiser Stimme, dass selbst ihre Tischnachbarin sie nicht verstand. Fatme hatte viele Freundinnen in der Klasse und in der Schule. Sie mochte diesen Ort, wo sie ihre Sozialkontakte ausleben durfte.

Ich unterrichtete Fatme als Fachlehrerin in Mathematik. Bevor sie meine Schülerin wurde, hatte ich ihren jüngeren Bruder Ibrahim in meiner 4. Klasse. Die intellektuellen Fähigkeiten des Jungen sind ähnlich schwach ausgeprägt wie die seiner Schwester. Im Gegensatz zu ihr ist er allerdings nicht so praktisch veranlagt. Das muss und musste er auch aufgrund seines Geschlechts nicht. Er wurde von den weiblichen Familienmitgliedern «rundum» versorgt und benahm sich im Unterricht oftmals wie ein Pascha. Es dauerte mehrere Wochen, bis ich ihn dazu bewegen konnte, Klassendienste, die nicht seinem männlichen Weltbild entsprachen, zu übernehmen. Wenn er Kakao und Milch beim Hausmeister abholen sollte, war das kein Problem. Ganz anders verhielt es sich bei Diensten, die im weitesten Sinn mit Ordnung und Sauberkeit zu tun hatten, beispielsweise dem Wischen der Tafel oder dem Fegen des Klassenzimmers. Hier musste er nicht nur überredet werden, sondern benötigte neben viel Zuspruch auch noch eine Menge Übung. Die männlichen Mitglieder einer muslimischen Familie genießen sehr viel mehr Freiheiten als die weiblichen, Hausarbeiten aller Art sind vielen von ihnen gänzlich fremd. So war es immer selbstverständlich, dass Ibrahim und Ali an Klassenfahrten teilnehmen durften, während es bei Fatme und Nesrin immer viel Überzeugungsarbeit kostete, die Eltern zu einer Einverständniserklärung zu bewegen.

Fatmes Eltern kamen zu allen Elternsprechtagen und waren sehr an den schulischen Leistungen ihrer Kinder interessiert. Oftmals hatte ich das Gefühl, sie würden mich sprachlich wie auch inhaltlich nicht verstehen. «Fatme gut?», lautete ihre immergleiche Frage. Wenn ich das «gut» auf ihr Verhalten bezog, war sie mehr als gut und ihre Eltern nickten. Ging ich auf die einzelnen Lernbereiche ein, konnten sie mir allerdings nicht folgen. Mehrmals wollten sie von mir wissen, ob ich tatsächlich auch Muslim sei. Meine westliche Kleidung sprach in ihren Augen eine andere Sprache und sie konnten sich vermutlich nicht vorstellen, wie hier Glaube und Kleidung zusammenpassen sollten. In ihre Weltanschauung passte dieser vermeintliche Gegensatz jedenfalls nicht. Ich hatte stets den Eindruck, als würden sie mich bei derlei Gesprächen kritisch beäugen.

Eines Tages bedrohte Ibrahim nach Schulschluss einen Schüler auf dem Schulhof. Zufällig wurde ich Zeugin dieses Vorfalls, als ich mich gerade auf dem Weg ins Lehrerzimmer befand. In meinem Beisein drohte ein völlig außer sich geratener Ibrahim seinem Gegenüber Schläge an. Eine ruhige und konstruktive Klärung der Situation war zu diesem Zeitpunkt nicht mehr möglich, denn Ibrahim war keinen sprachlichen Äußerungen zugänglich – er tobte. Da er sich nicht beruhigte und den anderen Schüler weiterhin aggressiv mit Worten und seiner drohenden Körperhaltung attackierte, nahm ich Ibrahim mit in den Trainingsraum. Dort setzte ich die anwesende Kollegin von den Ereignissen in Kenntnis und bat sie, das Problem mit Ibrahim zu besprechen und eine Klärung herbeizuführen, sobald Ibrahim sich beruhigt hatte. Das völlig verängstigte Opfer konnte währenddessen unbeschadet nach Hause laufen.

Bereits am Nachmittag klingelte zu Hause mein Telefon. Der Hausmeister der Schule berichtete mir, dass Ibrahims Eltern nach Schulschluss gemeinsam mit ihrem Sohn zur Schule gekommen waren und aufgebracht nach mir verlangt hätten. Als sie erfuhren, dass ich nicht mehr anwesend war, seien sie wütend von dannen gezogen. Am nächsten Morgen riefen sie um 7 Uhr in einem Zehnminutenrhythmus in der Schule an und wollten wissen, ob ich schon eingetroffen sei.

Mit dieser Information, die sich sehr schnell als Vorwarnung herausstellen sollte, ging ich in meine Klasse, die sich auf dem Unterstufenschulhof ein ganzes Stück vom Hauptgebäude entfernt befand. Ibrahim war an diesem Tag nicht da. Etwa eine halbe Stunde nach Unterrichtsbeginn war plötzlich Lärm auf dem Gang zu hören, dann rissen Ibrahims Eltern die Klassentür auf und brüllten ohne Vorwarnung und vor den Augen meiner Schüler auf mich ein. Die Situation wirkte nicht nur auf mich bedrohlich, sondern verständlicherweise auch auf die Kinder. Eine Schülerin fing sofort an zu weinen, andere sprangen von ihren Stühlen auf und verfolgten fassungslos die Situation, einige hatten Panik in den Augen.

Da an ein vernünftiges Gespräch nicht zu denken war, gab ich meinem flinkesten Schüler den Auftrag, sofort den Hausmeister zu holen. Glücklicherweise kamen beide schnell zurück. Ibrahims Vater wurde unmissverständlich klargemacht, dass sie das Klassenzimmer zu verlassen hätten. Gemeinsam mit seiner Frau suchte er nun den Schulleiter auf und beschwerte sich über die ungerechte Behandlung seines Sohnes: «Ibrahim zuckerkrank, Ibrahim viel wütend. Meine Frau zuckerkrank. Wir alle wütend. Ganze Nacht wir nicht geschlafen, wegen Frau Durmaz.» Immer wieder wurde auf den hohen Zuckerspiegel und mein mangelndes Fingerspitzengefühl hingewiesen. Ich war schuld am Ausraster Ibrahims und nicht die täglich in der Frühstückspause von ihm verzehrten Schokoladenbrötchen, Chips und stark gezuckerten Getränke wie Cola und Fanta.

Alle beruhigenden Argumente fruchteten nicht, ganz im Gegenteil. Die Situation heizte sich mehr und mehr auf, zumal beide Elternteile zu regelrechten Brüllattacken ansetzten.

Schließlich forderte der Schulleiter sie ultimativ auf zu gehen und am nächsten Tag – wenn sich die Wogen wieder geglättet hätten – zu einem klärenden Gespräch mit allen Beteiligten in der Schule zu erscheinen. Für diese konservativ-religiöse Familie war ich mit meinem westlichen Lebensstil und Kleidung eine Reizfigur. Der Vorfall bot eine willkommene Gelegenheit, ihren untergründigen Hass auf mich zu entladen.

Pünktlich nach Schulschluss erschienen am nächsten Tag Ibrahims Eltern mit ihrem Sohn im Schulleiterzimmer. Wesentlich ruhiger, aber immer noch uneinsichtig, bestanden sie auf ihrer Version der Geschichte. Ibrahim war keinesfalls der Täter, sondern das Opfer. Der Mitschüler habe Ibrahim beleidigt und provoziert. Daher sei es nur allzu verständlich gewesen, dass er ihn schlagen wollte. Dass ich ihn daran gehindert hatte, stieß auf völliges Unverständnis. Die erzieherische Maßnahme, Ibrahim zur Beruhigung und zur Sicherheit des anderen Schülers in den Trainingsraum zu schicken, wollten sie nicht akzeptieren.

Bereits in den nächsten Tagen meldete sein Vater Ibrahim an einer anderen Förderschule im benachbarten Stadtteil an. Glücklicherweise konnte sich Fatme gegen eine solche Ummeldung wehren. Ihre Eltern hätten sie am liebsten auch nicht länger an unserer Schule belassen. Ich unterrichtete ihre Tochter schließlich immer noch in Mathematik und Sport. Fatme erzählte mir im Vertrauen, wie sehr sie darum hatte kämpfen müssen, an unserer Schule zu bleiben.

Ibrahim sehe ich manchmal beim Schwimmunterricht im Schwimmbad. Doch weder er noch seine Eltern, die ich gelegentlich ebenfalls sehe, grüßen mich. Über Fatmes Leistungen erkundigen sie sich nur noch bei ihrer Klassenlehrerin und nicht mehr bei mir.

Trotz dieses Vorfalls entwickelte sich mein Verhältnis zu Fatme weiterhin positiv. Mittlerweile ist sie im Teenageralter und vertraut mir die altersbedingten Probleme mit ihren Eltern an. Sie versuchen Fatme zu kontrollieren, wo sie nur können. Ständig rufen sie im Sekretariat der Schule an und wollen wissen, ob Fatme bereits Schulschluss hat oder nicht. Die Eltern haben ihr jegliche Treffen mit ihren Freundinnen untersagt. Kommt sie etwas später nach Hause, werfen sie ihr geradeheraus Kontakt mit männlichen Bekannten vor. Nicht selten kommt es zu körperlichen Strafen.

Fatme sucht regelmäßig die Mädchensprechstunde auf, die eine Sozialarbeiterin des Stadtteils in unserer Schule durchführt. Das Angebot, gemeinsam mit ihren Eltern zu sprechen, lehnt sie aus Furcht vor weiteren Schlägen vehement ab. Leider hat Fatme aufgrund ihrer geringen intellektuellen Fähigkeiten nur wenige Möglichkeiten, mit ihrer Situation fertig zu werden. Manchmal spricht sie auch davon, wegzulaufen oder sich das Leben zu nehmen. Dann aber tritt ihr dezidiertes Verantwortungsbewusstsein wieder ein und sie sagt: «Das kann ich dem Kleinen nicht antun.» Damit ist ihr kleiner Bruder Mohammed gemeint.

Ich befürchte, dass Fatme ein ähnliches Schicksal droht wie ihrer älteren Schwester Nesrin. Sie hat unsere Schule vor einigen Jahren verlassen. Seitdem verbringt sie ihren Tag damit, den Haushalt zu erledigen. Als sie noch zur Schule ging und ein Praktikum in einem Drogeriemarkt absolvierte, wurde sie täglich von ihrem Vater kontrolliert. Jedes Mal lief er eine Weile im Laden herum und vergewisserte sich, dass sich seine Tochter auch regelkonform verhielt.

Noch hat Fatme drei Schuljahre vor sich. In dieser Zeit werden sich ihr Selbstwertgefühl und ihr Selbstbewusstsein hoffentlich weiter steigern. Ihre intellektuellen Fähigkeiten wird die Schule nicht verbessern können, wir können Fatme nur stets ein offenes Ohr und Zuspruch bieten – nicht mehr, aber auch nicht weniger.

7. Abgerutscht – Haki

Haki wurde im August 2000 an der Grundschule in eine internationale Fördergruppe eingeschult. Doch im zweiten Schuljahr konnte er dem Unterricht nicht mehr angemessen folgen und musste die Klasse wiederholen. Als die Versetzung in Klasse 3 erneut gefährdet war, lernte ich Haki im Rahmen eines Verfahrens zur Feststellung des sonderpädagogischen Förderbedarfs kennen. Die Grundschule hatte ihn aufgrund von Lernentwicklungsverzögerungen in den einzelnen Fächern beim Schulamt gemeldet. Ich war die ihm zugeteilte Sonderpädagogin, die ihn testen sollte.

Haki ist das vierte von fünf Kindern einer muslimischen Roma-Familie aus dem Kosovo, die seit November 1999 in Deutschland lebt. Sein Vater leidet an einer fortschreitenden Erkrankung des Nervensystems und ist zunehmend auf Betreuung angewiesen. Drei seiner vier Geschwister sind schwerhörig bis taub und besuchen die Schule für Schwerhörige in Gelsenkirchen-Buer. Nur Haki und seine älteste Schwester können normal hören. Die Mutter ist von der Pflege ihres Mannes und der Betreuung der Kinder sehr in Anspruch genommen und als Analphabetin größtenteils damit überfordert, die Familie in schulischen Dingen zu vertreten. Diese Aufgabe versucht ihre älteste Tochter für die jüngeren Geschwister zu übernehmen.

Aus den Überprüfungsergebnissen, Gesprächen mit der Klassenlehrerin und den beobachteten Verhaltensweisen kam ich zu dem Ergebnis, dass bei Haki sonderpädagogischer Förderbedarf bestand. Die Eltern wurden zu einem Abschlussgespräch in die Grundschule eingeladen. Dieses Gespräch ist ein notwendiger Bestandteil eines Testverfahrens, denn darin werden die erziehungsberechtigten Eltern über die Ergebnisse der Untersuchung und die vorhandenen Abschlussmöglichkeiten an der Förderschule informiert. Zudem wird auf Wunsch ein Hospitationstermin an unserer Schulform vereinbart.

Ich sah die Familie bereits von meinem Klassenzimmer aus, als sie sich in Richtung Schule bewegte. Abwechselnd schoben die Mutter und die älteste Tochter den im Rollstuhl sitzenden Vater. Er war ein sehr kräftiger Mann, sodass die Frauen beim Schieben des Rollstuhls ihre Mühe hatten. Zu allem Überfluss war es ein sehr heißer Tag. Haki lief neben seinen Eltern her. Mutter und Tochter trugen knöchellange bunte Röcke und bunt bedruckte Blusen. Das lange Haar hatten sich beide zu einer Hochsteckfrisur gebunden. Alle Familienmitglieder hatten einen sehr dunklen Teint und pechschwarze Haare.

Beim Erklimmen der Schulstufen benötigte der Vater ebenfalls die Hilfe von Frau und Tochter. Als sie schließlich das Klassenzimmer erreicht hatten, konnte man ihnen ansehen, dass es sie viel Mühe und Schweiß gekostet hatte. Die gesamte Familie strahlte mich an. Auffallend waren die vielen Goldzähne der Mutter, die nur so blitzten. Ich spürte sofort, dass es sich hier um äußerst freundliche Menschen handelte, denen allerdings auf den ersten Blick anzusehen war, dass sie weitgehend in einer anderen Welt zu Hause waren. Da die Erwachsenen kein Wort Deutsch sprachen, übernahm die Schwester die Rolle der Dolmetscherin, obwohl auch ihre Deutschkenntnisse nicht gerade perfekt waren.

Hakis Eltern waren sich über die schulischen Probleme ihres Sohnes bewusst und äußerten, dass sie nicht in der Lage seien, Haki so zu unterstützen, wie es notwendig gewesen wäre. Sie bekräftigten den Wunsch, nur das Beste für ihren Sohn zu wollen, und waren mit einer Förderung Hakis an der Förderschule einverstanden.

Für die Aufnahme an einer Förderschule ist das Einverständnis der Eltern erforderlich. Lehnen sie den Besuch dieser Einrichtung für ihr Kind ab, können sie Einspruch einlegen. Anschließend kommt es zunächst zu einem weiteren Gespräch mit der Schulaufsicht und der Schulrätin, die dann noch einmal versucht, die Eltern zu überzeugen. Gelingt dies nicht, bleibt den Eltern der Klageweg vor Gericht. In der Regel wird eine solche Klage zum Wohle des Kindes und damit zu Ungunsten der klagenden Eltern entschieden. Allerdings geht unnötig viel Zeit für das Kind verloren, da es bis zum Urteil noch an der Regelschule verbleibt. Hakis Eltern jedoch waren einsichtig, sodass ihrem Sohn eine solche Verzögerung erspart blieb.

Während des gesamten Gespräches saß Haki mit im Klassenraum und strahlte mich an. Als die Inhalte weitgehend geklärt waren, ging ich gemeinsam mit der Familie die Stufen hinunter – ein äußerst mühseliges Unterfangen. Nachdem der Vater im Rollstuhl saß, fragte ich die Familie nach ihrer Adresse. Ihre Wohnung war in einer Viertelstunde Fußweg zu erreichen. Ich bot an, sie nach Hause zu fahren, was dankbar angenommen wurde. Der Rollstuhl ließ sich zusammenklappen und wurde im Kofferraum verstaut. Die Mutter und Haki nahmen hinten auf der Rücksitzbank Platz. Der Vater wurde mit Unterstützung aller auf den Beifahrersitz gesetzt. Leider passte die Schwester nicht mehr in meinen Kleinwagen. Sie lief den Weg zurück, doch es schien ihr nichts auszumachen, da sie offensichtlich erleichtert war, ihren Vater nicht mehr schieben zu müssen.

Als ich mich vor der Wohnung der Familie verabschieden wollte, umarmten mich die Eltern ganz plötzlich und küssten mich auf die Wangen. Anschließend wollten sie mich unbedingt zu einer Tasse Kaffee in ihre bescheidene Wohnung einladen. Ich war von der Herzlichkeit dieser Menschen ergriffen. Mit großer Mühe vertröstete ich sie mit dem islamischen Wort «Inschallah»– «Wenn Allah will, ein anderes Mal». Meine Zeit als allein erziehende Mutter war leider knapp bemessen.

Haki lebte sich trotz seines zurückhaltenden Wesens in die neue Klassengemeinschaft schnell ein. Aufgrund seiner mangelnden Deutschkenntnisse fehlte ihm zunächst der Mut, sich aktiv am Unterricht zu beteiligen. Dennoch war er stets aufmerksam. Auch bereitete es ihm keinerlei Probleme, mit anderen Kindern im Team zusammenzuarbeiten. Mit zusätzlichen Förderstunden in Kleingruppen nahm Haki am so genannten DaZ-Unterricht (Deutsch als Zweitsprache) teil. Dieser Unterricht ermöglicht Kindern eine Vielzahl von sprachlichen Aktivitäten, die in diesem Umfang im Klassenunterricht oder in einer Großgruppe nicht gegeben wäre.

Im DaZ-Unterricht ist der Inhalt wichtiger ist als die Form, d. h. die Schüler sollen sich mitteilen ohne Rücksicht darauf zu nehmen, ob sie sich auch «richtig» ausgedrückt haben. Gerade zurückhaltende Schüler wie Haki reagieren sehr sensibel auf das Verhalten ihres Gegenübers und verschließen sich, wenn ihr Gesprächspartner mehr auf die grammatisch richtige Form als auf den Inhalt achtet. Die sprachlichen Inhalte werden auch über verschiedene Sinne und über differenzierte Materialien vermittelt. Letztere ermöglichen eine Wiederholung des Erlernten zur Vertiefung und Festigung und sollen ebenfalls dazu beitragen, dass die Schüler erfolgreicher am Regelunterricht teilnehmen können. Vereinfacht dargestellt, handelt es sich um einen speziellen Förderunterricht für Kinder, deren Erstsprache nicht Deutsch ist.

Im Klassenverband bemühte sich Haki, die Aufgaben sorgfältig und konzentriert zu erledigen. Sein Fleiß und seine Ausdauer waren überdurchschnittlich. In den ersten Jahren besuchte er die Schule mit viel Freude. Von seinen Mitschülern wurde Haki als zuverlässiger, ruhiger Klassenkamerad mit sehr gutem Sozialverhalten anerkannt. Er selbst jedoch hatte wenig Vertrauen in die eigenen Fähigkeiten und musste dringend weiter gefördert werden.

Im Unterrichtsfach Sport war Haki wie ausgewechselt. Die Bewegung bereitete ihm große Freude und seine Leistungen waren immer auf hohem Niveau. Auch hier zeigte er in Mannschaftsspielen Teamgeist und Fairness. Jedes Mal war Haki bis zum Schluss der Stunde an meiner Seite und half mir schweigend, die restlichen Sportutensilien zu verstauen. Irgendwie war er stets zur Stelle, und ich hatte das Gefühl, dass er alles sehr genau beobachtete. Wenn ich mich dann für seine Hilfe bedankte, schaute er verlegen zu Boden und lächelte.

Das gleiche Verhalten zeigte er auch bei unseren Klassenfahrten. Suchte ich beispielsweise den Klassenrucksack mit unseren Getränken und Keksen, wusste Haki immer, wo er war oder hatte ihn schneller auf dem Rücken als ich hinschauen konnte. Er stand meinem kleinen Sohn, wenn er als Kindergartenkind bei den Klassenfahrten dabei war, zur Seite, sobald dieser nur im Ansatz Hilfe brauchte. Manchmal hatte ich das Gefühl, ich hätte diesen Bonus bei ihm, weil ich seine Eltern nach Hause gefahren hatte.

Als wir im Mai 2007 mit unserer Klasse für eine Woche nach Norderney fuhren, erzählte er mir, dass er noch nie das Meer gesehen hatte. Kaum vorstellbar, dennoch war er leider nicht das einzige Kind in meiner Klasse, dem es so ging. Haki strahlte und genoss die Klassenfahrt in vollen Zügen. In der Regel sprach er in Anwesenheit seiner Klassenkameraden sehr wenig und antwortete meist in kurzen Sätzen. Nur wenn wir allein waren, traute er sich, auch einmal von sich aus das Gespräch zu suchen.

Im Laufe des siebten Schuljahres musste ich jedoch eine negative Veränderung in seinem Verhalten beobachten. Er wirkte sehr oft unkonzentriert und seine Motivation, sich mit neuen Unterrichtsinhalten vertraut zu machen, ließ enorm nach. Manchmal sagte er auch Sätze wie: «Alles Scheiße». Es kam nun hin und wieder sogar vor, dass er unentschuldigt fehlte. Da ich ihn bei Abwesenheit wirklich vermisste, rief ich sofort bei seinen Eltern zu Hause an. Im Hintergrund lief immer sehr laute Musik und man hatte den Eindruck, viele Menschen würden sich in der Wohnung aufhalten, was auch stimmte. Es dauerte jedes Mal sehr lange, bis irgendein Verwandter, der deutsch sprach, ans Telefon gerufen wurde. Hakis Schwester hatte mittlerweile geheiratet und lebte mit ihrem Mann und ihren zwei Kindern bei ihren Schwiegereltern.

Der Mann sprach sehr gut deutsch und erschien mit Haki zu einem Gespräch in der Schule. Dabei stellte sich heraus, dass Haki die Schule schwänzte. Im Beisein seines Schwagers versprach der Junge, wieder täglich zum Unterricht zu kommen. Ich vermutete die Pubertät als Hauptursache für sein verändertes Verhalten. Neben den üblichen Irrungen und Wirrungen, die ein junger Mensch während der Pubertät durchlebt, kamen bei ihm noch andere Einflüsse zum Tragen. So erzählte er mir einmal unter vier Augen, dass er seine Wochenenden öfter mit seinen älteren Cousins verbrachte. Sie seien 17 und 18 Jahre alt und würden regelmäßig «Haschisch» konsumieren. Er beschrieb mir die Wirkung der Cannabisdroge und es war ausgeschlossen, dass er sich mir gegenüber nur aufspielen wollte. Dafür kannte er sich erschreckend gut aus. Als ich ihn auf die negativen Nebenwirkungen und Strafbarkeit ansprach, versicherte er mir, dass er selbst kein Konsument sei.

Was sollte ich in dieser Situation tun? Die Eltern informieren? Haki hatte mir zuvor das Versprechen abgenommen, über das zu schweigen, was er mir erzählte. Nach einem Gespräch mit seinen Eltern hätte ich sein Vertrauen verspielt und noch weniger Einfluss als vorher. Also beschloss ich, im Deutschunterricht das Thema Drogen zu thematisieren. Mehr als Aufklärung war im Rahmen meiner beschränkten Einwirkungsmöglichkeiten nicht zu erreichen. Dessen war ich mir bewusst. Das Thema Drogen schien zumindest alle anderen Schüler auch sehr zu interessieren, was sich an der regen Mitarbeit bemerkbar machte.

Im weiteren Verlauf des Schuljahres nahm Hakis Motivation immer weiter ab. Auch die Lebensfreude, die er bislang stets ausgestrahlt hatte, war verschwunden. Er begegnete mir weiterhin höflich und respektvoll, vertrauliche Gespräche fanden jedoch nicht mehr statt. Am Ende des Schuljahres trennten sich unsere Wege. Ich bekam eine neue Klasse und meine ehemalige Klasse einen neuen Klassenlehrer.

Ob der Aufklärungsunterricht sich positiv in seinem Leben auswirken wird, bleibt fraglich. Die Entscheidung darüber, wie jemand mit Drogen verfährt, trifft letztendlich jeder für sich selbst. Wir können Schülern wie Haki nur eine andere Lebensweise vorleben und auf Gefahren aufmerksam machen. Was jeder Einzelne dann daraus macht, bleibt ihm allein überlassen.

8. Das Lolita-Phänomen – Laura

Wer all die Schülerporträts liest, könnte schnell den Eindruck bekommen, als gäbe es nur Schwierigkeiten mit Kindern aus Migrantenfamilien. Doch eine Förderschule ist eine Art Schmelztiegel der Probleme. Überforderte Eltern und «gestörte» Kinder gibt es in allen Kulturkreisen. Daher soll hier von Laura die Rede sein, einem Mädchen aus einer deutschen Familie. Auch sie ist ein «problematisches» Kind. Wie ihre Geschichte am Ende ausgehen wird, bleibt allerdings offen.

Laura besuchte zunächst eine Förderschule in einem anderen Gelsenkirchener Stadtteil. Dort lag der Förderschwerpunkt auf «Lernen». Ihr Schulwechsel fand drei Monate vor Schuljahresende statt, ein Zeitpunkt, der alles andere als günstig für eine Schülerin oder einen Schüler ist. Grund für die Neuanmeldung an unserer Schule war nicht – wie sonst meist üblich – ein Umzug der Eltern, sondern massive Differenzen mit der ehemaligen Klassenlehrerin.

Lauras Schülerakte quoll fast über von Protokollen und Aktennotizen, die nach unzähligen Vorkommnissen von der Klassenlehrerin geschrieben worden waren. Hauptursache für Lauras Probleme war demnach ihr Verhalten im Klassenverband. Das Mädchen hielt sich weder an Regeln noch an Absprachen, erledigte die Hausaufgaben nur äußerst selten und vergaß ständig ihre Arbeitsmaterialien. Zudem war es häufig in Konflikte verwickelt und wies wochenlange Fehlzeiten auf. Eigentlich stellte sie einen Klassiker der Schulform «Förderschule» dar. Derlei Verhaltensweisen sind mir auch von etlichen meiner Schüler bekannt. Unter die Rubrik «Klassiker» fällt Laura aber auch, weil ihre Eltern selbstverständlich die Ursache für diese Verhaltensweisen nicht bei der Tochter oder sich selbst suchten. Vielmehr hatten sie die Klassenlehrerin in zahlreichen Briefen, die ebenfalls in der Schülerakte vorhanden waren, für sämtliche negativen Vorkommnisse und Entwicklungen verantwortlich gemacht. Die hohen Fehlzeiten wurden von den Eltern immer wieder mit den unterschiedlichsten und abenteuerlichsten Behauptungen entschuldigt. Wenn die Lehrerin von Laura verlangt hatte, die fehlenden Hausaufgaben in der Schule nachzuarbeiten, hagelte es am nächsten Tag einen bitterbösen Brief. Die Mutter unterstellte der Lehrerin, etwas gegen Laura zu haben und ihre persönliche Wut an dem Mädchen auszulassen. Schrieb Laura eine schlechte Klassenarbeit, war natürlich die Lehrerin daran Schuld, weil entweder die Aufgaben zu schwer gewesen waren oder weil sie Laura die Dinge nicht so erklärt hätte wie den anderen Schülern. Wie man den übrigen Schülern etwas erklärt, ohne dass dabei auch Laura etwas gelernt hat, bleibt wohl das Geheimnis ihrer Mutter. Es verdeutlicht aber, dass das Verhältnis zwischen Eltern und Lehrerin hoffnungslos zerrüttet war.

Nach unzähligen Briefen, deren Ton zwischen Emotionalität und beleidigender Schärfe wechselte, hatten sich die Eltern schließlich für einen Schulwechsel entschieden. Den längeren Schulweg mit den damit verbundenen Kosten für den öffentlichen Nahverkehr wollten sie gerne auf sich nehmen – wenn nur ihre Tochter mit dieser Lehrerin nicht mehr konfrontiert werden würde.

Ich lernte Laura und ihre Eltern eines Morgens im Schulleiterzimmer kennen. Sofort fingen Vater und Mutter an, über die mir unbekannte Kollegin herzuziehen. Schnell wurde deutlich, dass sich eine Menge Wut bei ihnen angestaut hatte. Lauras Mutter war eine übergewichtige Frau mit feuerrot gefärbter Igelfrisur, der Vater ein groß gewachsener Mann, dem man seinen Alkoholkonsum ansah. Laura die leibliche Tochter der Eheleute wirkte mit ihren 13 Jahren wesentlich älter. Sie war bereits 1,70 m groß und brachte einige Pfunde zu viel auf die Waage. Ihr Übergewicht versuchte sie durch viel zu große Pullover zu kaschieren. Wie ihre Mutter trug sie einen Kurzhaarschnitt, den sie sich ebenfalls rot tönte. Die roten Haare verstärkten ihre ohnehin schon starke Gesichtsblässe noch weiter. Wenn ich damals meinen ersten Einruck hätte zusammenfassen sollen, dann handelte es sich hier um eine Familie, die wohl nicht nur ein Schulproblem hatte. Laura hatte zwei Geschwister – einen älteren Bruder und eine jüngere Schwester, die beide noch schulpflichtig waren und ebenfalls bei den Eltern lebten.

Die Eltern wollten also einen Neustart für ihre Tochter Laura, und den sollte sie an unserer Schule auch bekommen. Trotzdem machte ich die Familie darauf aufmerksam, dass auch an unserer Schule Regeln gelten würden – sowohl für Lehrer als auch für Schüler. Laura möge ihren Neustart auch wirklich als Neustart verstehen und nicht alte Verhaltensmuster mit in die neue Schule einbringen. Die Eltern betonten, dass sie selbstverständlich ebenfalls keinen weiteren Ärger wünschten, und versicherten mir ihre Zusammenarbeit.

Nach kurzer Zeit hatte sich Laura sehr gut in die bestehende Klassengemeinschaft eingelebt. Von den Mädchen in ihrer neuen Klasse wurde Laura schnell aufgenommen. Sie freundete sich mit Vanessa an, die ebenfalls noch nicht sehr lange in meiner Klasse war. Im Unterricht fiel sie durch ihren relativ gut ausgeprägten Wortschatz auf und bereicherte die Stunden mit ihren Wortbeiträgen. Auch in Mathematik fand sie schnell Anschluss. In beiden Hauptfächern konnte sie nach einer kurzen Zeit am leistungsstarken Differenzierungsunterricht teilnehmen. Dieser Differenzierungsunterricht ist für die leistungsstärkeren Schüler der beiden 7. Klassen gedacht. Hier werden sie entsprechend ihrer Leistungen in Hinblick auf einen möglichen Hauptschulabschluss nach Klasse 10 gefördert.

Nach einigen Wochen suchte mich Lauras Mutter noch vor dem Unterricht auf und bat mich um ein Gespräch unter vier Augen. Sie wirkte sehr aufgebracht. Als ich die Tür hinter uns geschlossen hatte, fing sie sofort an zu weinen. Es dauerte keine zehn Minuten und sie begann, mir ihr Herz auszuschütten. Sie erzählte von ihren Eheproblemen, die täglich zu massiven Streitereien führten. Die Auseinandersetzungen wurden häufig vor den Kindern ausgetragen. Lauras Mutter sah nur noch einen Ausweg – ihren Mann zu verlassen. Sie tat mir leid, denn sie schien völlig verzweifelt zu sein. Warum sonst sollte sie ihre Eheprobleme mit einer Klassenlehrerin, die sie erst vor kurzem kennen gelernt hatte, besprechen? Viel tun konnte ich nicht. In zehn Minuten würde es schellen, Kollegen kamen ins Zimmer und wollten das Telefon benutzen. Ich konnte Lauras Mutter lediglich zuhören und ihr einen anderen, günstigeren Gesprächstermin anbieten. Die Frau wollte mich über ihre weiteren Schritte informieren.

Tatsächlich ließ sie ihren Worten innerhalb kürzester Zeit Taten folgen. Sie fand eine neue Wohnung, in die sie mit ihren Kindern zog. Erneut stand sie ohne Ankündigung kurz vor Unterrichtsbeginn vor dem Lehrerzimmer und wollte mit mir sprechen. Sie teilte mir ihre neue Anschrift mit und erzählte mir von ihrem neuen Lebensgefährten. Insgesamt wirkte sie gefestigter und bei weitem nicht mehr so unglücklich wie bei unserem letzten Gespräch. Innerhalb von nur zwei Wochen hatte sich ihr Leben grundlegend verändert: neue Wohnung, neuer Lebensgefährte. Mich verwundern solche rasanten Veränderungen nicht mehr. Lauras Mutter ist in dieser Hinsicht kein Einzelfall. Manchmal allerdings frage ich mich, wo die Frauen den vermeintlichen neuen Partner treffen und wie solche Familien es immer wieder schaffen, innerhalb kürzester Zeit mehrfach umzuziehen. Mein eigener letzter Umzug liegt zehn Jahre zurück, und ich hatte hierfür zwei Jahre lang nach einer passenden Wohnung gesucht.

In dieser Zeit des Übergangs bot ich Laura mehrfach Gespräche an. Zu meiner Überraschung wirkte sie nicht traurig oder verstört über die Trennung ihrer Eltern. Im Gegenteil, sie war die ewigen Streitereien ihrer Eltern leid und freute sich auf das neue Leben mit ihrer Mutter. Zu ihrem Vater hatte sie nach wie vor Kontakt und traf sich mit ihm. Einmal erzählte sie mir, dass ihr Vater am Abend zuvor ihre Wohnungstür eingetreten hätte und dass die Polizei ihn mitnehmen musste.

Von nun an war es Lauras Vater richterlich untersagt, seine Noch-Ehefrau zu sehen bzw. sich ihr zu nähern. Trotz solcher Vorkommnisse wirkte Laura nicht sonderlich verzweifelt. Mir fielen auch keinerlei Verhaltensauffälligkeiten an dem Mädchen auf. Das allerdings verwunderte mich. Alles schien ein wenig zu glatt zu gehen.

Eines Morgens stand Lauras Mutter erneut unangemeldet vor dem Lehrerzimmer und wollte mich dringend sprechen. Im Nebenraum erzählte sie mir eine mehr als unangenehme Geschichte. Angeblich hatte sich Laura in ihren neuen Lebensgefährten verliebt. Diese Liebe sei zum Glück jedoch nur einseitig. Laura würde nicht mehr mit ihr sprechen und setze alles daran, Zeit mit dem Partner der Mutter allein zu verbringen. Wieder wusste die Frau weder ein noch aus und brach in Tränen aus. Ich versprach ihr, mit Laura zu sprechen, da deutlich geworden war, dass Mutter und Tochter ein massives Kommunikationsproblem hatten.

Würden sich am Ende vielleicht Abgründe auftun, obwohl Lauras Mutter mir hoch und heilig versichert hatte, dass ihr neuer Partner Laura keine Hoffnung auf eine gegenseitige Liebschaft machen würde? Die ganze Geschichte kam mir mehr als merkwürdig vor. Lauras Mutter hatte eine Begabung, die unmöglichsten Zeitpunkte für schwierige Gespräche zu wählen. Ich sagte ihr zu, sie nach Schulschluss anzurufen.

Während des Unterrichts konnte ich kaum an etwas anderes denken als an diese Sache. Entsprechend schwer fiel es mir, mich auf meine eigentliche Aufgabe zu konzentrieren. Einmal mehr wurde mir bewusst, dass wir im Laufe der Universitätsausbildung und auch in der folgenden Lehramtsanwärterzeit, die ja immerhin zwei Jahre umfasst, auf solche Probleme nicht im Geringsten vorbereitet werden. Weder meine Pädagogikausbildung noch das angelesene Wissen halfen mir in einer solchen Situation weiter. Nur Fachleute konnten der Frau wirklich weiterhelfen.

Nach Schulschluss versuchte ich, mit Laura über die häusliche Situation zu sprechen. Wie immer tat sie, als sei alles in bester Ordnung. Zusammengefasst lauteten ihre Antworten auf meine Fragen: «Ich habe keine Probleme. Meine Mutter leidet unter Halluzinationen. Ich verstehe mich lediglich sehr gut mit dem neuen Freund meiner Mutter und mehr nicht.» Mir war schnell klar, dass das Mädchen eine unsichtbare Mauer um sich herum errichtet hatte, durch die ich nicht bis zu ihr drang. Sie blockte das Gespräch ab.

Ich rief ihre Mutter an und gab ihr die Telefonnummer der Erziehungsberatungsstelle. Zudem bat ich sie, mich auf dem Laufenden zu halten. Lauras Mutter suchte die Erziehungsberatungsstelle auf, und eine Zeit lang hörte ich nicht viel von ihr. Laura kam nach wie vor in den Unterricht, und wenn ich sie nach den Terminen bei der Erziehungsberatungsstelle fragte, lautete ihre Antwort immer: «Läuft gut.» Weitere Kommentare gab es nicht. Sie machte dicht. Ich kam nicht an sie heran, konnte ihr Vertrauen nicht gewinnen. Die Mutter suchte zum Glück professionelle Hilfe und verzichtete darauf, ihre Probleme im Alkohol zu ertränken. Ich empfand das als guten Ansatz und bewunderte insgeheim das Durchhaltevermögen der Frau, zumal in dieser turbulenten Zeit die Mängel der erst kürzlich bezogenen Wohnung zum Vorschein kamen. Laura erzählte mir von feuchten Stellen an den Wänden, die der Vermieter nicht beseitigen wollte.

Lauras Mutter zog mit ihren Kindern erneut um. Der neue Partner verschwand ebenso schnell, wie er aufgetaucht war. Was den Ausschlag für die plötzliche Trennung gegeben hatte, blieb mir verborgen, da ich auch immer nur so viel weiß, wie ich erzählt bekomme und von mir aus nicht nach Informationen bohre. Die neue Wohnung befand sich am anderen Ende der Stadt. Mit öffentlichen Verkehrsmitteln war Laura nun 40 Minuten unterwegs, was dazu führte, dass sie fast täglich zu spät zum Unterricht erschien. Das war eine negative Begleiterscheinung, die im Vergleich zu den sonstigen Problemen dieser Schülerin eine eher untergeordnete Rolle spielte. Ich freute mich immer, wenn Laura überhaupt zur Schule kam.

Bei einem der folgenden zahlreichen Gespräche erzählte mir Lauras Mutter, dass die Schwierigkeiten mit ihrer Tochter täglich zunehmen würden. Laura würde nicht mehr auf sie hören und machen, was sie wolle. So kam es mehrfach vor, dass sie um 23 Uhr noch nicht zu Hause war und ihrer Mutter auch nicht sagte, wo sie gewesen war. Lautstarke Streitereien mit gegenseitigen Beschimpfungen schienen an der Tagesordnung zu sein. Erneut suchte die Mutter von sich aus das Jugendamt auf und bat um Hilfe. Auch mit Lauras Vater, mit dem sie wieder Kontakt zu haben schien, sprach sie über die Vorkommnisse, doch er zeigte sich ebenfalls hilflos. Erschwerend kam hinzu, dass Laura beide Eltern gegeneinander ausspielte. Wenn sie sich beispielsweise mit ihrer Mutter gestritten hatte, übernachtete sie bei ihrem Vater, ohne die Mutter davon zu unterrichten. Ich gewann den Eindruck, dass der Vater seine Tochter nur gewähren ließ, es aber versäumte, Laura klare Grenzen zu setzen. Sie konnte kommen und gehen, wann sie wollte.

Als Lauras Mutter ihre Tochter beim Küssen mit dem 37-jährigen Nachbarn erwischte, gab es erneut heftigen Streit. Laura stritt alles ab und behauptete einmal mehr, ihre Mutter würde spinnen. «Wir verstehen uns einfach nur sehr gut», lautete ihre Interpretation. Die Mutter wandte sich in ihrer Verzweiflung an die Polizei. Dort teilte man ihr mit, solange nichts «vorgefallen» sei, könne man von Behördenseite auch nichts unternehmen. Auch die eindeutig sexuellen Briefe, die Lauras Mutter in der Schultasche ihrer Tochter gefunden hatte, waren anscheinend keine klaren Beweise. Ich gebe gerne zu, wie froh ich war, dass wir das ganze Schuljahr über das Thema Sexualkunde ausführlich besprochen hatten. Das Thema Verhütung bekam nun eine lebensnahe Bedeutung.

Laura und ihre Mutter beschlossen, dass das Mädchen wieder zu ihrem Vater ziehen sollte. Da seine Wohnung nicht für zwei Personen ausreichte, musste auch er eine etwas größere Bleibe suchen. Recht schnell fand er etwas. Da er Hartz-IV-Empfänger war, konnte er sich gänzlich auf den Umzug konzentrieren. Innerhalb von zwei Wochen ging er vonstatten.

Vor den Sommerferien plante ich einen Tagesausflug zu einem bei den Schülern sehr beliebten Freizeitpark. Wir verabredeten uns 30 Minuten vor Abfahrt am Bahnhof. Plötzlich erschien Lauras Mutter mit ihrem Exmann und wollte mich dringend sprechen – wieder einmal hatte sie sich einen äußerst ungünstigen Zeitpunkt ausgesucht. Da ich Laura bereits am Treffpunkt gesehen hatte, rief ich sie zu mir und bat sie, ebenfalls an dem Gespräch teilzunehmen. Die Mutter wollte, dass Laura von dem Ausflug ausgeschlossen wurde, denn sie befürchtete, dass sie sich in dem Freizeitpark mit ihrem Freund, dem besagten Nachbarn, treffen wolle. In der Regel dürfen die Schüler bei solchen Ausflügen in Kleingruppen allein herumlaufen und müssen dann zum verabredeten Zeitpunkt wieder am Treffpunkt erscheinen. Aus Sicht der Mutter also ein idealer Ort für ein unbeobachtetes Rendezvous. Augenblicklich begann Laura, ihre Mutter wüst zu beschimpfen; der Vater stand kommentarlos daneben. Die Mutter teilte mir mit, dass sie in keiner Weise mehr Verantwortung für ihre

Tochter übernehmen und sich auch in keiner Weise mehr auf sie verlassen könne. Von mir wollte sie wissen, ob ich es vor diesem Hintergrund verantworten könne, ihre Tochter mitzunehmen.

Damit lag der Schwarze Peter bei mir. Konnte ich mich auf Laura verlassen? In der Schule war sie eigentlich immer sehr zuverlässig gewesen und es fiel mir daher schwer, mich jetzt gegen Laura zu entscheiden. Es war ein Ausflug, den wir schon seit einigen Wochen geplant hatten. Laura liebte diesen Freizeitpark, den sie schon mehrfach mit ihren Eltern besucht hatte. Ich nahm Laura das Versprechen ab, dass sie sich dort nicht allein, sondern nur mit ihren zwei Freundinnen aus der Klasse bewegen werde.

Aus meiner Sicht sollte es ein schöner Tag für die Schüler werden. Nicht jedes Kind bekommt die Gelegenheit, mit seiner Familie dorthin zu fahren. Die Eintrittsgelder und die Fahrtkosten sind für viele Familien unerschwinglich. Durch die Gruppenermäßigung und die finanzielle Unterstützung durch unseren Förderverein bietet sich für viele Kinder eine einmalige Chance, einen unbeschwerten Tag zu genießen. Unbeschwert sollte der Tag auch für Laura werden – allerdings nicht für mich.

Wie von ihrer Mutter befürchtet, erschien Laura nicht zur vereinbarten Zeit an unserem Treffpunkt. Ihre beiden Freundinnen erzählten mir, dass sie sie zu einem Versteckspiel im Park überredet habe. Danach hatten sich die Wege der Mädchen getrennt. Schnell wurde mir klar, dass wir Laura nicht finden würden. Sie verfügte über ein eigenes Ticket für den öffentlichen Nahverkehr, war also nicht auf unser Gruppenticket angewiesen. Auch wenn unsere Schüler in vielen Dingen Lerndefizite haben, sollte man ihre Alltags- bzw. Straßentauglichkeit keinesfalls unterschätzen. Viele wohlbehütete Kinder wären wahrscheinlich hilflos und wüssten nicht, welchen Zug, welchen Bus oder welche Straßenbahn sie nehmen müssten. Unsere Kinder sind da weitaus fitter.

Glücklicherweise hatte ich mir im Vorfeld die schriftliche Rückversicherung der Eltern geben lassen, dass wir bei Nichterscheinen ihres Kindes nach einer Wartezeit losfahren würden. Ich musste auch an das Wohl der anderen Kinder denken. Viele Eltern würden auf uns warten und sich Sorgen machen, wenn wir noch Stunden mit der vergeblichen Suche verbringen würden. Im Laufschritt liefen wir zum Zug und erreichten ihn in letzter Minute. Unterwegs rief ich Lauras Eltern an und teilte ihnen mit, was vorgefallen war. Merkwürdigerweise reagierten beide sehr gelassen.

Am nächsten Morgen rief Lauras Vater in der Schule an und teilte mir mit, dass seine Tochter krank sei und nicht zur Schule kommen könne. Auf meine Frage, wo sie denn gestern gewesen sei, antwortete er, sie hätte ihre Periode bekommen und wäre deshalb auf der Suche nach einer Toilette verspätet zum Treffpunkt gekommen. Natürlich war diese Geschichte völlig unglaubwürdig. Doch was soll man als Lehrer/Lehrerin machen bzw. welchen erzieherischen Einfluss hat man noch?

Als Laura am übernächsten Tag wieder zur Schule kam, sagte ich ihr dennoch meine Meinung. Sie reagierte mit einem herablassenden Lächeln. Was genau geschehen war, würde ich nie erfahren.

Zu ihrer Mutter hat Laura weiterhin kaum Kontakt. Sie lebt bei ihrem Vater, der ihr alle Freiheiten lässt. Bei einem Telefongespräch bat ich ihn, die bestehenden Kontakte zum Jugendamt weiter zu pflegen. Laura gehört zu den Mädchen, die Gefahr laufen, sehr früh schwanger zu werden und es gibt niemanden, der sie davor schützen kann. Nach den Sommerferien bekam ich eine neue Klasse und Laura einen neuen Klassenlehrer. Er kennt die Vorkommnisse und wurde von mir über Laura genau ins Bild gesetzt. Bleibt nur zu hoffen, dass es ihr gelingt, nicht schon als Minderjährige Mutter zu werden.

9. Immer unter Strom – Hassan

Hassan besucht derzeit meine 7. Klasse. Mittlerweile unterrichte ich ihn im vierten Jahr. Hassan entstammt einer streng gläubigen libanesischen Großfamilie, die insgesamt zehn Kinder hat, von denen die drei ältesten bereits verheiratet wurden. Zwei weitere Brüder Hassans gingen ebenfalls auf meine Schule.

Genau genommen handelt sich bei Hassans Familie um einen großen Clan. Seine Eltern haben acht bzw. zehn Geschwister, die wiederum vergleichbar viele Kinder haben. Eine bloße Verheiratung gemäß dem «Görücü usulu» reicht ihnen bei weitem nicht. Im Alter von 17 Jahren sind die Söhne und Töchter im besten Heiratsalter und werden nur innerhalb der Familie verheiratet. Daher ist es nicht ungewöhnlich, dass Hassans Brüder mit seinen Cousinen mütterlicherseits oder väterlicherseits verehelicht sind. Obwohl drei Enkelkinder von Hassans Eltern mit einer geistigen Behinderung geboren wurden, hält die Familie an dem Brauch der Verheiratung unter Blutsverwandten fest. Für sie stellt die Geburt der Enkelkinder mit einer Behinderung eine Form von «Allahs Willen» dar.

Hassan ist ein sehr dünner Schüler, der seit einem Bauernhofbesuch der Klasse den Spitznamen «Spargel» trägt. In all den Jahren, die ich ihn nun kenne, habe ich nicht ein einziges Mal erlebt, dass er ein Pausenbrot mit zur Schule gebracht hat. Während des Fastenmonats Ramadan hält er sich besonders streng an die Essenszeiten. Hassan ist ein sehr lebhafter Schü-

ler, der kaum ruhig auf seinem Stuhl sitzen kann. Obwohl er
bereits einen Einzelplatz in unmittelbarer Lehrernähe hat,
neigt er dazu, sich und seine Mitschüler abzulenken. Er benötigt viel Ruhe und Lehrerunterstützung, um sich aufmerksam
einer Sache widmen zu können. Dennoch arbeitet er meist
schnell und oberflächlich. Hassan kommt nur sehr unregelmäßig zur Schule. In der Regel fehlt er an drei bis vier Tagen in
der Woche unentschuldigt. Durch seine Fehlzeiten versäumt
er wichtige Unterrichtsinhalte und kann die gestellten Aufgaben nur mit viel Unterstützung lösen. Wenn Hassan denn
schließlich zur Schule kommt, ist er – genau wie seine älteren
Brüder – häufig in Streitigkeiten verwickelt, in denen er leicht
die Beherrschung verliert. Die Einsicht, dass sein eigenes Verhalten die Konflikte befördert, fehlt ihm gänzlich.

Mehrfach wurden die Eltern angemahnt, für einen regelmäßigen Schulbesuch ihres Sohnes zu sorgen. Eine Reaktion blieb
jedes Mal aus. Mit anderen Worten: Eine Zusammenarbeit mit
den Eltern ist nicht möglich. Sie zeigen sich wenig kooperativ
und interessieren sich kaum für die schulischen Belange ihrer
Kinder. Obwohl es in Deutschland eine gesetzliche Schulpflicht
gibt, habe ich bislang stets die Erfahrung machen müssen, dass
bei Schulverweigerern die Gesetze nicht greifen. Zunächst
erfolgt ein erster Mahnbrief seitens der Schule. Reagieren die
Eltern nicht, folgt ein zweites Anschreiben. Ein telefonischer
Kontakt kommt in der Regel nicht zustande, weil die Eltern
über keinen Festnetzanschluss verfügen. Da die Handynum-
mern ständig wechseln, sind weder Mutter noch Vater zu erreichen. Wenn ich dennoch überraschenderweise einmal Hassans
Mutter auf dem Handy erreichte, lautete die stereotype Antwort: «Hassan krank.» Im Allgemeinen erscheint nach einem
solchen Anruf der Junge am nächsten Tag in der Schule, fehlt
jedoch an den darauf folgenden Tagen erneut.

Das Verfahren geht weiter: Nun schaltet meine Schule das Schulamt ein. Die Kopien der Anschreiben an die Eltern werden dorthin gesandt, verbunden mit der Bitte, ein Bußgeldverfahren einzuleiten. Das Schulamt fordert die Eltern nun schriftlich auf, zu den Schulversäumnissen ihres Sohnes Stellung zu nehmen. Für gewöhnlich reagiert die Familie nicht. Beide Eltern beziehen Arbeitslosengeld II (Hartz IV) und können somit nicht gepfändet werden. Den Mitarbeitern des Jugendamtes ist die Familie sehr wohl bekannt. Aber auch ihnen gegenüber verweigert sie sämtliche Angebote zur Zusammenarbeit.

Weder mit seinem Verhalten noch mit der Frequenz seines Schulbesuchs konnte Hassan den Leistungsanforderungen der Grundschule gerecht werden. Bereits nach der 3. Klasse wechselte er auf die Förderschule. Bei einem Elternhaus, das dem Kind klare Regeln vorgibt und es in schulischen Angelegenheiten unterstützt, hätte Hassan nicht die Förderschule besuchen müssen. Im Gegensatz zu zahlreichen anderen Kindern ist er intelligent genug für die Regelschule, zumal er Lerninhalte schnell auffasst. Aufgrund fehlender Übung fällt es ihm jedoch selbst in der 7. Klasse noch schwer, leichte bekannte Texte zu lesen. Ohne Hilfe gelingt es ihm nicht, den Sinn zu entschlüsseln. Durch seine Unfähigkeit, sich zu konzentrieren, gelingt ihm beispielsweise das Abschreiben eines Textes nur mit sehr vielen Fehlern. Immer wieder habe ich den Eindruck, dass Hassan nicht zur Ruhe kommt.

Dieser Eindruck wurde mir durch den Bericht eines Kollegen bestätigt. Eines Tages stattete der Klassenlehrer von Hassans Bruder Khalid der Familie einen Hausbesuch ab. Die Familie bewohnt zwei Wohnungen in einem Mehrfamilienhaus in Gelsenkirchen-Bismarck. Beide Wohnungen sind durch den Hausflur getrennt. Die Kinder teilen sich ihre Zimmer mit mehreren Geschwistern, wobei auf eine Trennung der Geschlechter geachtet wird. Sämtliche Kinderzimmer befinden sich in derselben Wohnung. Das Elternschlafzimmer, die Küche und das Wohnzimmer liegen auf der gegenüberliegenden Flurseite in der zweiten Wohnung.

Der Klassenlehrer wurde in ein barock eingerichtetes Wohnzimmer geführt. Dort versuchte er, mit den Eltern über die Verhaltensprobleme ihres Sohnes zu sprechen. Es blieb bei dem Versuch. Das Gespräch wurde ständig gestört, weil einige Kinder zwischen der einen und der anderen Wohnung hin- und herliefen. Permanent wurde die Wohnzimmertür aufgerissen und geschlossen. Andere Kinder saßen laut redend im Wohnzimmer. Sehr schnell wurde die Hierarchie innerhalb der Geschwisterkinder deutlich. Je älter sie waren, desto höher standen sie in der familiären Rangordnung. Kam ein älteres Geschwisterkind ins Wohnzimmer und wollte auf einem besetzten Platz sitzen, musste das jüngere den Platz räumen. Das geschah entweder freiwillig oder mit Hilfe von Boxhieben und Ohrfeigen.

Während des Besuchs versuchte die Mutter mittels hysterischem Anschreien und Ohrfeigen, die sie wahllos verteilte, für etwas Ruhe zu sorgen. Während die Eltern mit ihren Kindern ausschließlich arabisch sprechen, wechseln diese untereinander zwischen Arabisch und Deutsch. Doch auch nachdem halbwegs Ruhe herrschte, lief weiterhin der Fernseher, in dem das Programm eines arabischen Senders zu sehen war. Nach kurzer Zeit machten die Eltern deutlich, dass die Probleme ihres Sohnes in der Schule begründet seien. Zu Hause hätten sie sie nicht. Nach einer Dreiviertelstunde und zwei Gläsern Tee verabschiedete sich mein Kollege. Im Hausflur liefen die Kinder weiter von der einen Wohnung in die andere. Alle schienen ständig in Bewegung zu sein.

Im Unterricht schafft Hassan es nur ganz selten, Beiträge seiner Mitschüler unkommentiert zu lassen. Meist äfft er sie nach oder macht sich über sie lustig. In der Folge entstehen schnell verbale Auseinandersetzungen mitten im Unterricht. Glücklicherweise verfügt unsere Schule ja über einen Trainingsraum, der in solchen Situationen zunächst dazu dient, den Konflikt zu deeskalieren.

Eines Tages sorgte Hassan zum wiederholten Mal für eine massive Unterrichtsstörung. Ich beschrieb auf dem Laufzettel die Art seines Störverhaltens und schickte ihn zum Trainingsraum. Dort sollte er mit einem unbeteiligten Lehrer die Situation besprechen und einen Rückkehrplan erarbeiten. Sehr oft kommt es allerdings vor, dass sich zur gleichen Zeit mehrere Schüler aus unterschiedlichen Klassen in dem Raum befinden. So war es auch an jenem Tag. Einer von Hassans Brüdern, Ali, arbeitete bereits an seinem persönlichen «Plan zur Rückkehr», als Hassan seine Version von der ungerechten Behandlung durch die böse Frau Durmaz erzählte.

Nach einem intensiven Gespräch mit dem unbeteiligten Kollegen füllte Hassan einen Rückkehrplan aus und kehrte in die Klasse zurück. Nach der Stunde folgte eine Hofpause. Ich wollte gerade meine Schüler an der gewohnten Stelle des Schulhofes abholen, als Hassans großer Bruder Ali, der damals in die 10. Klasse ging und mindestens zwei Köpfe größer als ich war, auf mich zuschoss. In einem aggressiven Ton forderte er eine Erklärung, warum ich seinen Bruder in den Trainingsraum geschickt hätte. Als ich ihm ruhig antwortete, pädagogische Maßnahmen nur mit den erziehungsberechtigten Eltern zu besprechen, eskalierte die Situation. Er fing an, mich zu beleidigen und zu bedrohen. Die Skala reichte von dem Vorwurf, ich sei doch nur «eine scheißtürkische Lehrerin, die was gegen Libanesen» habe, bis zu der offenen Drohung, er habe «keine Angst, mir eine zu ballern». Enorme Wut und Aggressivität spiegelten sich in seinen Augen. Inzwischen hatte sich ein Pulk von Schülern um uns herum gebildet. Ich drehte mich ebenso abrupt wie wortlos um und ging Richtung Schulgebäude. Jedes weitere Wort hätte meiner Meinung nach zu einer weiteren Eskalation geführt.

Noch am selben Tag leitete ich gemeinsam mit der Schulleitung gegen Hassans Bruder eine Anzeige wegen Beleidigung und Bedrohung ein. Ali wurde sofort mit einem Elternbrief nach Hause geschickt und durfte vorerst nicht mehr am Unterricht teilnehmen. Am nächsten Tag kam der Vater zur Schule. Er konnte sich das Verhalten seines Sohnes ganz und gar nicht erklären, zumal gerade dieser Junge von all seinen Kindern der Vernünftigste sei. Diese Aussage wurde bei der späteren Gerichtsverhandlung widerlegt. Auf das Konto von Hassans Bruder gingen bereits etliche Körperverletzungen, Bedrohungen und Beleidigungen. So war es in einem Internetcafé zu einer Auseinandersetzung mit dem Besitzer gekommen. Als Hassans Bruder sich weigerte, das Café zu verlassen, musste die Polizei zu Hilfe gerufen werden, wobei der Junge die Beamten beschimpfte und bespuckte.

Auch ich musste bei der Gerichtsverhandlung erscheinen. Dabei wurde ich von Herrn Tröster, unserem «Haus- und Hofpolizisten», begleitet, der für unseren Schulbezirk zuständig ist und dem ich für vielerlei Hilfestellungen dankbar bin. Nachdem der Richter meine Aussage gehört hatte, verurteilte er Ali zu 80 Sozialstunden. Ob diese Sozialstunden eine Verhaltensänderung bei ihm bewirkt haben, weiß ich nicht. Hingegen weiß ich sehr genau, dass ich nicht zu den Freunden dieser Familie zähle, zumal der Junge ein paar Wochen später von unserer Schule verwiesen wurde.

Auch mit Hassans anderem Bruder Khalid, der unsere Schule besuchte, gab es permanent Schwierigkeiten. Der Junge wurde mehrere Wochen lang schon vor dem eigentlichen Unterrichtsbeginn beschult, d.h. er musste um 7 Uhr beim Schulleiter erscheinen und wurde dort bis 8 Uhr unterrichtet. Anschließend musste er mit entsprechenden Hausaufgaben das Schulgelände verlassen, da der Schulfrieden auch durch diesen Jungen gestört war. Khalid schlug und randalierte in einer Tour. Während einer Pausenaufsicht beobachtete ich, wie er an einem Strauch Äste abriss und damit wahllos auf seine Mitschüler einschlug. Mittlerweile ist auch er nicht mehr bei uns. Nach seinem Abgang besuchte er für kurze Zeit einen Berufsförderlehrgang des Arbeitsamtes. Doch auch hier wurde er den Anforderungen im Bereich des Zusammenlebens und Arbeitens nicht gerecht und musste diese Maßnahme bereits nach sehr kurzer Zeit abbrechen. Laut Information einer Mitarbeiterin des Jugendamtes saß er zwischenzeitlich aufgrund einiger Vergehen für drei Wochen im Jugendstrafvollzug. Sämtliche Angebote des Jugendamtes zur Erziehungshilfe lehnen die Eltern nach wie vor ab. Sie ziehen es vor, in ihrer eigenen Welt zu leben, in einer Welt, aus der sie auch mit gesetzlichen Mitteln nicht herausgeholt werden können.

Neulich erschien Hassan ohne Schultasche im Unterricht. Er sagte, er habe sie verloren und könne sie nicht mehr finden. Ohne Unterrichtsmaterialien sorgte er für noch mehr Unruhe als ohnehin schon. Ich bat eine für das Jugendamt tätige Dolmetscherin, bei den Eltern anzurufen, zumal sich in der Schultasche auch zahlreiche Bücher aus Schuleigentum befanden. Die Dolmetscherin klärte Hassans Mutter darüber auf, dass die Eltern die verschwundenen Bücher unverzüglich zu ersetzen hätten. Zunächst beschuldigte die Mutter die Putzfrau unserer Schule, die Schultasche versteckt zu haben. Als die Dolmetscherin dieses Argument nicht gelten ließ, stand die nächste Schuldige fest: Wenn nicht die Putzfrau, dann musste die Klassenlehrerin die Tasche versteckt haben, also ich. Auf keinen Fall werde sie die Bücher ersetzen, sondern ihrem Sohn lediglich neue Stifte und Hefte besorgen.

Sie hielt ihr Wort. Wir können den Vorfall nur dem Jugendamt und dem Schulamt mitteilen, was wiederum sehr viel büro-kratischen Aufwand bedeutet, dessen Wirkung gleich null ist. Wenn die Familie nicht bereit ist, das Schuleigentum zu erset-zen, sind wir machtlos. Ich befürchte, dies war nicht die letzte Geschichte, die wir mit Hassans Familie erleben werden.

10. Cool – Ibrahim

Ibrahim und sein Vater saßen mir in der ersten großen Pause in unserem Trainingsraum gegenüber. Dieser Raum grenzt an das Schulleiterzimmer und das Lehrerzimmer. Leider verfügt die Schule aufgrund des Platzmangels über keinen eigenen Besprechungsraum, sodass Elterngespräche stets im viel zu kleinen Trainingsraum geführt werden müssen. Meist ist man auch hier nicht ungestört, weil sich hier der Lehrercomputer befindet.

Innerhalb von vier Wochen war Ibrahim fünfmal im Trai-ningsraum gelandet. Für diesen Fall sieht unser Schulkon-zept bekanntlich zunächst ein Elterngespräch vor, bevor der Schüler oder die Schülerin wieder am Unterricht teilnehmen darf. Im Fachunterricht hatte Ibrahim durch Zwischenrufe, Albernheiten und Provokationen massiv gestört und zudem den Klassenraum unerlaubt verlassen. Merkwürdigerweise war Ibrahim auch in meinem Unterricht extrem albern und laut, doch erlaubte er sich bestimmte Verstöße nur bei den

Fachlehrern. Das lag mit Sicherheit daran, dass ich seine Klassenlehrerin war. Viele Schüler trauen sich gewisse Dinge nur bei ihren Fach- bzw. Vertretungslehrern. Außerdem hatte ich einen ganz besonders guten Draht zu Ibrahims Vater.

Ich kannte ihn nun schon seit zwei Jahren. Er akzeptierte mich als Respektsperson. Mehrfach hatte er seinem Sohn mit auf den Weg gegeben: «So eine Lehrerin wie die habe ich noch nie gesehen.» Damit spielte er auf meinen türkischen Hintergrund an. Bevor er in Kontakt mit mir gekommen war, hatte er wahrscheinlich nur die traditionell lebenden Türkinnen in seinem Wohnviertel in Gelsenkirchen-Rotthausen kennen gelernt.

Ein weiterer Grund für die Akzeptanz lag vermutlich auch an den Umständen eines Unfalls, den Ibrahim während des Sportunterrichts erlitten hatte. Beim Hallenfußball traf ihn der Ball versehentlich direkt ins Gesicht. Der Junge fiel um und blutete stark aus der Nase. Nachdem die Blutung aufgehört hatte, konnte ich seine Nase genauer in Augenschein nehmen: Sie sah arg verbogen aus. Jeder andere Schüler hätte geschrieen und wäre kaum zu beruhigen gewesen. Ibrahim allerdings war hart im Nehmen und wollte auf keinen Fall irgendwelche weiteren Versorgungsmaßnahmen über sich ergehen lassen. Er wollte noch nicht einmal, dass ich seine Eltern anrief. Dennoch bestand ich darauf. Vergeblich versuchten wir, seine Eltern zu erreichen. Ich zog den Schulleiter zu Rate, der ebenso wie ich einen Nasenbruch vermutete.

Also fuhr ich mit Ibrahim direkt zur Notaufnahme des benachbarten Marienhospitals. Der Junge war sehr blass und sprach entgegen seiner Art kaum noch. Anscheinend hatte er starke Schmerzen, die er sich als «Obermacho» von gerade mal zwölf Jahren natürlich in meinem Beisein nicht anmerken lassen wollte. Nachdem ein Oberarzt und zwei Assistenzärzte sich die Nase ansahen, bestätigte sich unsere erste Vermutung. Nasenbeinbruch.

Die Ärzte fragten mich nach den Umständen des Unfalls und der persönlichen Beziehung zwischen mir und dem jungen Patienten. Als klar wurde, dass ich Ibrahims Lehrerin und nicht seine Mutter war, scherzte einer der Ärzte: «Du hast aber ein hübsche Lehrerin.» Auf einmal kam wieder Leben in Ibrahim, denn eine solche Bemerkung konnte er mit seiner männlichen Ehre absolut nicht vereinbaren. Er konterte: «Das geht Sie gar nichts an.» Es gelang mir nicht, ein Grinsen zu unterdrücken. Wie konnte es ein fremder Mann in seinem Beisein wagen, seiner Lehrerin ein Kompliment zu machen! In der muslimischen Gesellschaft ein übler Fauxpas.

Nach der Behandlung fuhr ich Ibrahim mit meinem Auto nach Hause. Zum Glück war seine Mutter inzwischen vom Einkaufen zurückgekehrt. Als sie ihren Sohn sah, erschrak sie, denn er trug einen dicken Verband um die Nase. Auf Arabisch gab er ihr eine Kurzfassung der Geschehnisse. Ibrahims Mutter drückte ihren Sohn an sich und lud mich zu einem Kaffee ein. Da ich jedoch schon länger als gewöhnlich unterwegs war, drängte mich mein Gewissen, zu meinem Sohn nach Hause zu fahren. Also vertröstete ich Ibrahims Mutter mit der muslimischen Redewendung «Inschallah» – «beim nächsten Mal». Sie nahm nun auch mich in den Arm und begleitete mich noch bis zur Tür. Dieser Unfall Ibrahims hat mir, rückblickend gesehen, unverhofft eine große Anzahl an Pluspunkten bei der gesamten Familie beschert.

Als ich nun Ibrahims Vater, den wir im Kollegium nur «den Mann mit den Stahlarmen» nennen, die einzelnen Regelverstöße seines Sohnes aufzählte, sprang er plötzlich auf und gab Ibrahim eine schallende Ohrfeige. Der Junge, der im Gegensatz zu seinem Vater schmächtig und zudem auf eine solche Aktion nicht vorbereitet war, kippte vom Stuhl. Das Ganze geschah so schnell, dass ich nicht eingreifen konnte. Ich schrie auf und stellte mich zwischen Vater und Sohn, dessen Wange sofort rot anschwoll. Aufgeschreckt vom Lärm, kamen einige Kollegen aus dem benachbarten Lehrerzimmer angelaufen. Der Schulleiter nahm Ibrahims Vater mit ins Schulleiterzimmer. In einem Folgegespräch versicherte der Vater, dass sein Sohn sich zukünftig besser benehmen würde. «Ibrahim macht jetzt nix mehr Ärger.» Ich versuchte ihm dennoch klarzumachen, dass körperliche Züchtigung meiner Meinung nach nicht das geeignete Mittel für eine Verhaltensänderung sei. Als Pädagogin und Mensch verabscheue ich jede Form von Gewalt gegen Kinder. Vermutlich sah Ibrahims Vater das völlig anders, dennoch nahm ich ihm das Versprechen ab, Ibrahim nicht noch einmal zu schlagen. Um ganz sicher zu gehen, musste er «Wallah» sagen, den allbekannten Schwur der Moslems.

Am nächsten Morgen erkundigte ich mich bei Ibrahim, wie der Nachmittag zu Hause verlaufen sei. Der Vater hatte Wort gehalten und das Kind nicht noch einmal gezüchtigt. So hatte ich ihn auch eingeschätzt – ein Mann, ein Wort.

Wer jetzt annimmt, Ibrahim sei die Geschichte mit seinem Vater unangenehm gewesen, der täuscht sich. Zu meinem Erstaunen prahlte er vor seinen Klassenkameraden, wie er bei der Ohrfeige vom Stuhl geflogen sei. Darüber lachten nicht seine Mitschüler, sondern Ibrahim selbst schien sich prächtig zu amüsieren. Seine Beschreibungen erinnerten an die Szenen aus einem Actionfilm oder einem Computerspiel. Mehrfach demonstrierte er unter Einsatz seines Körpers den Flug, sehr zu Belustigung aller Anwesenden. Schon bald versuchten seine Zuhörer, diese Geschichte mit einem eigenen Erlebnis zu Hause zu toppen. Dennoch zeigte sich bald, dass dieser Vorfall nicht gänzlich ohne Wirkung auf Ibrahims Verhalten geblieben war. Wenn er wieder einmal über die Stränge zu schlagen drohte, musste ich nur sagen: «Ibrahim, es reicht. Oder soll ich deinen Vater anrufen?» Schlagartig wurde er ernst und antwortete: «Nee, nee, ist schon gut, Frau Durmaz.» Und tatsächlich riss er sich in den nächsten Stunden zusammen. Ganz so locker, wie er es vor seinen Kameraden immer darstellte, nahm Ibrahim die Sache nun doch nicht. Er hatte gehörigen Respekt vor seinem Vater.

Die libanesische Familie betreibt in Essen-Altenessen eine Autowerkstatt. Altenessen ist ein Stadtteil im Norden der Stadt und wird vorwiegend von ausländischen Mitbürgern bewohnt. Das bedeutet einerseits eine kulturelle Vielfalt, andererseits aber auch eine Anhäufung sozialer Brennpunkte. So gibt es Gegenden, in denen es alles andere als angenehm ist, allein spazieren zu gehen.

Die Werkstatt ist auf die Reparatur von Unfallwagen spezialisiert. Die wieder fahrtüchtigen Autos werden anschließend an vornehmlich türkisch oder arabisch sprechende Kunden weiterverkauft. Deutsche Interessenten gibt es wohl nicht, vielleicht scheuen sie sich auch, diese Gegend zu betreten. Ibrahims Vater spricht zwar deutsch, verfügt aber nicht über schriftsprachliche Kenntnisse. In seinem Geschäft werden die meisten Vereinbarungen mündlich geregelt. Von den Einnahmen aus Werkstatt und Autohandel muss die Familie mit ihren sechs Kindern leben. Ibrahims Mutter ist Hausfrau und mit der Versorgung der Kinder gänzlich ausgelastet. Außerdem würde es auch nicht den bei ihnen vorherrschenden Wertvorstellung entsprechen, wenn die Frau arbeiten ginge. Auch wenn die Töchter keine Kopftücher trugen, so waren sie in manchen Bereichen doch traditionell eingestellt und übten ihre Religion aus, etwa indem die ganze Familie im Ramadan fastete.

An den Wochenenden arbeitete Ibrahim oft in der Werkstatt seines Vaters. Häufig erzählte er von Autos, die sie gemeinsam repariert hatten, und nannte mir Buchstaben und Zahlen, die für gewisse Autotypen stehen, die mir allerdings nichts sagten. Besonders stolz war er auf sein dazuverdientes Geld. Sein technisches und handwerkliches Talent ließ sich nicht verleugnen.

Die beiden älteren Schwestern Ibrahims waren bereits verheiratet, die jüngeren Geschwister besuchen alle die Regelschule. Als Ibrahim im vierten Schuljahr zu uns auf die Förderschule kam, hatte er besondere Lernschwierigkeit im Lesen und Schreiben. Er konnte sich die Buchstaben nicht merken und war nicht in der Lage, sie zu einem Wort zusammenzusetzen. Kurz gesagt: Alle Fähigkeiten, die man zum Lesen braucht, fehlten ihm. Sein mündliches Sprachvermögen war hingegen sehr gut. Er verstand alle Anweisungen und verfügte über einen guten Wortschatz. Las ein anderes Kind einen Text vor, hatte Ibrahim den Sinn als einer der Ersten erfasst. Seine Stärken lagen eindeutig im mathematischen und handwerklichen Bereich, wo er zu den leistungsstärksten Schülern der Klasse zählte.

Nun könnte leicht der Eindruck entstehen, Ibrahim hätte eine Lese-Rechtschreibschwäche gehabt. Doch dem war nicht so. Er konnte lediglich nicht im Rahmen einer großen Grundschulklasse lernen. Die vielen Kinder und der größere Klassenverband waren seiner Konzentration und Aufmerksamkeit abträglich. Diese Fähigkeiten sind jedoch unabdingbar, wenn ein Schüler im Regelschulbereich erfolgreich sein will. So gibt es z.B. hochbegabte Kinder, die aufgrund mangelnder Konzentrationsfähigkeit die Förderschule für emotionale Entwicklung (ehemals Förderschule für erziehungsschwierige Kinder) besuchen.

Im Unterricht war Ibrahims Verhalten weiterhin durch extreme Albernheiten gekennzeichnet. Er amüsierte sich über nahezu jede Äußerung seiner Mitschüler, auch wenn daran nichts Lustiges war. Vor Lachen liefen ihm die Tränen über die Wangen. Erzählte beispielsweise ein Mitschüler von seiner neuen Freundin – womit er etwas sehr Intimes preisgab –, konnte Ibrahim sich vor lauter Lachen kaum einkriegen. Dabei erzeugte er eine Lautstärke, die eine Fortführung des Unterrichts unmöglich machte, zumal die anderen Jungen seinem Beispiel folgten. Ibrahim nahm in der Klassengemeinschaft eine starke Position ein. Für die anderen war er ein Sympathieträger, mit dem jeder befreundet sein wollte. Wohl jeder Lehrer kennt Schüler, über die er sich ärgert, denen er aber nicht wirklich böse sein kann. Zu dieser Kategorie gehörte auch Ibrahim. Natürlich rügte ich ihn, doch hatte er stets einen gewissen Kredit bei mir – was er vermutlich längst durchschaut hatte.

Nach vier Schuljahren gab ich die Klasse mit einem weinenden und einem lachenden Auge ab. Es war meine allererste Schulklasse gewesen, und ich hatte zu sehr vielen Schülern eine innige Beziehung aufgebaut. Dennoch hielt ich einen Lehrerwechsel nach vier Jahren für angebracht. Schließlich sollten die Schüler noch einen anderen Erziehungsstil als meinen kennen lernen. Zum Abschied veranstalteten wir in der Schule ein Grillfest, bei dem Ibrahim vor lauter Lachen die Würstchen anbrennen ließ. Am letzten Tag lud ich die gesamte Klasse zu mir nach Hause zu einem Frühstück ein. Hier konnte dann nicht wirklich etwas anbrennen.

Selbstverständlich blieb ich durch meine Kollegin über die Entwicklung meiner ehemaligen Schüler auf dem Laufenden. Ibrahim erreichte den Hauptschulabschluss an unserer Förderschule. Das heißt, Ibrahim bekam die Befähigung, den regulären Hauptschulabschluss nach Klasse 10 zu machen. Er hatte lediglich ein «mangelhaft» im Fach Deutsch. Immerhin konnte er inzwischen lesen, wenn auch nicht besonders gut. Das spielte aber nur eine untergeordnete Rolle, denn in allen anderen Fächern war er gut.

Als ehemalige Klassenlehrerin wurde ich zur Abschlussfeier eingeladen. Ich freute mich über die vielen positiven Entwicklungen, die auch mein Schüler Ibrahim gemacht hatte. Erneut sprach er mich auf gewisse Automarken an, über die ich mittlerweile etwas besser informiert war. Er versprach, dass er mich mit einem getunten Auto zu einer Spritztour abholen wolle, sobald er seinen Führerschein habe. Er hatte sich genau gemerkt, wo ich wohne. Da ich in einem Wohnviertel bzw. einer Straße mit vielen Akademikern wohne, bat ich ihn, dann laut vor meinem Fenster zu hupen. Meine deutschen akademischen Nachbarn dürfen ruhig an diesem Ereignis teilhaben.

Auch nach dem Abgang besuchte Ibrahim öfters seine alte Schule. Inzwischen arbeitet er bei einer Montagefirma, wo er – O-Ton – «gut Kohle» verdienen würde und nun kräftig für sein Traumauto spare. Das Modell hat er mir noch nicht verraten, aber ich werde es hoffentlich demnächst hören und sehen.

11. Schulschwänzer unter sich – Janice

Nachdem Janice aus Gladbeck nach Gelsenkirchen gezogen war, kam sie mitten im Schuljahr neu in meine damalige Klasse 6. Sie war ein auffallend hübsches Mädchen mit braunen Augen und blonden Haaren. Zu meinem Bedauern hellte sie ihre Haare regelmäßig mit Wasserstoffperoxid blond bis platinblond künstlich auf. Diese grelle, sehr ins Auge stechende Haarfarbe passte gar nicht zu ihrem zurückhaltenden Wesen.

Zunächst traute sich Janice überhaupt nicht, sich aktiv am Unterricht zu beteiligen. Sie war äußerst schüchtern und taute erst mit der Zeit allmählich auf. Mit ihrer freundlichen Art eroberte sie vermutlich jedes Jungenherz in meiner Klasse und auch in zahlreichen anderen Klassen. Aber nicht nur bei den männlichen Schülern war Janice beliebt. Die Mädchen der Klasse freundeten sich ebenfalls sehr schnell mit ihr an und so lebte sie sich innerhalb kürzester Zeit in die neue Klassengemeinschaft ein.

In der Pause erzählte Janice gern von ihren Schwestern und Erlebnissen außerhalb der Schule. Sie lebte mit ihrer Mutter, die sie im Alter von 16 Jahren geboren hatte, und ihren zwei jüngeren Schwestern zusammen. Alle drei Mädchen stammten von unterschiedlichen türkischen Vätern. Nachdem Janices Mutter erfolgreich eine Drogenentziehungskur absolviert hatte, nahm sie ihre älteste Tochter, die während der Entziehungskur bei ihrer Oma gelebt hatte, wieder zu sich. Die Großmutter, der das Sorgerecht über Janice zugesprochen worden war, hatte es nur widerwillig wieder an ihre Tochter zurückgegeben. Laut Schülerakte hatte Janice auch noch einen kleinen Bruder, der ebenfalls aus einer Beziehung ihrer Mutter mit einem türkischen Mann stammte. Der Vater des Kindes verbüßte eine Haftstrafe. Wo der Junge lebte, ging aus der Akte nicht hervor.

Obwohl Janices Mutter nicht berufstätig war, war sie mit der Erziehung ihrer Kinder überlastet. Das zeigte sich u.a. daran, dass Janice regelmäßig zu spät im Unterricht erschien. Der Kindergarten, den ihre zwei jüngeren Schwestern besuchten, befindet sich in unmittelbarer Nähe der Schule. Nur selten schaffte es Janices Mutter, die Kinder pünktlich hinzubringen. Zu einer bestimmten Zeit wird die Tür zum Kindergarten abgeschlossen, damit die Erzieherinnen und die Kinder mit ihrem Tagesablauf ungestört beginnen können. Durch Verspätungen dieser Art wäre der gesamte Rhythmus gefährdet. So musste Janices Mutter die beiden Mädchen häufig zu Hause betreuen, da sie vor verschlossener Kindergartentür stand.

Direkt bei unserer ersten Begegnung redete Janices Mutter auf mich ein wie ein Wasserfall. Sie sei ja so glücklich über mich als Lehrerin, denn ihre Tochter hätte in der ehemaligen Schule so ein Pech mit der Klassenlehrerin gehabt. Sie hätte Janice nicht gemocht und sie sehr ungerecht behandelt. Ohne Punkt und Komma schimpfte sie über die mir unbekannte Kollegin aus Gladbeck. Zu allem Überfluss betonte sie auch immer wieder, dass die ehemalige Klassenlehrerin türkischer Herkunft gewesen wäre. Sehr deutlich trat zutage, dass sich Janices Mutter der eigenen Widersprüchlichkeit nicht bewusst war. Schließlich stammten ihre Kinder aus Beziehungen mit Männern türkischer Herkunft. Und weiter ging es mit der Lobhudelei auf mich: «Janice hat bereits in so kurzer Zeit in Ihrer Klasse große Fortschritte im Lesen gemacht. Das ist alles Ihr Verdienst.» Nun bin aber auch ich eine Lehrerin türkischer Herkunft. Weder mein Name noch mein Äußeres lassen etwas anderes vermuten. Es war nur zu offensichtlich, dass die Mutter die Ursachen der früheren Probleme ihrer Tochter nicht bei sich suchen wollte.

Laut Schülerakte war Janices Schulbesuch während ihrer gesamten Schullaufbahn unregelmäßig gewesen – so auch in ihrer ehemaligen Förderschule in Gladbeck. Die türkische Kollegin war ihrer Pflicht nachgekommen und hatte das Jugendamt informiert. Es hatte ein Bußgeldverfahren eingeleitet, gegen das seitens der Familie kein Einspruch eingelegt worden war. Gemäß Aktenlage hatte Janices Mutter auf die Frage einer Mitarbeiterin vom Jugendamt, warum ihre Tochter nicht in der Schule erscheinen würde, geantwortet: «Ich habe es noch nicht geschafft, einen Wecker zu kaufen.»

Janice bemühte sich, dem Unterricht zu folgen, obwohl ich sehr schnell den Eindruck gewann, dass sie ziemlich übernächtigt war. Sie erzählte mir von einem Fernseher in ihrem Zimmer, den sie ohne Einschränkungen nutzen dürfe. Da ich über das entstandene Vertrauensverhältnis zwischen ihr und mir sowie über ihren regelmäßigen Schulbesuch recht glücklich war, thematisierte ich die Übermüdung im Unterricht zunächst nicht.

Janices Mutter suchte mich im Allgemeinen zweimal wöchentlich auf, um mir weiterhin theatralisch für die schulische Entwicklung ihrer Tochter zu danken. Jedes Mal schimpfte sie über die ehemalige Lehrerin. Ich empfahl ihr, nach vorne zu schauen und den Neustart an unserer Schule als Chance zu begreifen. Es würde nichts bringen, sich immer an der Vergangenheit zu reiben.

Janices Mutter war eine groß gewachsene Frau, die sich ihre schönen blonden Haare ebenfalls extrem unnatürlich aufhellte. Sie trug auffällige körperbetonte Kleidungsstücke, die eigentlich nicht zu ihrem kräftigen Körperumfang passten. Als ich in der Akte ihr Alter las, erschrak ich, denn sie war sechs Jahre jünger als ich. Das hätte ich nie vermutet, denn man sah ihr deutlich an, dass sie bereits zahlreiche Höhen und Tiefen erlebt haben musste. Auch jetzt lebte sie mit einem türkischen Partner zusammen, der ihren Angaben nach ihr Ehemann war. In der Pause erzählte mir Janice immer wieder von den vielen

Streitereien zwischen ihrer Mutter und ihrem neuen «Mann». Es schien sie allerdings nicht wirklich zu belasten. «Jemal», so sein Name, hätte «eh nichts zu sagen».

Im Laufe des Schuljahres unternahmen wir einige Tagesausflüge. Wir fuhren zu dem landwirtschaftlichen Betrieb, in dem unsere Kollegin lebt – ein sehr beliebter außerschulischer Lernort für unsere Stadtkinder. Doch jedes Mal, wenn ein Ausflug anstand, kam Janice nicht zum verabredeten Zeitpunkt zur Schule. Auch an den folgenden Tagen fehlte sie. Wenn ich sie nach den Gründen für ihr Fehlen fragte, kam jedes Mal die gleiche, stereotype Antwort: «Ich war krank».

Es dauerte nicht allzu lange, bis Janice in das Verhaltensmuster verfiel, das ihr bereits in Gladbeck Schwierigkeiten bereitet hatte: Sie fehlte sehr häufig. Zunächst gab die Mutter sich erschrocken und bat mich, sie sofort anzurufen, wenn Janice fehlen würde. Sie gab an, ihre Tochter morgens stets pünktlich loszuschicken. Dennoch wurden im Laufe des Schuljahres die Schulbesuchszeiten kürzer und die Fehlzeiten immer länger.

Wie in jedem Schuljahr stand unsere Klassenfahrt auf dem Plan. In einem Anschreiben wurden die Eltern befragt, ob sie mit der Teilnahme ihres Kindes einverstanden sind. Damit Kinder von Empfängern des Arbeitslosengeldes II und Empfänger von Hartz IV ebenfalls an einer Klassenfahrt teilnehmen können, werden diese Kosten vom Integrationscenter übernommen. Frau A. unterschrieb den Elternbrief und ich füllte das notwendige Formular zur Kostenübernahme für das Arbeitsamt aus. Auf dem Formular werden die Daten des Kindes, Art der Schulfahrt, Ziel, Dauer und Kosten angegeben. Wenn die Eltern das Formular beim Integrationscenter einreichen, überweist der entsprechende Mitarbeiter das Geld auf das angegebene Konto der Schule.

Frau A. hatte jedoch kurzerhand das angegebene Konto auf dem Schulformular durchgestrichen und ihr eigenes Konto angegeben. Einem Mitarbeiter des Integrationscenters fiel dies natürlich sofort auf und rief bei unserer Schule an. Ich stellte die Sachlage sofort klar und das Geld wurde auf das richtige Konto überwiesen. Als ich Frau A. bei dem nächsten Treffen darauf ansprach, erwiderte sie mir: »Ich habe geglaubt, das Geld müsse auf mein Konto. Ich hätte es Ihnen dann selbstverständlich gegeben.« Natürlich glaubte ich ihr kein Wort. Es war ein Versuch wert, so interpretierte ich die Geschichte, und hakte sie für mich ab.

Am Tag der Abreise erschien Janice nicht. Da ein ganz bestimmter Zug mit unseren Sitzplätzen reserviert war, fuhren wir wieder einmal ohne Janice los. Janice war angeblich erkrankt und konnte nicht mitfahren. Von nun an wollte ich bei Krankheitsfällen nur noch ärztliche Atteste vorgelegt bekommen.

Im Laufe des Schuljahres erzählte mir Janices Mutter von dem neuen Freund ihrer Tochter. Er hieß Stefan und besuchte die Abschlussklasse unserer Schule. Stefan und Janice waren auch auf dem Schulhof unzertrennlich. Janice berichtete mir, dass sie auch ihre freien Nachmittage miteinander verbrachten. Leider nicht nur ihre freien Nachmittage. Immer häufiger fehlten beide Schüler während der Unterrichtszeit, sodass mich Stefans Klassenlehrerin dann in den Pausen fragte: «Ist Janice heute da?» Beide schienen offensichtlich gemeinsam die Schule zu schwänzen. Zum Glück nahm es Stefans Mutter nicht ganz so gelassen wie Janices Mutter. Nach einigen Gesprächen wurde Stefans Schulbesuch wieder regelmäßiger. Bei Janice nahm er weiter stetig ab.

Eines Tages erschien Frau A. wieder völlig aufgelöst in der Schule und berichtete mir über einen sehr intimen Vorfall. Sie hätte ihrer Tochter erlaubt, mit ihrem Freund Stefan das Wochenende gemeinsam auf einem Campingplatz zu verbringen. Nun hätte Janice ihr gebeichtet, dass es dort zum Geschlechtsverkehr zwischen ihnen gekommen wäre. Frau A. war darüber so empört und sehr enttäuscht von ihrer Tochter und diesem – O-Ton – «Schwein Stefan». «Ich bin ja wirklich eine lockere Mutter, aber so was...» Anscheinend wollte Frau A. eine Bestätigung über den Vertrauensmissbrauch von mir. Ich konnte ihre Erschrockenheit über den Vorfall nicht teilen, weil es meiner Meinung nach schon falsch war, eine so «lockere» Mutter zu sein. Was erwartete sie eigentlich? Sie ließ ihre 13-jährige Tochter mit einem 16-jährigen Jungen allein das Wochenende verbringen und fiel dann auf einmal aus allen Wolken? Das konnte ich wiederum nicht verstehen. War sie so naiv oder spielte sie mir wieder einmal etwas vor? Ich glaube Letzteres. Leider hört die Kindheit von vielen Kindern schon sehr früh auf und der Bereich des Erwachsenenlebens beginnt immer früher. So auch bei Janice. Ich bat die Biologielehrerin, dringend im Sexualunterricht das Thema Verhütung zum Unterrichtsinhalt zu machen. Mehr konnte ich nicht tun.

In der Folgezeit fehlte Janice immer öfter. Sprach ich ihren Freund Stefan an, sagte er mir, dass er sie morgens abholen wolle, sie aber immer noch im Bett liegen würde. Er hätte auf ihren Schulbesuch auch keinen Einfluss. Im Gegensatz zu Janice kam er wenigstens regelmäßiger. Also sprach ich wieder mit einer Mitarbeiterin des Jugendamtes und sie versprach mir einen erneuten Hausbesuch bei der Familie A. Gleichzeitig leitete ich ein Bußgeldverfahren wegen unentschuldigter Schulversäumnisse ein. Das Schulamt forderte Frau A. erneut schriftlich auf, zu den Fehlzeiten Stellung zu nehmen. Nachdem Janices Mutter wieder nicht reagierte, wurde ein Bußgeld festgesetzt. Ob es bei der Familie zu einer Vollstreckung des Bußgeldes kam, bleibt dem Schulamt und mir verborgen. Das entscheidet die Stadt bei jeder Familie individuell. Da es sich bei der Familie A. um eine Familie mit Hartz IV-Bezügen handelt, bleibt die Frage, ob man bei einer solchen Familie pfänden kann. Sehr wahrscheinlich nicht.

Nachdem die Mitarbeiterin des Jugendamtes bei Frau A. zu Hause gewesen war, erschien diese mit Janice und ihrer Oma in der Schule. Sie wollten mit unserem Schulleiter sprechen. Frau A. gab zunächst an, dass sie von der Schwänzerei ihrer Tochter nichts gewusst hätte. Janice hätte angeblich alle Briefe abgefangen und würde von ihr jeden Morgen pünktlich aus dem Haus geschickt werden. Dass dies eine Lüge war, war allen Gesprächsteilnehmern klar. Mitschüler hatten die Mutter mehrfach auf Janice und ihre Fehlzeiten angesprochen. Die Mutter antwortete dann jedes Mal: «Janice besucht jetzt eine andere Schule». Das hatte ich meinem Schulleiter bereits im Vorfeld erzählt. Also fragte er nach dem Zeugnis, das Janice sich immer noch nicht abgeholt hatte. «Wie, hier gibt es auch Zeugnisse?», war die Antwort der Mutter. Als mein Schulleiter sie nach Hausaufgaben und Klassenarbeiten, die sie als Mutter doch bei ihrer Tochter vermisst haben müsste, ansprach, gab sie sich erneut naiv.

Schließlich mischte sich die Oma ein und forderte ihre Tochter auf, endlich mit dem Lügen aufzuhören. Frau A. war mittlerweile richtig laut und unverschämt geworden. Ein vernünftiges Gespräch war nicht mehr möglich. Sie stritt alles ab und versuchte nun, die Schulversäumnisse mit einer weiteren Lüge zu entschuldigen. Anscheinend hätten einige Mitschüler Janice belästigt und seitdem würde sie sich nicht mehr trauen,

187

zur Schule zu kommen. Die Jungen aus meiner Klasse würden Janice sexuell belästigen und Janice würde sich nicht trauen sich mir anzuvertrauen. Eine solch gravierende Beschuldigung musste mein Schulleiter ernst nehmen. Sollte sich nämlich so eine Geschichte als wahrheitsgemäß herausstellen und er hätte die Vorwürfe nicht ernst genommen, wäre er in einer sehr schlechten Position gewesen. Also befragten wir im Plenum meine Schüler nach einem solchen Vorfall. Wie erwartet, wurde die Aussage nicht bestätigt und mich ärgerte es, dass diese Frau für all ihre Lügen eine Plattform bekam.

Natürlich änderte sich auch nach diesem Gespräch nichts am Schulbesuchsverhalten von Janice. Jetzt blieb nur noch eins, was ich versuchen konnte. Ich sprach mit der Mitarbeiterin vom Jugendamt und bat sie um eine mehrwöchige Schulwegsbegleitung für Janice. Das Jugendamt hat einen Pool von Mitarbeitern, die Schulschwänzer zu Hause abholen und zur Schule bringen. «Unser Kontingent ist zur Zeit ausgeschöpft», wurde mir gesagt. «Wir haben nicht genug Leute». In solchen Momenten denke ich an die vielen Gespräche, die ich mit meinem Schulleiter, mit dem Jugendamt, mit dem Schulamt, Janice und ihrer Mutter geführt habe. An die vielen Briefe und Protokolle, Aktennotizen, die von mir geschrieben wurden. Das Ergebnis dieser vielen Arbeit ist dann sehr frustrierend und ich kann über die Schulpflicht, die im Gesetz verankert ist, nur noch müde lächeln. Mein Ziel, ein regelmäßiger Schulbesuch für eine minderjährige, schulpflichtige Schülerin, hatte ich nicht erreicht.

Einmal habe ich Janice zufällig in der Gelsenkirchener Innenstadt gesehen. Sie war mit einem anderen gleichaltrigen Mädchen und ihrer 5-jährigen Schwester unterwegs. Janice sprach zwei jugendliche ausländische Jungen nach Feuer für ihre Zigarette an. Dabei kicherten beide Mädchen. Sie wollte offensichtlich einen Kontakt mit diesen Jungen herstellen. Ihr gesamtes äußeres Erscheinungsbild hatte sich auch verändert. Janice wirkte mit ihren 14 Jahren schon viel älter und verlebter. Ihre Kleidung war sehr figurbetont und sie war ziemlich stark geschminkt. Manchmal frage ich mich, wieso sich gewisse Schicksale wiederholen müssen. Janice wird meiner Meinung nach in sehr jungen Jahren ein Kind bekommen. Sehr wahrscheinlich von einem jungen Mann ausländischer Herkunft. Hoffentlich wird ihr ein Drogenproblem erspart bleiben.

Leider ist das Problem Schulschwänzer kein Einzelfall. In fast jeder Klasse gibt es ein bis zwei Dauerschwänzer. In der Regel fehlen diese Kinder sehr häufig und so bald man Mahnbriefe an die Erziehungsberechtigten schreibt, erscheinen sie wieder für ein paar Tage im Unterricht, um dann wieder in ihr altes Verhaltensmuster zurückzufallen. Janice ist ein klarer Fall der besonderen Härte. Sämtliche Mahnbriefe und auch die Briefe des Schulamtes wurden von der Mutter ignoriert. Obwohl es sich hier meiner Meinung nach auch um eine Gefährdung des Kindeswohls handelt, führten sämtliche Maßnahmen seitens der Schule und des Jugendamtes zu keiner Verhaltensänderung. Unter Kindeswohlgefährdung sollte nicht nur die Verwahrlosung und Misshandlung von Kindern verstanden werden. Schulschwänzerei und der damit verbundene Lebensstil führen bei einem 13-jährigen Kind enorm zu einer Gefährdung des Wohlseins.

Trotz vorhandener Gesetze zur Schulpflicht fehlt es anscheinend an der ausführenden Kraft. Lehrer und Sozialarbeiter leisten ihre Arbeit, dennoch greift der Gesetzesarm speziell in Nordrhein-Westfalen nicht. Es fehlt an Personal und an vollzogenen Strafen. Wie kann ein Jugendamt nicht über genügend Personal verfügen? Von der Gesetzeslage dürfen wir einmal pro Fall die Polizei beauftragen, eine Schulschwänzerin abzuholen um sie zur Schule begleiten zu lassen. Warum ist dies nicht öfter möglich? Die Wirkung einer solchen «Begleiteskorte» wäre nicht unerheblich. So ein Polizeiwagen, der morgens vor der Tür steht, wäre mit Sicherheit sehr eindrucksvoll – eindrucksvoller als irgendwelche Studenten vom Jugendamt, die den gleichen Job verrichten.

12. Mit Hartnäckigkeit ans Ziel – Hivda

Eine Erfolgsgeschichte besonderer Art stellt der Lebensweg von Hivda dar. Hivda wurde als viertes von fünf Kindern einer kurdischstämmigen Familie geboren. Ihr Geburtsort liegt im Osten der Türkei in der Nähe der Stadt Van und wird vornehmlich von Kurden bewohnt. Die Amtssprache ist Türkisch; Kurdisch war lange Zeit verboten, sogar das Singen kurdischer Lieder stand unter Strafe. Inzwischen ist zumindest in dieser Hinsicht etwas mehr Toleranz eingekehrt, die kurdische Sprache ist offiziell zugelassen. Dennoch finden immer wieder türkische Übergriffe auf das Kurdengebiet statt. Militärische Offensiven gegen die in der Region vermuteten Stellungen von Kämpfern der verbotenen PKK sind an der Tagesordnung.

Hivdas Vater arbeitete mehrere Jahre lang als Journalist bei der örtlichen Zeitung. In seinen Artikeln befasste er sich immer wieder mit den vielen Verboten und Repressionen, die das Leben in der Stadt erschwerten. In einem unserer zahlreichen Gespräche berichtete mir Hivda von nächtlichen Hausdurchsuchungen, die das Militär nach derlei Veröffentlichungen bei ihrer Familie vorgenommen hatte. Mehrmals in einer Woche war die Familie nachts geweckt worden und hatte sich schlaftrunken vor dem Haus aufstellen müssen. Da die Soldaten vermutlich nicht genau wussten, wonach sie suchen mussten, hinterließen sie jedes Mal ein Chaos. Des Öfteren wurde Hivdas Vater von Soldaten abgeholt und ins Gefängnis gebracht, um ihn Verhören zu unterziehen, da man ihn allein aufgrund seiner beschreibenden, letztlich aber regimekritischen Artikel der Unterstützung der PKK verdächtigte. Bis heute ist es in der Türkei nicht ungefährlich, von seinem Recht auf freie Meinungsäußerung Gebrauch zu machen – und das gilt längst nicht nur für die Kurdengebiete. Das bekannteste Opfer staatlicher Repressalien ist wohl der türkische Literaturnobelpreisträger Orhan Pamuk. Aufgrund von Interviewäußerungen zu den dunklen Seiten der türkischen Geschichte wurde er wegen «Beleidigung des Türkentums» (Artikel 301 des türkischen Strafgesetzbuches) angeklagt. Das Verfahren wurde erfreulicherweise jedoch im Januar 2006 eingestellt.

Hivdas Familie war sehr lange Zeit getrennt und lebt inzwischen seit acht Jahren in Gelsenkirchen-Ückendorf. Dem Vater war es gelungen, über verschlungene Wege nach Deutschland einzureisen. Hier lebte er zunächst in einem Asylbewerberheim. Nach der Anerkennung seines Asylantrags konnte er erst Jahre später im Zuge der Familienzusammenführung seine Frau und seine fünf Kinder zu sich nach Deutschland holen. Hivdas älteste Schwester war bereits im Alter von 18 Jahren mit einem Kurden verheiratet worden. Die junge Familie lebt mit ihren beiden Kindern in Herne. Die anderen Geschwister von Hivda besuchen entweder die Regelschule oder gehen noch in den Kindergarten.

Der Stadtteil Ückendorf wird zu großen Teilen von Familien mit Migrantenhintergrund bewohnt. Am Beispiel der Gesamtschule Ückendorf wird dies besonders deutlich. Sie weist einen

Ausländeranteil von über 80 Prozent auf. Im Rahmen einiger AO-SF-Verfahren habe ich dort Klassen kennen gelernt, in denen ausschließlich Kinder mit Migrationshintergrund saßen. Diese Gesamtschule ist das Pendant zu den vieldiskutierten «Gettoschulen» in Berlin-Neukölln. Die schulischen Lernanforderungen einiger mir bekannten Klassen sind kaum höher als die in unserer Förderschule.

Nach zwei wenig erfolgreichen Schuljahren leitete die Grundschule ein AO-SF-Verfahren für Hivda ein. Das Mädchen hatte in fast allen Unterrichtsfächern Lernschwierigkeiten. Nach Abschluss des Verfahrens wechselte sie in meine vierte Klasse. Zu diesem Zeitpunkt sprach sie kaum deutsch.

Hivda war zunächst ein sehr zurückhaltendes Mädchen. Obwohl sie nicht aktiv am Unterricht teilnahm, beobachtete sie alles, was um sie herum geschah, genau. Nach ein paar Wochen taute sie etwas auf und traute sich manchmal, etwas im Gesprächskreis zu erzählen. Aufgrund ihrer Sprachschwierigkeiten benötigte sie dabei Unterstützung mittels Fragen. Wenn sie etwas nicht ausdrücken konnte, erzählte sie es schnell auf Türkisch. Ihre türkisch sprechenden Klassenkameraden halfen ihr dann bei der Übersetzung.

Hivda war sehr wohl bewusst, dass sie versuchen musste, im Unterricht deutsch zu sprechen. Dennoch musste von schulischer Seite aus die besondere Situation der Zweisprachigkeit (in ihrem Fall sogar der Dreisprachigkeit) berücksichtigt werden. Eine abrupte Unterbrechung ihrer Primärsprache – sprich: das Verbot, sie im Unterricht zu verwenden – hätte das Risiko in sich getragen, dass Hivda nicht mehr gesprochen hätte, weil sie viel zu unsicher war. Die Suche nach der passenden Übersetzung bedeutete einen Lernprozess, von dem sowohl Hivda als auch ihre türkisch sprechenden Klassenkameraden profitierten. Da ich selbst ja auch türkisch spreche, konnte ich das Gespräch lenken, sobald sie vom Thema abwichen.

Hivdas Vater war sehr an der schulischen Entwicklung seiner Tochter interessiert. Er erschien zu allen Elternsprechtagen und war dabei stets äußerst pünktlich. Wenn ich ihm vom Lernzuwachs seiner Tochter erzählte, strahlte er mich an. Ganz gleich, um was ich ihn bat, sei es die Einverständniserklärung, dass Hivda an einer mehrtägigen Klassenfahrt teilnehmen durfte oder dass sie in der Schulmannschaft mit Fußball spielen durfte, stets war er einverstanden. Für mich war das eine sehr schöne Erfahrung, denn es gab so viele Eltern, bei denen ich meine ganze Überredungskunst aufwenden musste, damit sie ihren Kindern ein wenig mehr Freiraum gewährten. Hivdas Vater verhielt sich in dieser Hinsicht sehr kooperativ. Seine Antwort auf derlei Ansinnen war immer gleich: «Mein Kind ist auch Ihr Kind».

Hivdas Vater war der kurdischen Tradition durchaus verhaftet, was schon sein Äußeres zeigte: Er trug die traditionelle kurdische Kleidung, die aus einer im Schritt weit geschnittenen Pumphose und einem weiten hellen Hemd besteht. Auch sein spitzer, nach oben geschwungener Schnurrbart ließ seine kurdische Abstammung erkennen. Er war stets akkurat geschnitten und stach schon von weitem wegen seiner Länge ins Auge. Der Schnurrbart ist in orientalischen Gesellschaften ein Symbol der Männlichkeit und des männlichen Stolzes. Beides trat durch die Art und Weise, wie Hivdas Vater seinen Bartschmuck trug, und durch seine Gesamtausstrahlung offen zutage. Zweifelsfrei handelte es sich hier um einen sehr stolzen orientalischen Mann. Zumindest was seine Tochter Hivda betraf, hatte er auch allen Grund, stolz zu sein.

Hivdas Mutter bekam ich in der gesamten Zeit nur einmal

zu Gesicht. Sie hatte ein buntes, an den Ecken mit Spitzen verziertes Baumwolltuch mehrfach um den Kopf gebunden. Ihr Rock reichte fast bis zum Boden. Darüber trug sie eine ebenfalls bunte lange Bluse. Ihr Teint war sehr dunkel. Man konnte den Eheleuten ansehen, dass sie einer anderen Kultur entstammten. Dennoch war die Familie dem westlichen Erziehungsstil gegenüber aufgeschlossen.

Hivda legte bald ihre anfängliche Zurückhaltung ab, und ihr Lernzuwachs innerhalb eines Schuljahres war enorm. Ihre Lernblockade, die sie in der Grundschule hatte scheitern lassen, wich von Tag zu Tag. Sie sprach immer besser deutsch und in Mathematik gehörte sie sehr schnell zu den besten Rechnern der Klasse. Ihr Aufgabenverständnis und das schlussfolgernde Denken waren gut, wobei sie immer mehr Vertrauen in die eigenen Fähigkeiten gewann. Ich konnte mir die Lernschwierigkeiten, die sie in der Grundschule gehabt hatte, nur durch eine temporäre psychische Blockade erklären. Vielleicht lag die Ursache auch in den frühkindlichen traumatischen Erlebnissen, die sie in ihrem Heimatort hatte durchleiden müssen.

Als sie in der 5. Klasse war, fragte mich Hivda eines Tages, ob sie noch lange hier auf der Förderschule bleiben müsse. Das negative Bild, das viele Menschen von einer Förderschule haben, war auch ihr nicht verborgen geblieben. So erzählte sie mir, dass die Klassenkameraden ihrer Geschwister negativ reagierten, sobald sie erfuhren, welche Schule Hivda besuchte. So gerne Hivda auch in unsere Schule kam, außerhalb dieser Lernstätte erlebte sie ablehnende Reaktionen.

Auch wollte Hivda von mir wissen: «Wie kann ich Lehrerin werden?» Als ich ihr den nötigen Bildungsabschluss erklärte, wurde sie sehr traurig. Ich versprach ihr, sie bei weiter konstant guten Noten probeweise zur Hauptschule zu schicken. Das war für sie ein Anreiz, sich weiter zu steigern. Hivda war nicht nur fleißig, sondern auch sehr ehrgeizig. Nach eineinhalb Jahren sprach ich mit meinem Schulleiter und dem Schulleiter unserer Nachbarhauptschule. Beide waren mit einer vierwöchigen Probezeit einverstanden.

Hivda blühte noch mehr auf und freute sich sehr auf die kommende Zeit. Während der Probezeit telefonierte ich wöchentlich mit ihrer neuen Klassenlehrerin und erkundigte mich nach Hivdas Leistungen. Die Lehrer waren mit ihr sehr zufrieden, und so stand einem Schulwechsel nichts mehr im Wege.

Beim Schulamt stellte ich einen Antrag auf Beendigung der sonderpädagogischen Förderung. Eine Begründung meines Antrages mit einer Aufstellung von Hivdas schulischen Leistungen mussten nicht nur ich, sondern auch die Kollegen der Hauptschule einreichen. Ohne diesen bürokratischen Aufwand ist ein solcher Schulwechsel leider immer noch nicht möglich. Das Schulamt entschied schließlich im Sinne des Kindes und legte ihrer weiteren Laufbahn keine Steine in den Weg. Im Klassenverband feierten wir Hivdas Abschied, der allen Beteiligten schwerfiel.

Manchmal besucht Hivda uns noch. Mitunter fragt sie nach Rat bei einigen Hausaufgaben oder zeigt mir die guten Noten ihrer Klassenarbeiten. Ich gebe gerne zu, dass mich in solchen Momenten ein gewisser Stolz überkommt.

Nachdem sie ein Jahr die Hauptschule besucht hatte, hörte ich, dass sie auf eine Gesamtschule wechseln wollte. Die Hauptschule war nur ein Übergang für sie. Der Wechsel zur Gesamtschule gestaltete sich problemlos. Hier lernen die guten und die etwas schwächeren Kinder gemeinsam. Ab einer bestimmten Klasse werden die leistungsstärkeren Kinder in

Erweiterungskursen differenziert unterrichtet. So besteht die Möglichkeit, dass ein Schüler bzw. eine Schülerin nach Abschluss der Sekundarstufe I die Sekundarstufe II besuchen kann, falls er/sie zuvor in den Erweiterungskursen in den Hauptfächern Mathematik, Deutsch und Englisch erfolgreich war.

Hivda ist eines der wenigen Beispiele für die genutzte Chance auf eine gelungene Integration in unser Schulwesen. Vielleicht macht sie ihren Traum, Lehrerin zu werden, wahr, die Möglichkeit hat sie jetzt. Mit jedem Schulwechsel kommt sie diesem Traum ein Stück näher.

Manchmal stelle ich mir die Frage, warum Hivda es geschafft hat und andere Kinder trotz der gleichen Förderung noch nicht einmal den Hauptschulabschluss erreichen. Ein wesentlicher Grund liegt meines Erachtens in der Aufgeschlossenheit des Elternhauses. Auch wenn Herr A. seiner Tochter inhaltlich nicht helfen konnte, so hat er ihr doch schulisch gesehen keine Steine in den Weg gelegt. Die Familie war dankbar für jede Art der Förderung. Hivda durfte auch stets ihre Schulfreundinnen besuchen und lud sie ebenfalls zu sich nach Hause ein. Oftmals erzählte sie mir freudestrahlend: »Elisabeth hat bei mir übernachtet. Wir haben gespielt und getanzt.« Ich kenne etliche andere Familien, bei denen sich die Freundschaften bzw. Sozialkontakte lediglich auf die eigene Großfamilie reduzieren. Am Wochenende besuchen sich die Verwandten untereinander und die Kinder haben dann nur die Möglichkeit, mit ihren Cousins und Cousinen zu spielen. Außerhalb dieses Rahmens besteht kaum die Gelegenheit, Freundschaften anzubahnen. Persönliche Vorlieben oder Neigungen bleiben unberücksichtigt.

Einige Schülerporträts haben den Unterschied in der Haltung des Elternhauses besonders deutlich gemacht. So erscheinen zuweilen die Erziehungsberechtigten nur nach intensivem Drängen durch die Schulleitung zu Elterngesprächen, Absprachen werden seitens der Familie nicht eingehalten. Gute schulische Leistungen sind in sehr vielen Familien nicht erstrebenswert. Eine soziale Verbesserung oder Besserstellung wird nicht gewünscht. Ich mache täglich die Erfahrung, dass es Familien gibt, die sich einfach nicht helfen lassen wollen. Die Verlierer sind dabei leider immer die Kinder.

«Die Kluft wächst» – Die Zukunft unserer Schüler

Unbestreitbar ist der Grad der persönlichen Integration in eine Gesellschaft von den individuellen Möglichkeiten, sich in diese Gesellschaft einzubringen, abhängig. Voraussetzung hierfür ist eine ausreichende Bildung. Sie ermöglicht es, die gesellschaftliche Realität bewusst wahrzunehmen und mit zu beeinflussen. Gleichzeitig bietet sie auch die notwendige Voraussetzung für eine finanzielle Unabhängigkeit. Beides ist nicht erst in unserer heutigen Zeit im Wesentlichen von der jeweiligen beruflichen Position, die der Einzelne einnimmt, abhängig. Folglich ist nur über eine gute, qualifizierte Berufsausbildung eine selbstbestimmte Teilhabe am gesellschaftlichen Leben möglich. Weniger qualifizierte Arbeitskräfte verfügen in der Regel nur über ein geringes Einkommen oder werden häufig allein über Sozialleistungen staatlich subventioniert. Sie haben auch kaum Möglichkeiten der gesellschaftlichen Einflussnahme. Wie wir aus vielen soziologischen Untersuchungen wissen, ist das nicht nur ein Problem von Migranten, sondern trifft in allen Gesellschaftsformen in gleicher Weise auf viele Angehörige der Unterschicht zu. Menschen, denen durch Arbeitslosigkeit die Existenzgrundlage entzogen oder von vornherein keine Chance für den Einstieg in die Arbeitswelt geboten wurde, ziehen sich zunehmend aus dem gesellschaftlichen Leben zurück. Sie sind nicht in Vereinen aktiv, sie nehmen wenig oder kaum an kulturellen Veranstaltungen teil und verzichten auch weitgehend auf ihre Mitwirkung in politischen Entscheidungsprozessen. So sind Arbeitslose in den politischen Parteien unterrepräsentiert, und selbst die Wahlbeteiligung liegt bei ihnen weit unter den Durchschnittswerten.

Um diesem Kreislauf entgegenzuwirken, stellt die Vorbereitung auf eine qualifizierte Berufsausbildung eine wesentliche Aufgabe der Schule dar. Insbesondere die Schüler einer Förderschule stammen fast ausschließlich aus Familien, die am Rande der Gesellschaft leben. Dies trifft in gleicher Weise auf Kinder aus deutschen Familien wie auf Kinder aus Zuwandererfamilien zu. Untersuchungen in 23 kreisfreien Städten Nordrhein-Westfalens zeigen, dass in einem Stadtgebiet u.a. die Arbeitslosenquote und ein hoher Ausländeranteil an der Wohnbevölkerung einen nicht unwesentlichen Einfluss auf den Förderschulbesuch ausüben. Das heißt, in Stadtteilen mit einem hohen Arbeitslosen- und Ausländeranteil besuchen weitaus mehr Schüler eine Förderschule als in Städten mit niedriger Arbeitslosenquote und geringerem Ausländeranteil (vgl. Johannes Mand, «Integration für Kinder», in: *Zeitschrift für Heilpädagogik*, 3/2006, S. 109–115). Bei Schulbuchbestellungen und der Finanzierung von Klassenfahrten wird dies jedes Mal auch an unserer Schule deutlich. Es gibt Schulklassen, in denen die Finanzierung zu neunzig Prozent aus öffentlichen Mitteln erfolgt. Das bedeutet, dass diese Familien über kein eigenes Einkommen verfügen. Diese Zahlen korrespondieren mit den Zahlen in anderen Regionen Deutschlands (vgl. Reiner Scholz, «Gefangen im Schonraum», in: *Die Zeit*, 23. August 2007, S. 59). Aber auch die berufstätigen Eltern sind überwiegend in sogenannten «prekären Arbeitsverhältnissen» beschäftigt. Um diesen Kreislauf zu durchbrechen, ist es wichtig, gerade die Schüler unserer Schulform intensiv auf ihre berufliche Zukunft vorzubereiten und sie nach Möglichkeit in die Lage zu versetzen, eine Berufsausbildung aufzunehmen und auch erfolgreich abzuschließen.

Seitens der Schulen wird auch sehr viel unternommen, um diesem Anspruch gerecht zu werden. Wie aber sieht die Realität aus? Was passiert mit unseren Schülern nach Abschluss der allgemeinen Schulpflicht?

Sie treffen auf einen Arbeits- und Ausbildungsstellenmarkt, der sich durch den technologischen Wandel und die Globalisierung in den letzten Jahren rasant verändert hat. Dieser Prozess wird sich nach Expertenmeinung in den nächsten Jahren noch weiter fortsetzen. Der technologische Wandel hat zu einer weitgehenden Neuordnung der Ausbildungsberufe geführt. Viele alte Berufsfelder sind verschwunden, während vielfältige neue Berufe mit hohen theoretischen Anforderungen entstanden sind. Bei der Produktion von Industriegütern hat sich in den letzten Jahrzehnten der Anteil der Arbeitskosten gegenüber den Materialkosten extrem verringert. Das heißt, zur Herstellung verschiedener Waren werden zunehmend weniger Arbeitskräfte benötigt als in der Vergangenheit. Gleichzeitig hat sich der Faktor Arbeitskraft verstärkt zu planerischen bzw. entwickelnden Tätigkeiten hin entwickelt. Wo noch Arbeitskräfte benötigt werden, sind das in der Hauptsache hoch qualifizierte Fachkräfte (vgl. G. Duismann, «Neue Arbeitswelt – neue Arbeitslehre?», in: *Lernen konkret* 2001, S. 2–5). Die Verlagerung der Produktion in Niedriglohnländer sorgt zusätzlich für Konflikte auf dem Arbeitsmarkt. Das jüngste Beispiel der Firma Nokia in unserer Region macht das noch einmal sehr deutlich. Während sich vielen qualifizierten Arbeitskräften bereits sehr schnell neue Chancen auf dem Arbeitsmarkt boten, werden ihre weniger oder nicht ausgebildeten Kollegen nur sehr schwer in neue Arbeitsverhältnisse zu vermitteln sein.

Auf diesem Arbeits- bzw. Ausbildungsstellenmarkt, in dem einfache Tätigkeiten aus ökonomischen Gründen oft ganz gestrichen oder im Rahmen der Globalisierung ins Ausland verlagert worden sind, müssen unsere Schüler nun mit den Schulabgängern der anderen Schulformen konkurrieren. Hauptschüler, Schüler mit dem mittleren Bildungsabschluss und zunehmend auch Abiturienten sind an Ausbildungsplätzen interessiert. Dass hierbei die Chancen unserer Schüler nicht besonders groß sind, ist offenkundig. Die Anforderungen, die an die Schulabgänger der Förderschule gerichtet werden, unterscheiden sich nämlich prinzipiell nicht von denen, die an Schulabgänger anderer Schulformen gerichtet werden.

Da das Angebot an Ausbildungsplätzen in der Industrie und im Handwerk in den vergangenen Jahren ohnehin nicht ausreichte, um alle Bewerber aufzunehmen, sind die Vermittlungschancen für die Abgänger der Förderschulen auf diesem Markt somit auf ein Minimum gesunken. Zwar wird jedes Jahr aufs Neue in den Medien zu gemeinsamen Anstrengungen des Handwerks, der Industrie und der Politik aufgerufen, für zusätzliche Ausbildungsangebote zu sorgen, aber die Erfolge sind in der Regel nur sehr gering.

Trotz aller gemeinsamen Anstrengungen ist es in den vergangenen Jahren nicht gelungen, wirklich allen Bewerbern gerecht zu werden. Zudem sind neben den jeweiligen Schulabgängern noch sogenannte Altbewerber aus den vorangegangenen Jahren als potentielle Kandidaten auf dem Markt, sodass die Lücke nie geschlossen wurde.

In den jährlich neu erscheinenden Berufsbildungsberichten der Bundesregierung wird kontinuierlich über die bundesweite Entwicklung der Ausbildungsangebote und ihrer Nachfrage berichtet. In dem aktuellen Bericht eines Jahres wird jeweils die Bilanz des Vorjahres dargestellt. So wurde z.B. in dem Berufsbildungsbericht des Jahres 2006 das Ergebnis des

Ausbildungsjahres 2005 dargestellt. Hier heißt es, «die Bilanz des vergangenen Jahres zeigt, dass der ‹Nationale Pakt für Ausbildung und Fachkräftenachwuchs in Deutschland› wirkt, aber neue Dynamik braucht. 2005 wurden weniger Ausbildungsverträge abgeschlossen als im Vorjahr. Die ungünstige Entwicklung bei neu abgeschlossenen Ausbildungsverträgen der vergangenen Jahre hat sich damit fortgesetzt, das positive Ergebnis 2004 als nicht dauerhaft erwiesen. Um eine neue Dynamik am Ausbildungsstellenmarkt zu erzeugen, wird die Bundesregierung die Aktivitäten zur Gewinnung von Ausbildungsplätzen weiterführen.» (BMBF 2005)

Hier wird eine Negativbilanz beschönigt. Auch im Jahr 2008 reichte das Angebot nicht aus. So berichtete die *Westdeutsche Allgemeine Zeitung* am 29. August 2008, dass in Nordrhein-Westfalen noch 29 000 Bewerber einen Ausbildungsplatz suchten – dem standen nur 11 000 offene Stellen entgegen. Außer Acht gelassen wird zusätzlich, dass Abgänger der Förderschulen häufig als nicht ausbildungsfähig- oder ausbildungsreif betrachtet werden und somit in solchen Bilanzen sehr oft nicht repräsentiert sind. «Lässt die Wirtschaft die Förderschulen im Stich?», fragt konsequenterweise der Verband «Fördern und Lernen», eine Organisation, die die Interessen von Menschen mit Lernbehinderungen vertritt, nachdem eine Marktanalyse von «schule-trifft-wirtschaft.de» herausgefunden hat, dass Förderschulen kaum auf bildungspolitische Unterstützung der Wirtschaft bauen können: «Bei der Entwicklung von Lernmaterialien werden Förderschulen von den Unternehmen nicht ausreichend berücksichtigt. Die Bevorzugung der Sekundarstufe in der Disposition von Marketingbudgets für Schulen führt zu einer zusätzlichen Benachteiligung von lernschwachen Schülern.» (*Lernen Fördern*, 2/2008, S. 28)

Selbst Förderangebote für Ausbildungsbetriebe bleiben von der Wirtschaft weitgehend ungenutzt, wenn es darum geht, das Ausbildungsangebot für schwervermittelbare Jugendliche bereitzustellen. So war ebenfalls in der «Westdeutschen Allgemeine Zeitung» vom 22. August 2006 nachzulesen, dass Ausbildungsbetriebe bereitgestellte Fördermittel nicht in Anspruch nehmen: «Seit zwei Monaten erhalten Betriebe einen Ausbildungsbonus in Höhe von 4000 bis 6000 Euro, wenn sie zusätzlich schwervermittelbare Lehrlinge einstellen und diese sich zuvor erfolglos um eine Ausbildungsstelle beworben haben. Nach Ansicht der Industrie- und Handelskammer (IHK) zu Dortmund hat dieser Zuschuss aber kaum positive Effekte: Einer IHK-Studie zufolge sagen 85 Prozent der befragten Unternehmen, dass der Bonus ihr Verhalten bei der Auswahl der Lehrlinge nicht verändert habe. Wichtiger als Geld seien gut vorbereitete Bewerber.»

Trotz der häufigen Berichterstattung in den Medien über den oftmals bereits bestehenden Fachkräftemangel, der sich zukünftig noch verschärfen und schwerwiegende Folgen für die deutsche Wirtschaft haben wird, hat sich hieran nichts geändert. Viele Jugendliche bleiben auf der Strecke. Die Ursachen sind vielfältiger Art. Sie sind zum einen darin zu suchen, dass die Wünsche der Schulabgänger nicht mit dem vorhandenen Angebot übereinstimmen, zum anderen darin, dass ihre schulische Qualifikation nicht ausreicht oder aber auch das Angebot an Ausbildungsstellen in bestimmten Regionen einfach nicht vorhanden ist.

Wenn sehr oft selbst ein Hauptschulabschluss nicht mehr ausreicht, um den Anforderungen eines Ausbildungsberufes gerecht zu werden, ist es einleuchtend, dass gerade Schüler der Förderschule unter dem stattfindenden Verdrängungswettbewerb am meisten zu leiden haben. Ihre Chancen auf dem freien Markt, eine qualifizierte Ausbildungsstelle zu finden, sind in bestimmten Regionen Deutschlands auf ein Minimum gesunken.

Das war in der Vergangenheit nicht immer so. Zwar verlief die berufliche Eingliederung von Schülern der Förderschule von jeher problematisch. Zu Zeiten eines gut funktionierenden Arbeitsmarktes konnte aber der überwiegende Teil dieser Schulabgänger noch einen Ausbildungsplatz oder zumindest einen gering qualifizierten Arbeitsplatz finden. So hat sich der berufliche Einmündungsprozess – zumindest oberflächlich betrachtet – damals als nicht unbefriedigend dargestellt.

Sowohl einfache Handwerkerberufe mit geringen theoretischen Anforderungen als auch Ausbildungsberufe in der Schwerindustrie oder im Bergbau boten einst vielfältige Chancen auch für weniger qualifizierte Schulabgänger. Das war in jener Zeit, in der zunehmend aus den sogenannten Anwerbeländern – zunächst hauptsächlich aus Italien, Spanien und Portugal, später auch aus Griechenland und der Türkei – zusätzliche Arbeitskräfte nach Deutschland geholt wurden. Hierbei handelte es sich in der Regel ausschließlich um gering- oder unqualifizierte Arbeitskräfte, die in ihren Heimatländern im Wesentlichen in der Landwirtschaft beschäftigt waren.

Noch in den 1950er und 60er Jahren wurden gerade von größeren Betrieben sogenannte Kalfaktoren als Laufburschen, Büroboten oder als «Mädchen für alles» eingesetzt. Diese Tätigkeiten sind vollends verschwunden. Besonders in unserer Region sind durch den Rückgang des Bergbaus und die Rationalisierung in der Stahlindustrie zahlreiche einfache Arbeitsplätze weggefallen. Gerade für lernschwache Jugendliche boten sich hier in den früheren Jahren sehr gute Beschäftigungsmöglichkeiten. Zwar handelte es sich zumeist nicht um qualitativ besonders gute Arbeitsplätze, dennoch konnte der eigene Lebensunterhalt in der Regel gesichert werden. Über die berufliche Tätigkeit hinaus konnte auch der durch den Schulbesuch festgeschriebene Behindertenstatus weitgehend überwunden werden. Letztlich hat sich die traditionelle Hilfsschulpädagogik seit Anfang des 19. Jahrhunderts weitgehend dadurch legitimiert, die Schüler zur Lebenstüchtigkeit zu erziehen und damit in die Lage zu versetzen, eigenständig für den Lebensunterhalt zu sorgen.

Mit Beginn der Bildungsreformen Mitte der 1960er Jahre wurde diese Position zu Recht kritisiert. Die Bildungsreformer forderten auch für die Abgänger von Förderschulen qualifizierte Ausbildungsgänge, um nicht nur der einseitigen Anpassung der Förderschüler an die gesellschaftlichen Verhältnisse Rechnung zu tragen, sondern auch die Erziehung zur Selbstbestimmung zu fördern (vgl. Sieglind Ellger-Rüttgardt, «Die berufliche Bildung von Jugendlichen mit besonderem Förderbedarf – historische Aspekte und gegenwärtige Anforderungen», in: Zeitschrift für Heilpädagogik, 12/2006, S. 442–448).

Die Realität heute sieht anders aus. Selbst die damals vielgeschmähten Tätigkeiten sind inzwischen fast gänzlich verschwunden. Stattdessen gibt es öffentlich subventionierte Ein-Euro-Jobs ohne langfristige Perspektiven oder Arbeitsplätze unter der sozialabgabenpflichtigen Einkommensgrenze. Einfache Hilfsarbeitertätigkeiten sind kaum noch vorhanden. Was bleibt, ist daher nur eine qualifizierte Berufsausbildung. Hier aber steht man in direkter Konkurrenz zu Schülern mit qualifizierteren Schulabschlüssen.

Nun sollte aber die Vorbereitung auf die berufliche Integration eine wesentliche Aufgabe der Schule darstellen. Nicht nur für die Kinder aus Migrantenfamilien, sondern für alle Schüler sollte die Zielsetzung der schulischen Ausbildung darin bestehen, sie zu einer weitgehend selbstständigen, autonomen Lebensführung zu bringen. Und eine wesentliche Grundlage hierfür ist die berufliche Tätigkeit und die damit einhergehende ökonomische Basis.

Wie aber soll die schulische Vorbereitung angesichts des heutigen Arbeitsmarkts aussehen? Die offizielle Schreibweise lautet folgendermaßen: «Die Schule hat den Auftrag, alle Schülerinnen und Schüler zu befähigen und ihre Bereitschaft zu fördern, in Übereinstimmung von Lebens- und Berufsplanung Strukturen der Wirtschafts- und Arbeitswelt und deren raschen und grundlegenden Veränderungen zu erfassen und zu reflektieren; Möglichkeiten der Arbeit in der Wirtschafts- und Arbeitswelt zu erschließen, mitzugestalten und für sich zu nutzen; eigene Ansprüche zu entwickeln und einzulösen und im Laufe ihrer Schullaufbahn und im Erwachsenenleben jeweils verantwortliche Entscheidungen zu treffen, die in ihrer Gesamtheit Wege weisen für spätere bzw. weitere Entscheidungen zum Einsatz ihrer Arbeitskraft im Wirtschafts- und Arbeitsleben» (*Berufsorientierung in Sekundarstufe I*, 1997, S. 9).

Diesem Anspruch wird die Schule seit langem nicht mehr gerecht. Zunehmend werden lernschwache Schüler über die allgemeine Schulpflicht hinaus daher in Fördermaßnahmen der Bundesagentur für Arbeit weiterqualifiziert: «Aus anfangs 1.700 Teilnehmern im Jahre 1970 wurde aus diesen Lehrgängen (mittlerweile) eine Institution, die als verlängerte Schulzeit bezeichnet werden kann» (Armin Castello, «Praxisbeurteilung für Jugendliche im Rahmen von Betriebspraktika», in: *Zeitschrift für Heilpädagogik*, 4/2003, S. 149).

Wie aber kann die Schule hierauf reagieren, wenn die Zielsetzung der gesellschaftlichen Integration weiterhin aufrechterhalten werden soll? Von einer geglückten Integration kann eigentlich erst dann gesprochen werden, wenn das einzelne Individuum in die Lage versetzt wird, die Chancen zu nutzen, die die jeweilige Gesellschaft allen ihren Mitgliedern eröffnet. Voraussetzung für eine aktive Teilnahme an gesellschaftlichen Prozessen und eine gleichzeitig weitgehende finanzielle Unabhängigkeit ist, wie erwähnt, eine gute qualifizierte berufliche Ausbildung. Die berufliche Tätigkeit bildet nicht nur die Grundlage der Existenzsicherung und somit auch der Befriedigung der eigenen Bedürfnisse, sondern sie erweitert die Handlungskompetenzen und ermöglicht es, die eigenen Interessen zu vertreten. Die häufig stattfindende Gleichsetzung von Beruf und Person beinhaltet neben einer Zuschreibung von gewissen Fähigkeiten und Kenntnissen, die mit einer Berufsausübung zusammenhängen, gleichzeitig auch eine soziale Wertschätzung.

Natürlich wird spätestens ab der Oberstufe die berufliche Orientierung der Schüler in den Vordergrund gestellt. So wird z.B. in unserer Schule ab der 8. Klasse zunächst das Unterrichtsfach Arbeitslehre eingeführt. Neben den ersten theoretischen Grundlagen zu wirtschaftlichem Handeln, Aufbau und Organisation von Betrieben usw. erhalten die Schüler werkpraktische Unterweisungen in der Holzverarbeitung und in dem Berufsfeld Hauswirtschaft. Parallel hierzu werden im Deutschunterricht erste Übungen in der Erstellung von Bewerbungsunterlagen sowie in Form von Rollenspielen die Durchführung von Bewerbungsgesprächen absolviert. Gleichzeitig werden die Kontakte zu den verschiedensten Akteuren der Jugendberufshilfe und der Berufsberatung hergestellt und in verschiedenen gemeinsamen Seminaren Themen der Berufswahl behandelt.

Ab der 9. Klasse finden zu festen Terminen Betriebspraktika statt, auf die ebenfalls im Unterricht langfristig vorbereitet wurde. Hierbei dient das erste Praktikum in der Klasse 8 zunächst der Orientierung, wogegen das zweite Praktikum in der Regel einen vertiefenden Charakter haben und eine konkrete Überprüfung der beruflichen Wünsche des Schülers berücksichtigen sollte. Die Praktikumsplätze werden von den Schülern selbst gesucht. Leider ist die Auswahlmöglichkeit für unsere Schüler hierbei sehr stark eingeschränkt, so dass eventuell vorhandene Wünsche meist nicht realisiert werden können. Allerdings ist gerade auch in den letzten Jahren vermehrt festzustellen, dass viele Schüler nur noch wenig Elan zeigen, um einen entsprechenden Praktikumsplatz zu finden.

Daneben wird seit mehreren Jahren in Kooperation mit einem Träger der Jugendberufshilfe ein Projekt durchgeführt, in dem zwei Jahre lang interessierte Schüler an einem Nachmittag pro Woche Einblicke in verschiedene Berufsfelder erhalten.

Schließlich wird insbesondere im letzten Schuljahr in enger Zusammenarbeit mit der Berufsberatung nach Perspektiven für die Zeit nach dem Schulabschluss gesucht. Nach dem obligatorischen Testverfahren finden viele Einzelgespräche mit den Schülern statt, um den Interessen und Neigungen entsprechend Wege in das Berufsleben aufzuzeigen. Dennoch findet eine Vermittlung in einen regulären Ausbildungsberuf nur noch in Ausnahmefällen statt. Da auch kaum Arbeitsplätze für Ungelernte zur Verfügung stehen, wird der überwiegende Teil der Jugendlichen in berufsorientierende Förderlehrgänge der Arbeitsverwaltung vermittelt oder in der Berufsschule weiter beschult.

Nur sehr wenige Schüler einer Förderschule mit dem Förderschwerpunkt Lernen erreichen nach erfolgreichem Abschluss der Klasse 10 der Förderschule den Hauptschulabschluss der regulären Klasse 9, der wiederum dazu berechtigt, in die Klasse 10 einer Hauptschule zu wechseln. Der überwiegende Teil der Schüler schließt mit dem Förderschulabschluss die Schule ab. Bundesweit haben im Jahr 2006 von 50.862 Abgängern der Förderschule mit sonderpädagogischer Förderung 39.263 (72,2%) keinen Hauptschulabschluss erreicht (Statistische Veröffentlichung der Kultusministerkonferenz; Dokumentation Nr. 185 – April 2008).

Unter dem Eindruck dieser Entwicklung hat vor einiger Zeit die Fröbelschule in Bochum-Wattenscheid öffentlich propagiert, die Schüler von Förderschulen auf die eigene Arbeitslosigkeit vorzubereiten. Unter dem Titel «Lernen in der ‹Hartz IV-Schule›» wurde im vergangenen Jahr 2008 in den Medien darüber berichtet, dass die Schüler bereits im Unterricht darauf vorbereitet werden, wie sie mit dem Regelsatz von 345 € auskommen können. Zwei Drittel der Eltern leben selbst von Arbeitslosengeld, im letzten Jahr hat kein einziger Schüler aus dem Abschlussjahrgang der Förderschule eine Lehrstelle bekommen. Daraus hat der Rektor die Konsequenz gezogen: «Meine Aufgabe ist es, die Schüler auf das Leben nach der Schule vorzubereiten. Und ich sehe, die einzige authentische und glaubwürdige Perspektive, die für die Schüler im Augenblick bereitsteht, ist die Arbeitslosigkeit, ist Hartz IV.» Ein pädagogisches Konzept, das provoziert. Im Mittelpunkt des Unterrichts stehen Fragen wie:
«Wie suche ich als Hartz IV-Empfänger eine Wohnung? Wie komme ich an den Ein-Euro-Job? Was fange ich mit der ganzen Freizeit an?» So der Schulleiter der Fröbelschule.

Dieser Bericht hat in der Öffentlichkeit für viel Aufregung gesorgt. Es gab in den Medien zahlreiche Meinungen, die diese

Vorgehensweise stark kritisiert haben. Aber längst steht die Schule mit ihrer Auffassung nicht mehr allein da. Auch in der sonderpädagogischen Diskussion werden zunehmend Stimmen laut, die dafür eintreten, die Schüler zumindest darauf vorzubereiten, dass sie «ihr Leben nicht mehr im Muster der dreigliedrigen Lebenstreppe ausprozessieren können: in der ersten Lebensphase Schule plus ‹Berufsvorbereitung›, danach ein Arbeitsleben bis zur Rente in erlernten Berufen oder doch wenigstens in Berufsfeldern oder Branchen, in denen sie ihre ‹Erstausbildung› absolvierten; und dann (im Alter von 65 bzw. 67 Jahren) schließlich die Rente» (Gotthilf Gerhard Hiller, «Ein Beruf gehört(e) zum Leben – oder: Versuch einer Anleitung zum Ankommen in der Realität», in: *Zeitschrift für Heilpädagogik*, 6/2006, S. 202–207). Hiller vertritt die Ansicht, dass die Schüler der Förderschule auf eine veränderte Struktur des Erwerbslebens bewusst vorbereitet werden sollten: dass sich ihr späteres Leben zwischen wechselnden Phasen von kurzfristiger Beschäftigung, Arbeitslosigkeit und verschiedensten Bildungsmaßnahmen abspielen wird. Ähnlich argumentierte bereits drei Jahre zuvor Karl Friedrich Vetter, indem er u.a. forderte, die Schüler auch auf eine Rolle jenseits der Erwerbsarbeit vorzubereiten (vgl. Karl Friedrich Vetter, «Arbeitslehre als zentraler Lebensbereich im Förderschwerpunkt Lernen – aber wofür?», in: *Zeitschrift für Heilpädagogik*, 9/2003, S. 377–379).

Aber nicht nur die Veränderungen in der Arbeitswelt, die fortschreitende Globalisierung und der damit einhergehende Rückgang der zur Verfügung stehenden Arbeits- und Ausbildungsplätze sorgen für die zunehmende Ausgrenzung und mangelnden Perspektiven unserer Schüler.

Wie oben angeführt, sind Betriebe oftmals selbst unter Bereitstellung von finanziellen Fördermitteln nicht bereit, schwierige Jugendliche einzustellen. Das hat seine Gründe. Auch wir beobachten jährlich aufs Neue, dass viele unserer Schüler nicht mehr das notwendige Durchhaltevermögen haben, um ihr Betriebspraktikum erfolgreich zu absolvieren. Die Abbrecherquote tendiert nach oben. *Spiegel Online* berichtete am 4. August 2008 unter der Überschrift «Der letzte Bildungsweg» von der Arbeit der Rackow Schule, einem Bildungsträger in Hamburg, der Jugendliche für das Berufsleben im kaufmännischen Bereich fit machen soll. Hierbei handelt es sich vom Ausbildungsniveau her um durchaus ausbildungsfähige Bewerber. Dennoch vermag etwa ein Drittel der Teilnehmer keinen Nutzen aus dem Angebot zu ziehen. Mangelnde Ausdauer, Unpünktlichkeit und fehlende Eigeninitiative sind, um nur einige Hemmnisse zu nennen, Faktoren, an denen die Jugendlichen scheitern.

Angenommen, die Arbeitswelt wäre noch in Ordnung. Würden tatsächlich alle Absolventen einer Förderschule ein Ausbildungsverhältnis aufnehmen können? Mir scheint das zumindest zweifelhaft. Verstärkt haben wir es mit Schülern zu tun, deren Probleme nicht nur das Lernen selbst betreffen, sondern die zunehmend auch in anderen Bereichen gravierende Auffälligkeiten zeigen. Und dies betrifft nicht nur die Förderschulen. Der Fall der Rütli-Schule in Berlin-Neukölln hat das im Februar 2006 drastisch vor Augen geführt, als ein Brandbrief der damals kommissarischen Leiterin Petra Eggebrecht die totale Arbeitsverweigerung, Aggressivität, Zerstörungswut und Respektlosigkeit ihrer Hauptschüler gegenüber dem Lehrpersonal beklagte. Auch an unserer Schule ist die Zahl der verhaltensauffälligen Kinder enorm angestiegen, wenngleich die Situation bei weitem nicht mit der in der Rütli-Schule vergleichbar ist. Auch handelt es sich bei unseren verhaltensauffälligen Kindern nicht ausschließlich um Kinder aus Migrantenfamilien. Wir arbeiten zunehmend mit Schülern, die emotional und intellektuell vernachlässigt sind, die zu Hause keine regelmäßige und gesunde Ernährung erhalten und deren medizinische Versorgung gravierende Mängel aufweist. Viele Familien sind zunehmend erziehungsunfähig. «Die Kluft wächst», berichtete die *Westdeutsche Allgemeine Zeitung* am 19. August 2008, als sie die Daten des Armutsberichts 2007 vorstellte. Hiernach wird die Schere zwischen Arm und Reich immer größer. Zunehmend deutlich wird dieses Auseinanderdriften der Lebensqualität in den jeweiligen Stadtteilen. «Die Kluft zwischen den sozialen Brennpunkten und den gut situierten Vierteln wächst, die sozialräumliche Spaltung nimmt zu.» Die bereits erwähnte Untersuchung zu der Einflussnahme des Wohnumfeldes auf den Sonderschulbesuch wird hier bestätigt. So liegt die Zahl der Förderschüler in den problematischen Stadtteilen weit über dem Durchschnitt, während Empfehlungen für den Besuch des Gymnasiums eine Ausnahme bleiben. In diesem Zusammenhang stellt die Professorin und Expertin für soziale Arbeit und Sozialpolitik Ute Klammer fest, dass von Bildungsgerechtigkeit unter diesen Umständen keine Rede mehr sein kann. «Es gibt Stadtteile, in denen sind die Schulkinder die Einzigen, die regelmäßig morgens aufstehen.»

Eigentlich überraschen diese Aussagen niemanden mehr. Spätestens nach den ersten PISA-Ergebnissen wissen wir, dass in keinem anderen Land die Schichtenzugehörigkeit den späteren Schulerfolg so stark beeinflusst wie in Deutschland. Das allein aber an den Schulen festzumachen, halte ich auch nicht für den richtigen Ansatz. Sicher lässt sich über den Anachronismus des dreigliedrigen Schulwesens streiten, selbstverständlich ist in kleineren Klassenverbänden eine bessere Förderung möglich, und auch bei der Lehrerausbildung sind unbedingt Reformen erforderlich. Um aber zu einer wirklichen Chancengleichheit zu gelangen, sind meines Erachtens jedoch weitergehende gesellschaftliche Veränderungen notwendig.

Nach dem neuesten Armutsbericht der Bundesregierung sind in Deutschland mit 2,5 Millionen Kindern ca. 20 Prozent von Armut betroffen, das sind doppelt so viele wie noch 2004. Zunehmend wachsen Kinder in so belastenden psychosozialen Verhältnissen auf, dass Schul- und Ausbildungsfragen in den Hintergrund gedrängt werden. Engagierten und gut ausgebildeten Lehrkräften sind hier oftmals sehr enge Grenzen gesetzt. Wie Studien belegen, wirkt sich auch eine nur zeitweise erfahrene Armut entscheidend auf die Bildungschancen von Kindern aus. In Armut lebende Kinder haben ein vierfach erhöhtes Risiko, Verhaltensstörungen zu entwickeln und somit im Schulalltag zu scheitern. Neben der materiellen Armut gefährden vielfältige andere Probleme die frühkindliche Sozialisation, wie sie in der steigenden Zahl von Alleinerziehenden oder der Zunahme von sogenannten Patchwork-Familien zum Ausdruck kommen. Auch hier sind Kinder oftmals zumindest kurzfristig belastenden Familiensituationen ausgesetzt. Die WHO spricht bereits heute von einer ständigen Zunahme der Zahl psychisch beeinträchtigter Kinder. Zur Zeit liegt der Anteil zwischen 15 und 20 Prozent. Es wird erwartet, dass dieser Anteil bis zum Jahr 2020 auf etwa 50 Prozent steigen wird. Trotz sehr engagierter Reformbemühungen im Bildungswesen ist die Schule in ihrer jetzigen Form nicht mehr in der Lage, alle negativen Auswirkungen anderer sozialer Entwicklungen auszugleichen. Hier muss ein umfassenderes Konzept her.

Dieses sollte sich von einer frühzeitigen Betreuungs- und Beratungsoffensive, gerade für sogenannte Risikofamilien, bis hin zur Ganztagsbetreuung in Krippen- und Kindertageseinrichtungen erstrecken. So ist es nicht einsehbar, dass die empfohlenen medizinischen Vorsorgeuntersuchungen für Kinder nicht verpflichtend gemacht werden. Abgesehen von Entwicklungsrückständen oder etwaigen schweren Erkrankungen mit erheblichen Folgewirkungen, könnte an dieser Stelle auch eine Mangelversorgung oder gar Misshandlung eventuell frühzeitig erkannt werden. Auf diese Weise hätten einige gravierende Fälle, über die gerade in der jüngsten Vergangenheit in den Medien berichtet wurde, sicherlich verhindert werden können. Hierzu ist es aber auch notwendig, die sozialen Dienste der Jugendämter sowohl personell als auch vom Kompetenzrahmen her besser auszustatten. Aus meinem eigenen Schulalltag weiß ich, dass gerade die Mitarbeiter im Allgemeinen Sozialen Dienst (ASD) des Jugendamtes sehr oft mit der Zahl und der Problematik der zu bearbeitenden Fälle überfordert sind. Um an dieser Stelle nicht in den Verdacht zu geraten, den Überwachungsstaat zu fordern, sollten die Angebote selbstverständlich in erster Linie unterstützende und beratende Funktion haben. Allerdings bin ich schon der Auffassung, dass allen Eltern auch ihre Erziehungspflicht deutlich gemacht werden sollte.

Eine der wichtigsten Aufgaben besteht meines Erachtens in der Ausweitung und der qualitativen Verbesserung der frühkindlichen und vorschulischen Erziehungseinrichtungen. Unbestreitbar werden die Grundlagen für die intellektuelle Entwicklung in den ersten Lebensjahren gelegt – und somit die Weichen für den späteren Schulerfolg gestellt. Es ist daher nach wie vor nicht einzusehen, warum nicht schon längst eine Kindergartenpflicht besteht. Zugleich ist es ein Skandalon, dass in den wichtigsten pädagogischen Feldern Fachkräfte mit der niedrigsten Bezahlung eingesetzt werden. In der Hierarchie der pädagogischen Berufe steht die Erzieherin an der untersten Stelle; ganz oben stehen die Professoren. Erhebliche finanzielle Einbußen wurden gerade durch die neuen tariflichen Vereinbarungen im öffentlichen Dienst und die Überführung der neu eingestellten Arbeitskräfte aus dem alten «Bundes-Angestellten-Tarif» (BAT) in den neuen «Tarifvertrag für den öffentlichen Dienst» (TvÖD) verursacht. Das Einkommen einer Erzieherin bzw. eines Erziehers ist mittlerweile so niedrig, dass es nur noch eine Frage der Zeit ist, wann die ersten Nachwuchslücken entstehen. Aber nicht nur der fehlende Nachwuchs wird an dieser Stelle seine Konsequenzen haben. Wie viele Vertreter der entsprechenden Berufsverbände und auch der Gewerkschaften befürchten, hat die geringe Entlohnung und die fehlende Aufstiegsperspektive auch Auswirkungen auf die Qualität ihrer Arbeit. Es ist zu befürchten, dass der Beruf des Erziehers zunehmend von jungen Menschen gewählt wird, die anderweitig keine Chancen mehr sehen und somit nur aus ihrer Notlage heraus diesen Beruf ergreifen. In Gesprächen mit vielen Leiterinnen verschiedenster Einrichtungen ist mir diese Tendenz bestätigt worden. Bemerkenswert ist hierbei auch die Tatsache, dass die Erziehungs- und Bildungseinrichtungen des Elementar- und Primarbereichs noch immer weitgehend eine Frauendomäne darstellt. Das allein ist nach wie vor ein eindeutiger Beleg für die Unattraktivität dieses Berufes.

In den meisten europäischen Ländern ist es bereits üblich, die Erzieher mit einem Hochschulstudium auf ihre Tätigkeit vorzubereiten. In den westlichen Ländern stellen nur Deutschland, Österreich und Malta eine Ausnahme dar. Eine akademische Hochschulausbildung für die im Vorschulbereich beschäftigten Pädagogen scheitert bei uns immer wieder an der finanziellen Ausstattung. Stattdessen wird teilweise versucht, die bereits bestehenden Lücken bei den fehlenden Fachkräften durch weniger qualifizierte Kinderpflegerinnen auszugleichen. «Was sind uns unsere Kinder wert?», fragte die FAZ. NET im September 2005 in Hinblick auf das Experiment der Stadt Bremen, zunehmend Sozialhilfeempfänger ohne nachgewiesene Eignung als zusätzliche Betreuungskräfte in Kindergärten und Kindertagesstätten einzusetzen.

Obwohl Fachverbände immer wieder eine bessere Qualifikation fordern, liegt der Anteil der im Elementarbereich beschäftigten Fachkräfte mit einem Hochschulabschluss in Deutschland bei nur ca. 2,6 Prozent der Beschäftigten. Überhaupt ist die heute in der Öffentlichkeit stattfindende Diskussion über die Betreuungssituation von Kindern im Kleinkind- und Vorschulalter weitgehend von einer Qualitäts- in eine Quantitätsdiskussion umgeschlagen: Ausweitung der Öffnungszeiten, Flexibilität und Betreuungskooperationen mit anderen Einrichtungen sind offenbar die ausschließliche Zielsetzung. Ob man durch diese Maßnahmen tatsächlich der Förderung von sozial benachteiligten Kindern gerecht wird, scheint mir zumindest zweifelhaft. Für die Beschäftigten bedeutet es auf jeden Fall eine unzumutbare Mehrbelastung. Frühdienst, Spätdienst, vom Windelnwechseln bis zur Essenszubereitung, flexible Bring- und Abholzeiten bedeuten eine Abkehr von den ursprünglichen Förderintentionen. Die Vorschuleinrichtungen entwickeln sich trotz anderslautender politischer Darstellung immer mehr von einer Bildungseinrichtung zu einer Verwahranstalt.

Die Kritik der Verbände der «Freien Wohlfahrtspflege» und der Gewerkschaft Erziehung und Wissenschaft an dem neuen Kinderbildungsgesetz (KIBIZ) in Nordrhein-Westfalen scheint mir daher mehr als berechtigt. Hier wird insbesondere die zusätzliche Belastung des pädagogischen Personals kritisiert, welches «künftig vermehrt mit Zwangsteilzeit, Lohndruck und untertariflicher Bezahlung sowie... prekären und geringfügigen Beschäftigungsverhältnissen zu tun haben» wird. So werden zukünftig die Träger der Betreuungseinrichtungen aufgrund der mangelnden Planungssicherheit zunehmend zeitlich befristete Arbeitsverträge abschließen. Gleichzeitig wird berechtigterweise kritisiert, dass die Vor- und Nachbereitungszeit eingeschränkt wird. All diese Entwicklungen weisen darauf hin, dass es trotz der weitgehenden Erkenntnisse teilweise an Willen mangelt, um tatsächlich etwas zu verändern.

Zusammenfassend kann man feststellen, dass verschiedene Faktoren zu der prekären Lage beitragen, in der sich viele Familien mit ihren Kindern befinden.

Da ist zum einen die Arbeitswelt, die sich weiterentwickeln und, wenn alle Prognosen stimmen, zukünftig nur noch hoch qualifizierten Arbeitskräften Chancen bieten wird. Zum anderen sind es die beschriebenen desolaten sozialen Verhältnisse, die viele Kinder schon frühzeitig scheitern lassen. Mitunter bedingen sich diese Verhältnisse wiederum gegenseitig. Da ein Großteil der Eltern bereits seit Jahren aus dem Arbeitsprozess ausgeschieden ist, sind Arbeitserfahrungen teilweise fast gar nicht mehr vorhanden. So wie sich in vielen akademischen Berufen sogenannte Berufstraditionen entwickelt haben – war der Vater Arzt, wird auch der Sohn Arzt –, scheint sich hier eine Tradition des Scheiterns zu vererben. Dort, wo keine Träume mehr vorhanden sind, wo man sich mit den geringen Sozialtransfers eingerichtet hat, kann keine Motivation wachsen, dem Kreislauf zu entrinnen.

Allerdings handelt es sich hierbei nicht nur um ein Migrantenproblem. Auch viele deutsche Familien leben schon seit Generationen von Sozialleistungen und die Perspektive ihrer Kinder ist ebenso aussichtslos. Die Frage ist nur, warum sind prozentual mehr Migrantenkinder auf den Förderschulen als deutsche Kinder? Dies ist sicher nicht einfach zu beantworten. Ohne den Anspruch, wissenschaftlich nachweisbare Fakten zu bieten, scheint mir diese Tatsache doch durchaus ein Beleg für die fehlende Integration breiter Bevölkerungsgruppen zu sein. Hierbei soll aber nicht einfach nur die aufnehmende Gesellschaft kritisiert werden. Sicher könnte in vielen Bereichen mehr getan werden. Aber trotz der benannten Probleme ist festzuhalten, dass es sich bei den Schülern mit Migrationshintergrund ausschließlich um Kinder aus dem Unterschichtenmilieu handelt. Das Kind eines türkischen Rechtsanwalts oder eines libanesischen Arztes ist an der Förderschule nicht anzutreffen. Das heißt, auch vielen Migrantenfamilien fehlt leider immer noch der Wille, diesem Kreislauf zu entrinnen.

Die Frage, ob bei einer optimalen Förderung und ausreichenden Unterstützung alle Probleme behoben werden können, muss daher an dieser Stelle unbeantwortet bleiben. Ob dieser fatale Kreislauf wirklich aufgebrochen werden kann, auch bei einigen der oben dargestellten problematischen Familien, die sich allen Anforderungen und Angeboten massiv verweigern, bleibt fraglich.

Die Arbeitswelt wird sich weiter verändern. Es bleibt allein die Hoffung, dass mit der Zeit durch den Rückgang der Bevölkerungszahlen der Fachkräftemangel solche Dimensionen annimmt, dass es sich keine Gesellschaft mehr erlauben kann, sozial benachteiligte Kinder und Jugendliche schon frühzeitig abzuschreiben.

Brennpunkt Gesellschaft

Der Islam am Wendepunkt
Liberale und konservative Reformer einer Weltreligion
Hg. von Katajun Amirpur
Band 5665
Dieses Buch zeigt in spannenden Porträts das Gesicht des Islams der
Zukunft: Wegweisende Vorschläge zur Rückbesinnung auf den wahren
Kern der Religion und Neuauslegung des Glaubens.

Nasr Hamid Abu Zaid
Ein Leben mit dem Islam
Erzählt von Navid Kermani
Band 5727
Einer der herausragendsten Köpfe der islamischen Welt, der den
gefährlichen Versuch unternahm, den Koran für die Moderne zu öffnen,
erzählt sein Leben.

Ludwig Ammann
Islam
Was stimmt? Die wichtigsten Antworten
Band 5736
In knappen, leicht verständlichen Kapiteln bietet Ludwig Ammann die
Basics zu Muhammad, seiner Botschaft und wie sie heute gelebt wird.

Rita Breuer
Familienleben im Islam
Traditionen, Konflikte, Vorurteile
Band 5958
Wer die sozialen, kulturellen und rechtlichen Aspekte des heutigen
islamischen Familienlebens wirklich verstehen will, erhält mit diesem Buch
eine anschauliche und seriöse Informationsquelle.

Peter Frey
77 Wertsachen
Was gilt heute?
Band 6109
77 Wertsachen – das sind Fragen aus dem Alltag, die uns dazu auffordern,
Stellung zu beziehen. Antworten prominenter Autorinnen und Autoren.

HERDER spektrum

Nina zu Fürstenberg
Wer hat Angst vor Tariq Ramadan?
Der Mann, der den Islam reformieren und die westliche Welt
verändern will
192 Seiten, Paperback
ISBN 978-3-451-29877-6
Wer wissen will, wie sich der Islam in Europa in den nächsten Jahren
entwickeln könnte, braucht dieses Buch.

Susanne Güsten / Thomas Seibert
Türkei
Was stimmt? Die wichtigsten Antworten
Band 5734
Wie wird sich der Weg der Türkei nach Europa gestalten? Was macht die
Türkei mit ihren Minderheiten? Was wir über die Türkei wissen sollten:
zwei Kenner sagen uns, was stimmt.

Peter Heine
Kulturknigge für Nichtmuslime
Ein Ratgeber für den Alltag
Band 6007
Nicht nur im Urlaub, sondern auch in unserem Alltag finden sich immer
mehr Berührungspunkte mit der muslimischen Mentalität:
Hintergrundinformationen, die für gelingende Begegnungen nötig sind.

Renate Künast / Cathrin Kahlweit
Träume sind mir nicht genug
Was jetzt geschehen muss
220 Seiten, gebunden mit Schutzumschlag
ISBN 978-3-451-30199-5
Was bewegt Renate Künast? Wie setzt sie ihre Ziele durch? Welche
Lebens- und Alltagserfahrung gibt sie weiter, die ihre Politik begreifbar
macht?

Torben Lütjen
Frank-Walter Steinmeier – Die Biografie
Band 3033
Seine Karriere ist so unwahrscheinlich, dass sie in der Geschichte der
Bundesrepublik keine historischen Vorläufer kennt: Das biografische
Porträt des Menschen und Politikers Frank-Walter Steinmeier.

HERDER

Martin Rupps
Helmut Schmidt
Mensch – Staatsmann – Moralist
Band 6020
Mit diesem Buch legt Martin Rupps die weithin beachtete Biografie eines
der auch heute noch beliebtesten Politiker der deutschen
Nachkriegsgeschichte vor.

Manuela Ritz
Die Farbe meiner Haut
Die Anti-Rassismus-Trainerin erzählt
180 Seiten, Paperback
ISBN 978-3-451-29987-2
Die Autorin erzählt von schmerzhaften, aber auch beglückenden
Erfahrungen. Dabei wird deutlich, wie vielschichtig Rassismus im Alltag ist.

Fadi Saad
Der große Bruder von Neukölln
Ich war einer von ihnen – vom Gang-Mitglied zum Streetworker
Band 3000
Das eindrückliche Selbstzeugnis des Fadi Saad zeigt, wie es einem gelungen
ist, mit eisernem Willen dem Teufelskreis aus Hoffnungslosigkeit, Gewalt
und sozialem Abstieg zu entkommen.

Henning Scherf
Grau ist bunt
Was im Alter möglich ist
Band 5976
Der großen Angst vor einer immer älter werdenden Republik stellt
Henning Scherf sein eigenes Altersbild entgegen. Und eine alternative
Lebensform, die er selbst in seiner Alters-WG praktiziert.

Wolfgang Schmidbauer
Ein Land – drei Generationen
Psychogramm der Bundesrepublik
260 Seiten, gebunden mit Schutzumschlag
ISBN 978-3-451-30125-4
60 Jahre Bundesrepublik – drei Generationen von Menschen, die
gearbeitet, geliebt und gelitten haben. Um diese innere Biografie des
Landes geht es Wolfgang Schmidbauer.

HERDER

Nilgün Tasman
Ich träume deutsch
... und wache türkisch auf. Eine Kindheit in zwei Welten
176 Seiten, gebunden mit Schutzumschlag
ISBN 978-3-451-29860-8
Nilgün Tasman hat es geschafft: Mit ihren Kindheitserinnerungen erzählt
sie wunderbar poetisch die Geschichte einer ganzen Generation.

Sibylle Thelen
Istanbul – Stadt unter Strom
Gesichter der neuen Türkei
Band 3009
Die Türkei ist im Umbruch. Mitreißend portraitiert Sibylle Thelen
Künstler und Kulturschaffende, erzählt vom Spagat zwischen
Traditionalismus, Nationalismus und der Öffnung zur Moderne.

Jürgen Todenhöfer
Wer weint schon um Abdul und Tanaya?
Die Irrtümer des Kreuzzugs gegen den Terror
Band 6046
Dieses Buch hat Millionen bewegt – denn es hat den Schwächsten unter
den Opfern eine Stimme gegeben: Den Kindern von Bagdad und Kabul!

Bernhard Vogel / Hans-Jochen Vogel
Deutschland aus der Vogelperspektive
Eine kleine Geschichte der Bundesrepublik
Band 6048
Sie haben die Geschichte der Bundesrepublik von Anfang an miterlebt, als
Betroffene, als Zeitzeugen und als politische Akteure. Erzählte Geschichte,
aus erster Hand.

Charlotte Wiedemann
„Ihr wisst nichts über uns!"
Meine Reisen durch einen unbekannten Islam
Band 3012
Geschichten vom Aufbruch, von Konflikten, von Hoffnungen, recherchiert
an Universitäten ebenso wie in Bauernhütten. Reportagen aus zehn
Ländern, Meisterwerke journalistischer Erzählkunst.

HERDER